Le récit de l'Europe

Pour un imaginaire politique européen

Questionner l'Europe
Collection dirigée par Bruno Péquignot

Les questions européennes sont aujourd'hui au centre de la vie sociale, économique culturelle et politique en France comme dans l'ensemble des pays qui participent à l'Union Européenne ou non. Cette collection accueille des ouvrages qui contribuent et participent aux débats et controverses sur ces questions.

Déjà parus

Jean-Daniel BOYER et Maurice CARREZ, *Marchés, réseaux commerciaux et construction de l'Europe*, 2016.

Patrice VIVANCOS, *L'Europe à contre-pied, 28 villes, 28 pays, 28 thèmes*, 2016.

Hugues RABAULT (Dir.), *L'ordolibéralisme, aux origines de l'Ecole de Fribourg-en-Brisgau*, 2016.

Richard SITBON, *La France, peuple élu de l'Europe ?*, 2016.

Katja BANIK, *Les relations Chine-Europe : à la croisée des chemins*, 2016.

Arno MÜNSTER, *La réprobation de l'Allemagne ou les vraies raisons du nouveau ressentiment anti-allemand*, 2016.

Yves ACHILLE, *L'Europe dans l'impasse*, 2015.

Mathieu PETITHOMME, *Dépolitiser l'Europe, Comment les partis dominants évitent le conflit sur l'intégration européenne*, 2015.

Marie-Claude MAUREL, Pascal CHEVALIER, Guillaume LACQUEMENT (coord.), *Transfert et apprentissage du modèle* Leader *en Europe centrale*, 2014.

David Duarte

Le récit de l'Europe

Pour un imaginaire politique européen

Préface de Jean-Jacques Wunenburger

© **L'Harmattan, 2017**
5-7, rue de l'Ecole-Polytechnique, 75005 Paris

www.harmattan.com

ISBN : 978-2-343-11057-8
EAN : 9782343110578

PRÉFACE

La naissance moderne des institutions européennes et leur mise en place suscitent une conscience croissante des ambigüités, malentendus, dysfonctionnements, erreurs, impasses surtout chez les peuples concernés. Qu'avons-nous à l'esprit, en effet, lorsque nous pensons à l'Europe du point de vue géographique, historique, culturel, politique ? Les explications des sciences humaines et sociales sont nombreuses. Mais à vrai dire le déficit majeur ne vient-il pas de ce que les populations n'ont pas d'image claire de cette nouvelle institution ? S'agit-il d'une fédération, d'une confédération, d'un super État, d'un empire caché, d'une réalité ou d'une utopie ? À vrai dire, l'absence de représentation claire de cette institution mal identifiée (Organisation politique non identifiée, ou OPNI), rend compte surtout d'une absence d'image forte. Car une représentation suffit-elle pour nourrir les imaginaires, faire naître une adhésion, de la foi, susciter un récit commun ? En fait ne s'agit-il pas d'un déficit d'un imaginaire commun, qui ne saurait être la somme des imaginaires nationaux, bien qu'il ne puisse sans doute pas les ignorer ? Il est temps de porter attention à cet imaginaire populaire et savant de l'Europe dont l'anémie peut éclairer que l'Europe reste banalement une entité un peu fictive, irréelle.

C'est bien ce choix qu'a fait David Duarte, chercheur philosophe, venu du Portugal, ce pays des confins européens, à la fois dedans et dehors de l'Europe, toujours *porté par un regard éloigné vers l'Atlantique depuis les premières migrations à la fin du XVe siècle. En France il a trouvé des héritages épistémologiques et méthodologiques permettant de donner consistance et sérieux à la notion d'imaginaire, qu'on peut appliquer en mythocritique ou en mythanalyse à des œuvres d'art mais aussi aux productions techniques et politiques. Son travail original a consisté à inventer une nouvelle approche qui ne se laisse ramener ni à la sociologie ni à la philosophie politique mais qui fait le pari que les Européens ont besoin d'avoir un imaginaire symbolique et mythique qui nourrisse l'idée d'Europe. Retournant sur les pas de la géographie et de l'histoire, mais aussi des catégories de la politique rationnelle (de l'État-nation aux empires), il retrouve une riche et souvent méconnue littérature pluridisciplinaire, plurilinguistique, sur les soubassements, mais aussi les failles, de l'image de l'Europe. Ce travail nécessairement inachevé et qui est en train d'être poursuivi lentement par d'autres chercheurs (voir ceux de Gérard Bouchard au Québec), dévoile déjà les ressources mais aussi les tropismes et les congères ou amnésies psychiques de la culture européenne. Loin d'être un essai impressionniste et mélancolique, le travail de David Duarte montre avec moultes analyses et arguments, l'importance dans le passé, le présent et le futur, des images, symboles et récits, qui donneraient une chair à cette entité encore trop abstraite de l'Europe, même et surtout s'ils sont fragiles, refoulés ou hybridés.*

Ce premier livre constitue ainsi un véritable laboratoire destiné à tester de nouvelles hypothèses, à renouveler les instruments d'explication et de compréhension des pannes du projet européen. L'imaginaire culturel n'est pas un simple supplément d'âme, un miroir plus ou moins littéraire de l'histoire réelle, mais la matrice profonde où naissent et croissent les images, les valeurs, les conduites de croyance, d'adhésion ou de refus. David Duarte avec modestie mais obstination explore des pistes de l'imagination symbolique qui s'immisce dans le tissu rationnel des fondateurs, acteurs, représentants, critiques ou apologues de l'Europe, sans laquelle la rationalité reste un plan de formulations formelles, abstraites, inaptes à déclencher des espérances, des enthousiasmes, des engagements.

Il est significatif que ce travail vienne du Portugal en langue française (et non anglaise), double handicap apparent mais qui confère à l'auteur un point de vue d'observation plus libre et plus pertinent. Nul doute que le chemin emprunté avec solidité et précision par l'auteur va devenir une véritable route herméneutique pour les problématiques européennes à venir, qui ne peuvent rester aux mains des seuls économistes, financiers, juristes, politiques, trop souvent enfermés dans leur autosuffisance disciplinaire. David Duarte fait apparaître au-dessus de ces corpus et savoirs un angle d'approche original, une rhétorique nouvelle qui vont se révéler de plus en plus moteurs de l'histoire contemporaine.

Jean-Jacques Wunenburger

INTRODUCTION

« Faillite générale de tout à cause de tous ! Faillite générale de tous à cause de tout ! » Ce diagnostic réalisé par le poète Fernando Pessoa dans son *Ultimatum* de 1917 pourrait bien être celui de l'Européen de ce commencement du XXIe siècle face à la suite de crises qui affectent le projet d'unité politique. Il y a eu d'abord, en 2005, la crise politique provoquée par l'échec du Traité établissant une Constitution pour l'Europe. Ce texte était censé devenir le socle juridique sur lequel la future communauté politique européenne aurait dû être fondée. Il rassemblait les anciens Traités dans un seul texte qui visait la clarification des compétences des institutions européennes. Pourtant, le Traité a été rejeté par référendum d'abord en France, ensuite au Pays-Bas. Ces rejets ont révélé la rupture entre les peuples européens et les constructeurs d'une Europe technocratique dont le Traité et ses centaines d'articles étaient bien l'expression.

Une autre crise touche l'Europe à la fin de 2008, celle-là de nature financière et économique ayant eu des répercussions au niveau social et politique. L'effondrement financier provoqué par la crise des *subprimes* aux États-Unis a mis en évidence l'état de dépendance dans lequel les pouvoirs publics européens se trouvaient et se trouvent toujours, notamment ceux qui, au cours des années soixante-dix et quatre-vingt, ont réalisé une transition à toute vitesse d'une économie fermée à un marché de consommation libre. Si l'intégration européenne a permis à des pays comme la Grèce, le Portugal et l'Espagne de consolider la démocratie après des décennies sous des régimes autoritaires, la vérité est que l'exigence de compétitivité économique ne pourrait être satisfaite que par la stimulation de la consommation. Dans des pays dont une partie importante de la population jongle avec le seuil de pauvreté, cela a signifié la stimulation de l'endettement. Pendant deux décennies, l'Union Européenne et les gouvernements nationaux ont nourri une course à l'endettement des consommateurs et des États, maquillant avec des richesses illusoires ce qui n'était qu'une pauvreté structurelle.

La crise financière n'est toujours pas résolue et une crise nouvelle émerge, cette fois-ci d'ordre moral. Depuis la fin 2014, les Européens voient arriver sur le continent des milliers de réfugiés qui essayent d'échapper à l'état de profonde instabilité dans lequel se trouve non seulement la Syrie, mais également l'Afghanistan ou encore l'Afrique. Le phénomène des réfugiés qui tentent d'entrer en Europe n'est pas nouveau. La nouveauté consiste dans le nombre de ceux qui souhaitent s'établir dans les États de l'Union Européenne. Des centaines de milliers de personnes ont traversé les terres et la mer dans un court laps de temps et l'Union Européenne peine à trouver une solution pour les accueillir. En plus, les conditions dans lesquelles ces réfugiés réalisent leurs traversées font de cet événement une catastrophe humanitaire qui a déjà transformé la Méditerranée, berceau de civilisations y compris de la civilisation européenne, en véritable cimetière.

Une fois encore, l'Union Européenne peine à s'affirmer. Des appels sont faits par les hauts responsables des institutions communautaires, mais ces appels, pour l'essentiel dirigés aux chefs d'État et de gouvernement, indiquent l'impuissance de l'Union. Les politiques de sécurité auxquelles la question des réfugiés a été réduite, notamment après les deux attentats de Paris perpétrés en janvier et novembre 2015, relèvent de la coopération entre les États membres de l'Union et non pas du droit communautaire. Ce qui signifie que ce qui est un problème européen est en train d'être résolu, tant bien que mal, à l'échelle nationale avec de graves conséquences pour le projet politique, telles que la mise en cause de l'espace Schengen ou encore la construction de nouveaux murs.

Fernando Pessoa a qualifié les responsables politiques du commencement du XXe siècle de « Grands hommes de Lilliput-Europe. » Peut-être devrions-nous dire, aujourd'hui, petits hommes de la grande Europe, beaucoup trop grande pour des dirigeants dont la vision politique peine à se libérer de l'enracinement national, ainsi que pour des fonctionnaires dont l'esprit technocratique est incapable de percevoir le sens politique du rêve européen. À ce contexte de crise, il faut encore ajouter une donnée nouvelle : la résurgence des nationalismes. Avec l'affaiblissement et le discrédit du projet européen, la nation réapparaît en tant que cadre politique qui propose un sens à la vie collective des individus. Le problème que le retour de l'archaïsme national pose, c'est celui de l'alternative exclusive où la relation entre l'Europe et ses nations est réduite à une logique binaire où l'appartenance nationale impose le rejet de l'intégration dans une société européenne. Le résultat du référendum réalisé en juin 2016 au Royaume-Uni en est bien l'expression.

Les discours tenus par les dirigeants européens tentent d'expliquer que ce deuxième souffle des mouvements nationalistes est strictement ponctuel, qu'il relève d'un contexte difficile qu'il faut dépasser. Cette contingence serait celle des différentes crises et non pas un problème structurel. Néanmoins, plus qu'une affaire de contingence, ce que ce phénomène suggère, c'est le besoin de sens que l'être humain ressent pour vivre en communauté. La nation propose ce sens, elle propose un espace imaginaire constitué par des récits, des symboles et des personnages fédérateurs grâce auxquels les individus peuvent se reconnaître en tant que membres d'un même groupe. Or, l'Union Européenne est incapable de faire de même. Elle est démunie d'un récit où l'Europe deviendrait une entité représentée et donc intelligible, où elle ferait l'objet d'une appropriation par des individus qui ont besoin de comprendre ce qui les rassemble.

La représentation de l'identité européenne devient la question fondamentale pour le projet politique européen. Ce lien entre l'identité européenne et le projet politique constituera le fil d'Ariane de cette étude. En effet, il ne s'agira pas ici d'interroger l'identité européenne afin de mettre uniquement en évidence ses traits caractéristiques. J'émets également l'hypothèse qu'une telle identité collective doit constituer le fondement sur lequel la construction politique européenne devra être réalisée.

Ce principe d'identité établi entre l'Europe et l'Union Européenne présuppose que l'*européanité*, c'est-à-dire la manière européenne d'être au monde, peut se réaliser dans l'histoire et que l'unité politique est l'instrument de cette réalisation. L'identité européenne ne sera pas ici pensée comme une entité abstraite et indépendante de l'histoire, mais comme une entité qui ambitionne sa réalisation historique dont l'unité politique est la traduction institutionnelle.

Une communauté politique a besoin d'une entité référentielle qui, pourtant, n'est efficace que si elle est incarnée par un pouvoir reconnu par ceux sur lesquels il est exercé. L'identité européenne sera comprise comme le contenu donnant du sens au projet d'unité politique. Une unité politique démunie de ce contenu est une unité purement fonctionnelle. Elle devient une unité qui cherche à organiser la société sans, néanmoins, posséder une référence extérieure proposant une cohérence ainsi qu'une orientation à l'ordre qu'elle prétend instaurer. Sa légitimité réside alors dans son efficacité, c'est-à-dire dans la capacité à entretenir son fonctionnement et à répondre à ses dysfonctionnements. Ce qui veut dire que son principe de légitimité est exclusivement technique et que ceux qui détiennent le pouvoir dans une machine ainsi conçue ne sont que des techniciens habilités à corriger ses imperfections.

C'est sur cette conception technocratique du pouvoir que l'Union Européenne est aujourd'hui construite, une conception qui a comme conséquence l'incompréhension des peuples à l'égard de l'élite qui les gouverne. L'élite dirigeante cherche à combler la distance entre l'Union et les Européens par une pédagogie peu efficace. Elle demeure dans le *comment* alors que la question essentielle pour la consolidation d'une communauté politique est le *pourquoi*.

Les États sont, eux aussi, dotés d'un appareil administratif qui assure l'ordre à l'intérieur des communautés qu'ils organisent. Ils possèdent une structure dont le fonctionnement n'est pas maîtrisé par la majorité des populations. Pourtant, malgré cette inintelligibilité, ces mêmes populations ne mettent pas en cause l'existence étatique, ce qui contraste avec le scepticisme porté à l'égard de l'Union Européenne. Cette différence d'attitudes peut s'expliquer par le fait que ces structures étatiques ne trouvent pas leur légitimité dans leur fonctionnement, mais dans ce qu'elles représentent : c'est-à-dire la nation.

Par nation, je comprends un ensemble de traits caractéristiques dans lesquels la communauté se reconnaît, ce qui veut dire une représentation commune de ce que les membres de ladite communauté sont et veulent devenir ensemble. C'est sur cette représentation commune que les individus découvrent la dimension collective de leur existence et entrent ainsi en communauté. Ils comprennent alors le pourquoi de vivre avec d'autres individus que la réalité factuelle et matérielle pourtant différencie. Sans une représentation commune, l'Union Européenne ne possède pas la référence médiatrice entre elle-même et les peuples européens. Elle ne possède pas non plus le récit sur lequel elle pourrait légitimer son existence et orienter ses actions. Bien au contraire, elle est prise dans les rouages de son mode de fonctionnement qu'elle essaie de maîtriser.

Le questionnement du projet politique européen devient indissociable du problème de la représentation de l'identité européenne. Celle-là sera ici pensée comme un être qui se manifeste dans l'histoire et qui donc se laisse dévoiler. Le dévoilement de l'identité européenne sera le thème de la première partie de cette étude. Il s'agira de penser l'*européanité* non pas en tant qu'idée abstraite, mais comme une entité soumise aux conditionnements du temps et de l'espace.

Le questionnement des dimensions spatio-temporelles mettra en évidence la cartographie mentale de l'*européanité*. Il ne sera pas question de substantialiser l'Europe et d'essentialiser un attribut auquel toutes les autres qualités seraient réduites. Ce que l'étude du temps et de l'espace européen dévoilera, ce seront les tendances qui l'animent. L'Europe se présentera comme une identité dynamique qui ne repose pas dans un style particulier, dans une expression particulière, mais qui se renouvelle constamment à travers ses multiples façons d'être. Faire l'expérience de la multiplicité, s'incarner dans la diversité culturelle de ses nations et projets de civilisation est, en effet, la manière européenne de faire l'expérience de l'universel.

Nous verrons que cette dialectique entre le particulier et l'universel constitue le principe dynamique de l'Europe et que son histoire politique et spirituelle est rythmée par l'existence de périodes qui tendent à l'unité des peuples européens et par d'autres où la tendance est à la division : l'Empire romain et les invasions barbares ; la Chrétienté, la *Renovatio imperii* et l'émergence des États modernes ; les Lumières, ses projets de paix perpétuelle et le romantisme, la nationalisation des États. L'histoire de l'Europe peut être pensée au rythme de cette danse où l'Union Européenne ne représente que le dernier pas.

À ces deux tendances correspondent deux modèles politiques qui constituent les pôles de l'imaginaire politique européen. Tout d'abord, le modèle impérial représente la tendance au rassemblement des Européens. Aussi, ses figures historiques et systèmes théoriques suggèrent qu'à l'Empire ont été associés les rêves cosmopolitiques qui allaient au-delà du cadre européen pour envisager l'humanité. Néanmoins, le modèle impérial a été historiquement discrédité par les nations elles-mêmes qui se sont opposées à l'Empire en tant qu'idée pour le réduire à un instrument à leur usage. L'Empire devient impérialisme et la tendance à l'universel devient l'hégémonie d'une puissance qui soumet la multiplicité des peuples et nations à sa volonté.

Dans l'autre pôle de l'imaginaire politique européen se trouve l'État-nation. Malgré la crise actuelle de la forme stato-nationale, conséquence de la déterritorialisation de la souveraineté politique, l'État-nation demeure une forme politique efficace en tant qu'elle conditionne la représentation contemporaine de ce qu'est le Politique. Si, dans le domaine objectif, l'État-nation est aujourd'hui trop petit pour répondre à des problèmes dont la majorité dépasse le cadre national, la représentation contemporaine du Politique est encore l'héritière de l'appareil conceptuel qu'il a forgé. Repenser cet appareil conceptuel d'après une perspective non plus nationale, mais européenne devient le défi de la théorie politique contemporaine.

L'Union Européenne est une organisation qui représente un défi pour la pensée. Son appareil institutionnel ainsi que la nature cosmopolitique de son droit présentent une originalité dont la systématisation théorique est encore inachevée. Néanmoins, si les débats contemporains essaient de nous dire ce que l'Union Européenne est en tant qu'organisation politique, ils négligent ce que la communauté politique européenne peut devenir. Autrement dit, ils négligent le besoin de constitution d'un espace imaginaire dans lequel les Européens pourront communier et se reconnaître en tant que membres d'une même communauté de destin.

PREMIÈRE PARTIE

RACONTER L'*EUROPÉANITÉ*

La question européenne représente un défi pour la pensée depuis qu'Hérodote a exprimé sa difficulté à déterminer les origines de l'Europe. Il s'agit d'une entité énigmatique, d'une source inépuisable de questionnements dont les réponses ne font jamais justice à son identité. Elle semble être tout et son contraire, et prétendre à une définition achevée ne peut que nous conduire à une mutilation de sa propre nature. Ce serait substantialiser un attribut et, en conséquence, négliger son contraire qui a tout autant conditionné l'existence historique de l'Europe :

> Ainsi, si l'Europe c'est le droit, c'est aussi la force ; si c'est la démocratie, c'est aussi l'oppression ; si c'est la spiritualité, c'est aussi la matérialité ; si c'est la mesure, c'est aussi l'*ubris*, la démesure ; si c'est la raison, c'est aussi le mythe, y compris à l'intérieur de la raison.[1]

Pourtant, il suffit de prononcer son nom pour que la croyance à son existence s'impose presque intuitivement. Il y a là un rapport mythique à l'Europe, comme si le mot suffisait à ce que la chose prenne une existence. Dès que le mot est prononcé, l'Europe se présente. Néanmoins, cette présentation se fait sous la forme d'un problème, sous la forme d'une question : qu'est-ce que l'Europe ? Autrement dit, elle s'expose à la pensée comme une quête qui transforme celui à sa recherche en Cadmus qui explore la carte d'un esprit sans pour autant la maîtriser complètement.

Les différentes étymologies du mot Europe[2] suggèrent ce sens de quête. L'étymologie hébraïque fait dériver le mot d'*ereb* et, donc, de la distinction entre les pays où le soleil se lève et ceux où il se couche. De son côté,

---

[1] Edgar Morin, *Penser l'Europe*, Paris, Gallimard, 1987, p. 33.
[2] Je reprends les étymologies mises en évidence par Denis de Rougemont dans *28 siècles d'Europe*, Christian de Bartillat, 1990, pp. 29-30.

l'étymologie grecque divise le mot en deux parties dont l'une est composée par l'adjectif *eurus* – large, ample, spacieux – alors que l'autre est relative au substantif *ops* qui dans sa forme poétique signifie œil, regard ou encore visage. Autrement dit, Europe serait la femme aux yeux larges, celle qui voit loin. Finalement, en ce qui concerne l'étymologie celtique, le mot Europe est une dérivation du terme *wrab* qui veut dire Occident.

Ces étymologies suggèrent qu'Europe est un terme associé à la cartographie. Il indique une appropriation de l'espace ainsi qu'une orientation. Le questionnement sur l'identité européenne, ne peut-il pas être envisagé d'après ce registre ? Au-delà de la volonté à déterminer l'essence de l'identité européenne, ne faut-il pas établir les coordonnées capables de nous guider dans la quête d'Europe ? Je propose de relever les points de repère, les traces de l'*européanité* dans le temps et l'espace. La finalité de l'argumentation, ce n'est pas de présenter une définition achevée de l'identité européenne. Il sera mis en évidence que celle-là ne peut être envisagée qu'à l'intérieur d'un voyage démuni de port d'arrivée.

L'argumentation sera divisée en trois moments. En premier lieu, il s'agira de connaître le repère temporel européen. Le temps sera conçu en tant que donnée qui permet le dévoilement du caractère d'une identité, c'est-à-dire des tendances qui demeurent. En effet, si toute entité temporelle est caractérisée par le changement, ce qui nous permet d'affirmer qu'elle est identique ne peut être que ce qui demeure. En d'autres termes, ce qui rend possible l'identification ce sont les traits qui perdurent malgré l'instabilité à laquelle toute entité historique est soumise.

Selon mon hypothèse de travail, cette constante consiste dans une certaine attitude face à l'avenir. L'*européanité* se caractérise par sa projection dans le futur, par la construction de modèles d'humanité à réaliser.

Pour explorer cette hypothèse, je m'appuierai sur les thèmes de l'imaginaire sociopolitique et, notamment, sur celui du récit messianico-millénariste ainsi que sur sa sécularisation par la philosophie de l'histoire. Ces deux approches de la problématique du temps permettront de montrer que l'entité européenne conditionne l'appropriation du présent au domaine du non-être, c'est-à-dire au domaine de ce qui n'est pas encore, mais qui possède une efficacité dans la mesure où il conditionne les actions présentes. L'action historique de l'Europe serait ainsi influencée par un mouvement dont le principe dynamique se trouve dans un avenir radieux et non pas dans une origine lointaine.

Néanmoins, l'appropriation européenne du temps ne se réduit pas à cette vision linéaire selon laquelle il y a une évolution progressive de la condition humaine en vue d'une finalité précise. Bien au contraire, le réinvestissement de l'avenir par de nouveaux modèles d'humanité à réaliser est l'une des caractéristiques d'une Europe qui, au long de son histoire, n'a pas limité son existence à son territoire. Ce qui veut dire que la dynamique historique de l'Europe ne se trouve pas seulement dans la réalisation de l'avenir, mais également dans sa capacité à le recréer. L'unité politique européenne, ne peut-elle pas être intégrée dans cette volonté de devenir, c'est-à-dire dans cette volonté européenne de se réaliser historiquement ? Après la communauté des croyants au Moyen Âge et de la communauté moderne de raison, l'Union Européenne, ne peut-elle pas être conçue comme ce nouveau projet européen ?

Ayant suggéré l'avenir en tant que coordonnée temporelle, il s'agira ensuite de penser la coordonnée européenne de l'espace. Je proposerai l'infini en tant qu'horizon spatial de l'Europe, comme visée qui caractérise sa relation avec l'espace. Cela implique que la perception de l'espace motive une transgression qui exprime la volonté européenne de dépassement des limites. Non seulement la visée de l'infini exprime les désirs de transgression, comme elle conditionne également l'appropriation de l'espace à un non-lieu utopique qui est en fait le territoire de tous les mondes possibles.

Par la géopoétique ou encore la poétique des éléments, je montrerai que l'espace physique européen intègre dans l'*européanité* cette envie d'ailleurs, cette envie de se projeter dans le non-lieu de tous les rêves et utopies. Encore une fois, l'Europe s'exprime à travers le dépassement de sa réalité existentielle par des quêtes matérielles, mais aussi spirituelles relatives au genre humain. Autrement dit, si l'avenir donne à l'Europe une visée téléologique, l'infini impose l'universel comme Idée à réaliser dans l'histoire.

Après l'exploration des coordonnées européennes du temps et de l'espace, le problème de la relation entre l'unité européenne et sa diversité nationale sera posé. Pouvons-nous soutenir que les cultures nationales sont autant d'expressions particulières d'une culture universelle commune ? Est-il possible d'affirmer l'unité de l'Europe quand nous constatons l'existence de différentes unités nationales autonomes ? Pour répondre à ces questions, je soutiendrai une conception dynamique de l'identité européenne dont la vitalité dépend des variations possibles à réaliser d'après les horizons spatio-temporels déterminés, c'est-à-dire l'avenir et l'infini. Il sera question de présenter la matrice stylistique européenne fondée sur une conception artistique de l'Europe dont la création est le trait dominant et les cultures nationales autant d'esthétisations.

Chapitre I : L'HORIZON TEMPOREL

« L'Europe a faim de Création et soif d'Avenir »[3], l'affirme Fernando Pessoa. Dans son *Ultimatum* de 1917, le poète portugais présente l'Europe en tant qu'entité qui veut devenir elle-même, qui veut « devenir une personne civilisée. » L'Europe n'est pas pensée comme une entité métahistorique, mais en tant que personne qui vise sa réalisation dans le cours du temps. C'est pour cette raison qu'elle a « soif d'Avenir », qu'elle veut se projeter dans le futur, là où elle se réalisera. Pour cela, elle a besoin d'une « Grande Idée », d'un principe directeur qui propose un sens ainsi qu'une finalité à son parcours historique. Aussi, elle « a faim de Création », elle a besoin de se concevoir, de savoir en quoi consiste cette Idée dont la réalisation résulterait dans son objectivation historique.

Dans sa réflexion sur l'Europe, le poète s'appuie sur deux conceptions différentes du rapport humain au temps. En plaçant l'avenir comme horizon temporel auquel l'Europe tend, il présente la conception eschatologique qui caractérise la tradition judéo-chrétienne que la Modernité a sécularisée avec ses philosophies de l'histoire. Le cours du temps serait évolutif, soumis à un progrès qui vise la réalisation d'une fin. Cette fin, c'est la réalisation de l'Europe dans l'histoire, c'est-à-dire, et en termes hégéliens, son actualisation.

Néanmoins, l'Europe n'est pas seulement définie par cette visée. Elle l'est également par sa puissance créatrice. L'Idée que l'Europe réclame n'est pas une Idée abstraite et

---

[3] Fernando Pessoa (Álvaro de Campos), « Ultimatum » in *Œuvres de Fernando Pessoa*, v. VII, Paris, Christian Bourgois, 1991, p. 54.

éternelle. Elle résulte de la création, la vitalité européenne résidant dans l'acte créateur qu'aucune œuvre ne saurait satisfaire. La création comme principe vital de l'Europe signifie le refus de substantialisation, le refus de toute perspective identitaire qui déterminerait pour toujours la nature de l'être européen. Celle-là est une puissance et, en tant que telle, elle ne peut pas être réduite à un contenu figuré historiquement. Les empires et les nations ne sont alors que des extases d'une entité dont le trait caractéristique réside dans la possibilité de se recréer.

Dans un premier moment, j'interrogerai la nature à la fois eschatologique et intempestive de l'identité européenne. En adoptant l'avenir comme horizon temporel de l'*européanité*, une Europe particulière émerge : celle de la réalisation de sa destinée. À cette analyse de l'Europe d'après la conception linéaire du temps il faut, pourtant, ajouter une deuxième : celle de la répétition de l'acte créateur qui dessine les figures historiques européennes.

Cela étant, je questionnerai d'abord l'Europe en tant que finalité à atteindre. Cette conception téléologique me conduira à penser les sources de la conception linéaire du temps, à penser l'idée d'Europe comme réinvestissement de la tradition eschatologique judéo-chrétienne où le cours temporel est vécu d'après une destinée vers laquelle l'histoire conduit l'être humain. Cette conception du temps sera, par la suite, appropriée par la philosophie moderne qui la soumettra à l'idée de progrès. Le cours de l'histoire ne dépend plus d'une entité transcendante dont les désignes échappent à la conscience subjective. Bien au contraire, l'histoire devient rationnelle et ses lois peuvent être appréhendées par la pensée. Avec la philosophie de l'histoire, l'eschatologie devient téléologie et l'Europe devient, à son tour, l'agent privilégié d'une raison qui se développe dans l'histoire et qui édifiera une communauté humaine rassemblée non plus autour d'une foi commune, mais de la raison universelle.

Or, la pensée contemporaine a mis en cause cette conception téléologique de l'histoire au lendemain de la Seconde Guerre mondiale. Les catastrophes du XXe siècle auraient mis en évidence les limites de l'idée de progrès. Elles auraient déterminé la fin des métarécits et de la croyance à l'épanouissement progressif de l'humanité. Il en résulte le processus de désidentification de l'Europe. Avec la disparition de l'avenir comme visée, l'Europe se trouve démunie de ce qui fait d'elle une entité identifiable. Dépourvue de principe directeur pour guider son action historique, l'Europe se trouve démunie d'elle-même.

Pourtant, plus que penser à la fin de la grande histoire et des métarécits, ne faut-il pas plutôt émettre l'hypothèse d'une nouvelle histoire à créer ? Ne faut-il pas imaginer un recommencement pour l'Europe avec la création d'une Idée nouvelle ? L'Europe, n'a-t-elle pas besoin de retrouver sa puissance artistique, d'imaginer des visions du monde pour sa propre régénération ?

a) La visée de l'avenir

De la valorisation temporelle dépend l'appropriation subjective de la réalité. Concevoir les époques passées comme le règne du bien et de l'harmonie implique la perception de l'écoulement du temps en tant que chute qui éloigne les individus d'un commencement paradisiaque. L'écoulement du temps correspond alors à une corruption de la réalité, laquelle ne peut être soignée que par un rituel qui rétablit l'harmonie initiale. En cela consiste l'appropriation mythique du temps. L'être humain ne peut tolérer la dégénérescence du temps historique que par son abolition dans un retour à un commencement non pas chronologique, mais mythique.

Avec le monothéisme, l'appropriation subjective du temps change radicalement. Le temps historique n'est plus dévalorisé mais il possède une dignité dans la mesure où les événements résultent de la volonté divine. Cela ne veut pas dire que la souffrance est abolie. Cela signifie plutôt que cette souffrance se trouve, pour l'homme de foi, justifiée à l'intérieur d'un plan divin dont l'être humain ignore le contenu.

Non seulement la souffrance se trouve justifiée grâce à l'intervention divine, mais elle ne constitue qu'une étape par laquelle l'homme de foi doit passer en vue du Salut final. Autrement dit, la tradition judéo-chrétienne ne se réduit pas à la valorisation du temps historique. En concevant l'histoire à partir d'une destinée, elle privilégie également l'avenir. Or, l'hypothèse que j'avance, c'est que l'Europe, idée essentiellement moderne, est indissociable de cette tradition judéo-chrétienne. Elle est le produit de sa sécularisation, la réalisation objective de l'unité européenne correspondant à la Rédemption des Européens et à l'inauguration d'une période de paix. L'unité européenne, ne peut-elle pas être conçue comme cet avenir à atteindre ? N'est-elle pas la fin rédemptrice dans laquelle les peuples européens pourront trouver l'harmonie et la concorde ?

L'émergence du monothéisme constitue un changement de paradigme dans l'appropriation du temps par l'être humain. En concevant les événements comme le résultat d'une intervention divine, les hommes de foi ne se trouvaient plus dans une relation de rejet à l'égard de l'histoire. Bien au contraire, les événements historiques sont valorisés en tant qu'ils résultent d'une volonté, d'une

« personnalité qui intervient sans cesse dans l'histoire, qui révèle sa volonté à travers les événements »[4].

Cette valorisation du temps historique est assurée par la Révélation. La Révélation n'est pas de même nature que le commencement mythique, c'est-à-dire elle n'est pas extérieure à l'histoire. La Révélation a lieu dans un temps historique déterminé qu'il est impossible de reproduire : il s'agit d'un événement historique et non pas mythique. Le temps est alors dynamisé par une eschatologie dans laquelle la régénération de l'être humain n'est pas exclusive au commencement, mais appartient au futur, à la fin des temps. C'est grâce à cette eschatologie que l'homme se libère de la vision cyclique du temps mythique. Il n'est plus enfermé dans un cercle qui se répète indéfiniment. Il est intégré dans le cours d'un temps qui possède un commencement daté et une fin concevable. Avec le monothéisme, la vision cyclique du temps mythique est remplacée par le cours irréversible du temps historique.

Cette valorisation de l'histoire enlève à l'être humain la possibilité d'être le maître du temps. L'homme mythique possède la possibilité de se retirer du temps historique et d'intégrer une temporalité non historique à travers le rite[5]. Dans le temps mythique, il peut rendre présent le commencement et être dans l'unité primordiale. Or, l'homme d'histoire n'a pas cette possibilité. L'histoire est

---

[4] Mircea Eliade, *Le mythe de l'éternel retour*, Paris, Gallimard, 1991, p. 122.
[5] Le monothéisme ne rompt pourtant pas complètement avec le rite. Il intègre également la circularité du temps dans ses pratiques. Néanmoins, cette circularité du rite – la Nativité ou encore la Résurrection en ce qui concerne le christianisme – se trouve insérée dans une ligne droite qui guide l'être humain de la Révélation à la Rédemption. C'est pour cette raison que Mircea Eliade ne qualifie pas le temps historique du monothéisme de temps linéaire, mais de « temps-cyclique limité ». Cf. *Idem*, p. 131.

valorisée au prix de son irréversibilité, de l'impossibilité de revenir en arrière et de maîtriser le futur. Certes, l'homme de foi connaît sa destinée, il sait que l'histoire possède une destinée. Néanmoins, il ne peut pas connaître son futur historique, il n'a plus d'oracle pour prédire les événements qui n'ont pas encore eu lieu.

En conséquence, le temps historique suscite chez l'homme de foi deux sentiments différents où l'angoisse provoquée par l'ignorance relative aux événements futurs est tempérée par l'espérance du Salut. L'angoisse et l'espérance, ce sont les deux sentiments fondamentaux d'un « problème essentiel, universel, que se pose tout homme : comment supporter l'inconnu du futur ? »[6] Ce sont ces deux sentiments qui agissent en tant que principes dynamiques des récits messianico-millénaristes ainsi que des mouvements sociaux qui y puisent leur inspiration. Dans la mesure où je suggère que l'Europe est le produit d'un processus de sécularisation de la tradition messianico-millénariste, un survol sur l'histoire de ce récit et de son influence sur la société occidentale s'impose.

Le récit messianico-millénariste structure l'appropriation du temps des Européens et, au sens large, des Occidentaux. Il prend sa source dans l'*Apocalypse* de Saint Jean, véritable récit fondateur de l'approche occidentale au temps. Dans *Mythologies de l'Occident*, Claude-Gilbert Dubois, dont l'analyse je vais maintenant suivre, met en évidence le fait que le sens du mot apocalypse est associé à un dévoilement qui fait appel à une révélation. Ce dévoilement ne peut pas avoir lieu sans qu'une période de terreur ne le précède. Néanmoins, et à la suite de cette période, « tout se tait. Les dernières âmes mortes sont jetées dans l'étang du feu. Le ciel, la terre ont

---

[6] Claude-Gilbert Dubois, *Mythologies de l'Occident*, Paris, Ellipses, 2013, p. 437.

disparu »⁷ pour être remplacés par la Jérusalem céleste. Ainsi, l'*Apocalypse* est un livre d'angoisses ainsi que d'espérance. En effet, la terreur n'est pas éternelle, mais une étape par laquelle les hommes doivent passer avant d'intégrer la cité des justes.

Trois types d'interprétation ont été réalisés à propos du texte de Saint Jean. La première, maximaliste, consiste à voir dans l'*Apocalypse* un livre de prophéties relatives à la fin de l'histoire de l'humanité. Plusieurs traits la caractérisent : la lutte entre le Bien et le Mal ; le règne de l'Antéchrist et le *Millenium* en tant qu'ère de tranquillité pendant laquelle Satan se trouve enchaîné ; et, finalement, le Jugement dernier⁸. Ce sont ces caractéristiques que les mouvements millénaristes vont par la suite adapter aux circonstances historiques.

La deuxième interprétation repose sur la réduction du texte au contexte historique de sa rédaction. Il s'agit de l'interprétation minimaliste qui prend le récit en tant que témoignage relatif à son époque et, plus précisément, à la situation des Chrétiens persécutés par l'Empire romain. L'*Apocalypse* ne serait alors qu'un message adressé aux Chrétiens afin de leur donner de l'espoir dans leur résistance. C'est en ce sens qu'une troisième interprétation a été développée et qualifiée d'anagogique. Celle-là met en évidence le message éthique que le récit apocalyptique transmet : celui de la « conduite que doit avoir un chrétien face à l'adversité »⁹, une conduite dont le principe d'espérance se trouve dans l'arrivée imminente d'un monde meilleur.

La réception du récit apocalyptique parcourt l'histoire de la Chrétienté. Pour cela a beaucoup contribué Saint Augustin avec *La cité de Dieu*. Il a prétendu dépasser les

---

⁷ *Idem*, p. 438.
⁸ Cf. *Idem*, p. 443.
⁹ *Idem*, p. 445.

interprétations maximalistes de l'*Apocalypse*, courantes lors des premiers siècles du christianisme et renforcées avec la prise de Rome au commencement du Ve siècle dont la rédaction de *La cité de Dieu* est contemporaine. Saint Augustin dédramatise l'événement qui a choqué le monde d'antan. Il affirme que ce n'était pas la première fois que Rome avait été prise et que, de toute façon, un tel événement ne changeait rien ni à la nature de l'homme ni à sa relation avec le divin. Le sac de Rome n'avait rien changé à la double condition de l'humanité marquée par la coexistence en elle de deux types de sociétés : celle qui vit pour l'amour de Dieu et celle qui vit pour l'amour d'elle-même.

Au XIIe siècle, Joachim de Flore libérera le récit apocalyptique de ses frayeurs en présentant une interprétation optimiste de l'histoire. L'histoire est comprise en tant que scène où a lieu l'incarnation de la Trinité, laquelle devient, à son tour, l'objet d'une chronique :

> Joachim construit à partir de là une conception optimiste de l'Histoire, qui est un Progrès continu, malgré les périodes de troubles et d'agitation que l'on peut d'ailleurs calculer d'avance : c'est, avant la lettre, voir dans la réalisation de l'Histoire une action progressive de l'Esprit sur le Monde et la Matière, une révélation en acte d'un Dieu qui se manifeste par des théophanies ou apparitions en histoire.[10]

Ce progrès historique se réalise d'après trois âges qui correspondent aux trois personnes de la Trinité chrétienne. Le premier âge est celui du Père, lorsque ont lieu la révélation de la Loi et l'instauration d'un ordre social. L'âge du Père est suivi par l'âge du Fils marqué par un nouveau type de relation entre les hommes fondé sur l'Amour. Finalement, le troisième âge, c'est l'âge de

---

[10] *Idem*., p. 450.

l'Esprit, de l'abolition du temps puisque l'âge de la « connaissance absolue » et de la « paix universelle ». Le joachimisme, poursuit Claude-Gilbert Dubois, a inspiré plusieurs mouvements, dont les mystiques du Progrès qui ont associé les progrès techniques à autant de signes de l'arrivée d'un âge marqué par la connaissance absolue. Dans ce cas, les « fléaux annoncés appartiennent au passé, l'avenir est radieux parce qu'il appartient au Règne à venir de l'Esprit »[11].

Le récit de Saint Jean n'a pas seulement inspiré la pensée théologique, puisqu'il a également été à l'origine de mouvements qui ont voulu réaliser la Jérusalem céleste sur terre. Ces mouvements ont été très actifs en Europe, notamment entre les XVe et XVIe siècles. Le mouvement hussite en terres tchèques est l'un des meilleurs exemples de l'influence de l'esprit apocalyptique sur les revendications sociales et politiques d'un groupe ayant eu la prétention de révolutionner la réalité historique dans laquelle il se trouvait[12].

Le mouvement apocalyptique s'est étendu à l'ensemble de l'Europe au commencement du XVIe siècle. Néanmoins, c'est en Allemagne qu'il a été plus actif. C'est effectivement sur les terres germaniques que la dimension économique et sociale du mouvement luthérien sera renforcée par Thomas Müntzer, qui s'est inspiré de « l'Apocalypse et des scènes d'affrontement guerrier de l'Ancien Testament »[13]. Le conflit intérieur entre le *supplice de la crucifixion* et le *Christ vivant* est transformé en conflit social. La société est, elle aussi, divisée en deux

---

[11] *Idem.*, p. 451.
[12] Sur le mouvement hussite, voir Jiri Rak, « Les combattants de dieu tchèques », in *Mythes et symboles politiques en Europe centrale*, Chantal Delsol et *al.* (dir.), Paris, Presses Universitaires de France, 2002, pp. 281-301.
[13] Claude-Gilbert Dubois, *Mythologies de l'Occident*, p. 453.

parties où l'une est la cause des souffrances alors que l'autre doit résister. La société ainsi conçue, les forces d'oppression correspondent à ceux qui, placés en haut d'un système politique hiérarchisé, exploitent les opprimés à qui il ne reste que le combat contre les oppresseurs.

L'impact social de ces mouvements tend à diminuer pendant la Modernité, quand le récit apocalyptique cesse d'être interprété littéralement. Ce qui ne veut pas dire que sa structure ne se maintiendra pas active dans les mouvements religieux. C'est pourtant avec les mouvements profanes qu'il trouvera un deuxième souffle, même si le récit apocalyptique subit une métamorphose par laquelle l'espérance n'est plus nourrie par la foi[14], mais par la raison. Les idéologies vont, en effet, récupérer certains traits essentiels du récit apocalyptique. Elles prétendent dépasser un état d'injustice et instaurer un nouvel ordre annoncé et dynamisé par un groupe privilégié. La structure destruction-reconstruction, mort-renaissance, angoisse-espérance est ainsi maintenue. Autrement dit :

> Les mouvements révolutionnaires conséquents qui se sont manifestés, lors de la Révolution française, dans les diverses « révolutions » ou mouvements insurrectionnels de nationalités cherchant à acquérir leur liberté […] et lors de la Révolution de 1917, n'ont pas échappé à cette inflammation mystique, qui est la marque illuminée de l'espérance.[15]

L'esprit moderne, éminemment historique, s'approprie l'eschatologie chrétienne. Le temps historique est toujours

---

[14] C'est aux États-Unis que, au XVIIIe siècle, le mouvement apocalyptique conservera la correspondance entre les motivations religieuses et la réalité politique et sociale, la fondation du pays, terre de liberté, étant associée à la « Terre Promise ». Voir notamment Frédéric Monneyron, *La nation aujourd'hui. Formes et mythes*, Paris, L'Harmattan, 2000, pp. 51-69.
[15] Claude-Gilbert Dubois, *Mythologies de l'Occident*, p. 464.

caractérisé par un progrès qui vise une finalité. Néanmoins, ce qui distingue les philosophies de l'histoire de la vision eschatologique chrétienne, c'est leur prétention à libérer l'examen du cours temporel de toute autorité transcendante et extérieure à l'homme conçu en tant qu'entité autonome et rationnelle.

Penser l'histoire signifie alors penser philosophiquement. C'est cette affirmation que réalise Voltaire, celle de la raison historique dont la naissance est indissociable de la conception de l'histoire en tant qu'affaire humaine et objet de connaissance. Cette idée d'autonomie humaine dans l'histoire sera, par la suite, une constante des théories du progrès qui succéderont à la conception évolutionniste du philosophe français.

Nonobstant, l'idée de Providence n'est pas absente des philosophies du progrès. Ce qui change, c'est que le sujet cesse d'avoir un rapport de foi au temps. Bien au contraire, la Providence présuppose un plan rationnel qui organise le cours de l'histoire. Or, l'être humain, en tant qu'être rationnel, peut avoir accès à ce plan en soumettant son regard historique à l'analyse de la raison. Ce qui veut dire que l'homme moderne ne rompt pas avec l'autorité divine dans son rapport à l'histoire : ce qu'il envisage, c'est la maîtrise du cours du temps devenu objet scientifique. Autrement dit, ce qu'il envisage, c'est la connaissance du plan divin.

La foi est remplacée par la pensée et la transcendance cède sa place à la raison historique. C'est précisément ce qu'exprime la philosophie de l'histoire de Kant. La raison qui oriente le processus historique ne transcende plus l'histoire elle-même, mais est un « plan caché de la nature » dont la finalité peut être reconnue par le sujet s'il sait interpréter les signes que les événements sont. Pour sa part, Hegel présente une conception d'histoire en tant qu'épiphanie de la raison. Le cours de l'histoire est alors la conséquence de l'objectivation de la raison universelle aux prises avec la Matière, c'est-à-dire l'incarnation de l'Esprit dans l'histoire.

Le choix de ces deux philosophes pour penser la philosophie de l'histoire en tant que philosophie du progrès tient à ce que la question européenne n'est pas une question subsidiaire dans leur pensée. Ils attribuent à l'Europe une fonction essentielle dans le temps historique en tant qu'agent privilégié soit de la nature-Providence en ce qui concerne la pensée de Kant, soit alors de l'Esprit universel pour ce qui est de celle de Hegel. Leur pensée se présente non seulement comme constitutive de l'idée moderne de progrès, mais également comme une étape essentielle dans le questionnement sur le dévoilement de l'être européen dans l'histoire.

L'idée de progrès est présente dans les textes de Kant dès la publication de l'*Idée pour une histoire universelle d'un point de vue cosmopolitique*. Dans ce texte de 1784, le cours du temps est conçu d'après l'existence d'un ordre qui vise une finalité. Les événements historiques et les actions humaines ne sont donc pas contingents : ils sont les manifestations phénoménales d'une cohérence qui régule l'histoire et à laquelle le genre humain participe en tant qu'être de raison.

En tendant vers la finalité de l'histoire, le genre humain se réalise. Kant soutient que cette finalité est présente comme possibilité dans les dispositions du genre humain, ce qui veut dire que, pour l'atteindre, ces dispositions doivent être développées[16]. Or, à la différence des autres créatures, l'homme n'est pas simplement un être naturel. Il est également doté de raison. Cela étant, ses dispositions naturelles sont indissociables de l'usage de la raison dont

---

[16] Cf. « Idée pour une histoire universelle d'un point de vue cosmopolitique », in *Emmanuel Kant : Histoire et politique*, Paris, Librairie Philosophique J. Vrin, 1999, p. 87.

la nature universelle implique qu'elles ne peuvent atteindre leur plein développement que si l'humanité est comprise dans sa totalité. Le genre humain est alors uni non pas par une origine, mais par l'action de tous ses membres en vue de l'obtention d'une même finalité.

Or, le moyen dont la nature fait usage pour que les dispositions de l'être humain se développent est l'antagonisme social, l'*insociable sociabilité*. L'homme ressent le besoin d'entrer en société parce qu'il y trouve les conditions pour son développement. Néanmoins, à cette propension s'ajoute une autre contraire qui le pousse à vouloir tout et tous soumettre à sa perspective particulière. C'est cette dernière propension qui crée des résistances et des conflits qui exigent l'émergence de règles de conduite pour que la société demeure. Par l'insociable sociabilité, l'existence humaine acquiert une dimension nouvelle puisque ses dispositions naturelles deviennent morales. L'existence humaine devient une affaire morale, une affaire qui concerne la liberté.

C'est dans la Cinquième Proposition qu'est posé le problème de « la réalisation d'une société civile qui administre universellement le droit »[17]. L'homme vit en société, ce qui implique que sa liberté n'est pas illimitée, mais soumise à des lois extérieures. De la conciliation entre la liberté de l'homme et l'obéissance aux lois dépend la réalisation d'une constitution civile juste. La difficulté de ce problème réside dans un cercle vicieux dans lequel la réponse motive le renouvellement de la question. L'homme tend à abuser de sa liberté et, pour cette raison, il a besoin d'un « maître » juste capable de soumettre la politique à la morale. Pourtant, ce maître est lui aussi un homme conditionné par ses instincts. Faute d'une réponse définitive, parce que « d'un bois aussi courbe que celui dont l'homme est fait, rien de tout à fait droit ne peut être

---

[17] *Idem*, p. 92.

taillé »[18], la société civile parfaite devient une Idée régulatrice des actions humaines.

Dans la Septième Proposition, le problème de la société civile parfaite est placé au niveau international. Les rapports entre les États sont conçus d'après la logique de l'insociable sociabilité qui a conduit les hommes à réaliser un état civil régi par des lois. C'est à partir des conflits entre les États que doit émerger une constitution permettant de régler l'ordre mondial et de garantir la paix interétatique. Ayant soutenu que tout individu développe ses dispositions naturelles en vue d'une finalité et qu'un tel développement ne peut se réaliser que dans le cadre d'une société civile, Kant élargit l'argument à l'échelle de l'humanité. La finalité de l'histoire ne saurait pas être atteinte dans le seul cadre de l'individu ou de l'État : elle dépend de l'humanité unie par des lois communes.

C'est ce besoin de lois communes qui motive Kant à penser à une organisation mondiale qui vise la paix. Dans *Vers la paix perpétuelle*, la constitution de la communauté civile mondiale se retrouve au centre du questionnement. Kant dénombre trois articles définitifs dont l'adoption par les États créerait les conditions pour la paix universelle. Le premier de ces articles concerne l'adoption d'une constitution civique républicaine, la seule constitution qui respecte l'idée de liberté en fondant le pouvoir sur le consentement des individus. Cette constitution doit, ensuite, être répandue au niveau international, ce qui, selon Kant, se fera naturellement grâce à la force d'attraction exercée par un peuple libre sur les autres. C'est sur cette condition qu'une Fédération d'États libres pourra voir le jour.

Le philosophe de Königsberg envisage bien une « alliance des peuples »[19] et non pas un État de peuples.

---

[18] *Idem*, p. 93.
[19] Kant, *Vers la paix perpétuelle*, Paris, Flammarion, 2006, p. 89.

Ce dernier impliquerait l'existence d'une entité supérieure qui légifère et d'une entité inférieure qui obéit, ce qui serait contraire au rapport d'égalité exigé au sein de l'unité. Par ailleurs, si les États peuvent s'accorder sur la nécessité de faire obstacle à l'émergence de conflits entre eux, il est plus difficile de les faire accepter l'institution d'un « pouvoir suprême, exécutif et judiciaire qui réglera pacifiquement les conflits »[20]. L'optimisme est donc contrebalancé par le constat d'une réalité politique où les États cherchent à protéger leurs intérêts. Finalement, comme l'individu à l'état de nature, les États sont poussés à socialiser, mais gardent l'égoïsme qui les conduit à satisfaire leurs besoins particuliers. L'unité ne peut alors être qu'une unité négative, une alliance qui fait obstacle à toute inclination belliqueuse contraire au droit.

C'est pour cette raison que le troisième article définitif en vue de la paix perpétuelle est, finalement, limité par rapport aux atteintes que l'on a pu créer en lisant le projet. Le droit cosmopolitique que tous les États doivent respecter est restreint au droit de visite, autrement dit « le droit pour tout étranger, à son arrivée sur le territoire d'un autre, de ne pas être traité par lui en ennemi »[21]. Le droit cosmopolitique n'établit ainsi que les conditions d'une hospitalité universelle, une hospitalité qui, sous la forme d'alliance des peuples, est définie négativement.

Malgré le constat de l'égoïsme des États, Kant maintient sa conception progressiste de l'histoire de l'humanité grâce notamment au signe d'évolution qu'a représenté la Révolution française. Ainsi comprise, la Révolution est dénationalisée. Elle est plus qu'un événement français. C'est l'humanité tout entière qui est concernée par les développements historiques survenus en France, lesquels manifestent le progrès vers une

---

[20] *Idem*, p. 92.
[21] *Idem*, pp. 92-93.

civilisation éclairée qui se constituera en société civile mondiale.

L'Europe est le principe moteur de ce progrès. C'est en elle que la liberté a été adoptée constitutionnellement afin d'orienter l'action politique. La Révolution française devient la démonstration que le droit peut s'accorder aux lois morales, une trace historique ineffaçable et qui ne peut qu'inspirer les lois futures. Il revient donc à l'Europe de conduire l'humanité vers une constitution civile mondiale, son destin étant indissociable de celui d'une humanité à venir. Si l'Europe se caractérise par la conscience d'avoir une histoire définie par un avenir commun à tous ses membres[22], sa réalité n'est historique que lorsqu'elle envisage la réalisation du *plan caché* de la nature afin de, un jour, donner des lois au monde.

À l'instar de la pensée kantienne qui fait de l'Europe le législateur de l'humanité, l'histoire philosophique de Hegel est également dépendante de la question européenne. Alors que Kant voyait dans les événements survenus en Europe à la fin du XVIIIe siècle les signes du progrès du genre humain vers une finalité commune, Hegel fait de l'Europe l'agent privilégié de l'Esprit universel. En effet, Hegel écrit en tant qu'Européen sur l'évolution de l'Esprit, lequel trouve dans l'Ancien Monde le théâtre de l'histoire universelle[23].

L'histoire philosophique de Hegel attribue à l'Europe une mission historique qui lui donne non seulement une intelligibilité, mais aussi une orientation. Le sens de l'identité européenne consisterait alors à réaliser l'Esprit universel, à réaliser la Raison qui gouverne le monde. Cette Raison n'est donc pas une abstraction pure

---

[22] Cf. Monique Castillo et Gérard Leroy, *L'Europe de Kant*, Paris, Privat, 2001, p. 73.
[23] Cf. Hegel, *La raison dans l'Histoire*, Paris, Pocket, 2012, p. 274.

indépendante de la réalité concrète, mais un agent en tension avec le réel.

Selon Hegel, « c'est sur le théâtre de l'histoire universelle que l'Esprit atteint sa réalité la plus concrète »[24]. Pour ce faire, il a besoin du volontarisme humain, de l'action de l'homme dans le monde. En établissant l'action humaine comme l'instrument de la réalisation de l'Esprit, le problème de la relation entre la visée particulière qui limite l'action des individus et la visée universelle de l'Esprit est posé. L'homme est un être rationnel qui participe de l'universalité de l'Esprit, mais il est également conditionné par ses passions et ses intérêts qui le conduisent à vouloir, tout d'abord, la satisfaction de ses buts personnels. Ce conditionnement n'implique pas, pour autant, l'abandon de l'universel :

> Or ce qui est actif est toujours individuel : dans l'action je suis moi-même, c'est mon propre but que je cherche à accomplir. Mais ce but peut être bon, et même universel. L'intérêt peut être tout à fait particulier mais il ne s'ensuit pas qu'il soit opposé à l'Universel. L'Universel doit se réaliser par le particulier.[25]

Un individu peut ne pas être conscient de ce qu'il est en train de réaliser et, pourtant, cette ignorance ne constitue pas forcément un obstacle à la bonne marche de l'Esprit. Si les actions humaines constituent un instrument pour la réalisation de l'Esprit, la ruse de la Raison en est un autre qui assure que les conséquences des actions humaines vont dans le sens de la fin ultime de l'histoire. C'est précisément cette unité entre la passion individuelle et la visée universelle qui caractérise les « grands hommes » de l'histoire. Ils sont les premiers à comprendre l'esprit de leur époque et à l'exprimer. Alexandre, César ou encore

---

[24] *Idem*, p. 93.
[25] *Idem*, p. 121.

Napoléon représentent cet Esprit à la recherche de soi-même, ils sont autant de figurations de la prise de conscience de soi de l'Esprit. Des hommes dotés de passion parce que « rien de grand ne s'est accompli dans le monde sans passion », sans « l'unité absolue du caractère et de l'Universel »[26].

Si le volontarisme humain et la ruse de la Raison sont les instruments de la matérialisation de l'Esprit, les peuples sont les figures à la fois déterminées et universelles dans lesquelles l'Esprit s'incarne dans l'histoire. Un peuple est déterminé dans la mesure où il possède un principe particulier qui oriente son évolution. Le principe d'un peuple est un principe particulier qui se concrétise dans les différents domaines de la communauté, comme les sciences, les arts ou encore la religion ou la constitution politique. Un tel principe donne une cohérence et une unité à la communauté et motive le rassemblement des individus autour d'un destin commun. Cette unité, c'est celle de la culture qui n'est rien d'autre que l'objectivation, par l'esprit du peuple, de l'Esprit universel. D'un autre côté, l'universalité du peuple réside dans le fait que la réalisation de son principe particulier contribue au progrès de l'Esprit universel dans l'histoire et, en conséquence, à son actualisation.

Comme la vie elle-même, les peuples naissent, évoluent et finissent par disparaître. Leur disparition correspond à la réalisation de leur principe dans la mesure où de cette réalisation résulte l'absence de motivation pour agir historiquement. Cette disparition ne correspond pas, pour autant, à un arrêt dans l'évolution de l'Esprit. Bien au contraire, elle est la condition pour son progrès. Étant donné que l'esprit d'un peuple participe de l'Esprit universel, il est susceptible d'être repris par un autre peuple qui le développera, ensuite, à partir de la

---

[26] *Idem*, p. 141.

particularité qui est la sienne. L'histoire devient le lieu du progrès de l'Esprit universel et non une simple répétition où l'identique demeure toujours identique.

Le rapport entre le particulier et l'universel est l'une des principales questions des débats sur l'identité européenne. En effet, comment pouvons-nous concevoir que la particularité européenne réside dans son universalité ? Hegel soutient qu'il est concevable qu'un peuple évolue d'après son principe particulier tout en participant de l'Esprit universel. Ce peuple ne serait qu'une étape de la marche de l'Esprit vers la conscience de soi-même, c'est-à-dire une figuration particulière de l'Esprit universel. L'histoire de l'Europe serait alors l'histoire d'une entité à la recherche d'elle-même, d'une entité qui se nie dans l'altérité de ses nations à l'intérieur d'un processus historique qui la conduira à l'identité entre l'Un et le Multiple.

Or, cette conscience de soi, ne peut-elle être traduite par l'unité politique ? Si sa particularisation nationale est l'étape par laquelle l'Europe doit passer pour devenir elle-même, la conscience européenne de soi ne peut se traduire historiquement que par le rassemblement desdites nations à l'intérieur d'une unité politique. Les périodes historiques ainsi que les peuples qui les ont composées ne seraient, en conséquence, que les étapes du parcours de l'esprit européen en vue de son unité.

b) L'Europe, a-t-elle une fin ?

Le judéo-christianisme a correspondu à l'émergence d'un rapport nouveau de l'homme au temps. Celui-là est valorisé grâce à une vision linéaire dans laquelle le cours temporel possède un sens et une destinée en accord avec la volonté divine. Les philosophies modernes de l'histoire s'approprient la tradition eschatologique et sa vision linéaire, mais, cette fois-ci, la cohérence n'est plus le résultat d'une volonté divine, mais de la raison. La foi en la Providence divine est remplacée par le progrès rationnel et l'eschatologie devient une téléologie au statut scientifique.

> Ainsi, lorsque nous affirmons que notre conscience historique moderne provient du christianisme, cela peut seulement signifier que la vision eschatologique du Nouveau Testament a rendu possible la vision d'un accomplissement futur – à l'origine au-delà de la vie historique, et par la suite en son sein.[27]

Karl Löwith soutient ainsi l'existence d'une continuité entre l'eschatologie chrétienne et la téléologie des philosophies de l'histoire. Le passage de l'eschatologie chrétienne à la téléologie rationaliste ne serait alors que le produit d'une transformation de la substance divine qui subsiste au long de l'histoire. Grâce à cette constante, l'histoire peut faire l'objet de la connaissance dans la mesure où sa substance n'est pas mise en cause, mais simplement transformée par le processus de sécularisation.

C'est cette dette à l'égard de la tradition théologique que Hans Blumenberg critique dans *La Légitimité des Temps Modernes*. La conception substantialiste de l'histoire et son concept de sécularisation impliquent la perte d'autonomie des temps modernes, la légitimité de la Modernité étant dans le Moyen Âge. Hans Blumenberg met en cause cette idée de continuité entre l'eschatologie chrétienne et la philosophie de l'histoire. Pourtant, il ne soutient pas que la Modernité corresponde à un commencement *ex nihilo*. Il n'y a pas de vraie rupture

---

[27] Karl Löwith, *Histoire et salut, les présupposés théologiques de la philosophie de l'histoire*, Paris, Gallimard, 2002, pp. 243-244.

comme si la Modernité *était* indépendamment de la tradition eschatologique du Moyen Âge. Ce que Hans Blumenberg soutient, c'est que le théorème de la sécularisation est le résultat d'une confusion entre deux concepts :

> Ce qui, dans le processus interprété comme sécularisation, s'est passé le plus souvent, […] ne peut pas être décrit comme « mutation » (*umsetzung*) de contenus authentiques théologiques qui en s'aliénant d'eux-mêmes seraient devenus séculiers, mais comme « réinvestissement » (*umbesetzung*) de positions de réponses devenues vacantes dont les questions correspondantes ne pouvaient être éliminées.[28]

Concevoir la sécularisation en tant que mutation implique une dette de la Modernité à l'égard de l'eschatologie chrétienne, dans la mesure où elle serait incompréhensible sans la référence au discours chrétien et à ses contenus. Ce ne sont pourtant pas les contenus de ce discours qui se trouvent en cause dans le processus de sécularisation, mais le réinvestissement des questions héritées du passé.

À vrai dire, l'eschatologie chrétienne est déjà, elle-même, un réinvestissement de questions passées, notamment de la question fondamentale du rapport de l'humain au temps et à la souffrance. Cette question était présente dans la conception mythique de la réalité, le mythe surmontant le problème par le rite et l'abolition-régénération périodique du temps. L'eschatologie chrétienne répond à ce problème en accordant une dignité ontologique au temps historique : elle valorise le cours du temps parce qu'en lui se manifeste la volonté divine. De leur part, la Modernité et ses philosophies de l'histoire vont réinvestir la question du rapport de l'humain au

---

[28] Hans Blumenberg, *La Légitimité des Temps Modernes*, Paris, Gallimard, 1999, p. 35.

temps et à la souffrance en apportant une réponse indépendante des contenus de la tradition : celle du principe de raison.

C'est le principe de raison qui assure l'autonomie de la vision moderne du monde. Cette autonomie moderne peut être mise en évidence par l'utilisation leibnizienne du concept de théodicée. Selon Hans Blumenberg, la théodicée n'est pas une théologie chrétienne sécularisée parce que, dans le meilleur des mondes possibles, le mal n'a pas de valeur morale, mais il est accepté parce qu'il possède une fonction. Autrement dit, la théodicée leibnizienne est « la simple application du principe fondamental de l'autonomie philosophique : le principe de raison suffisante »[29].

La Modernité possède une légitimité qui dérive de la nouveauté qu'elle porte aux questions fondamentales qui parcourent l'existence humaine. En comprenant la sécularisation comme un réinvestissement, Hans Blumenberg s'oppose ainsi au dogmatisme historique : ce ne sont pas les contenus que les époques héritent, mais les questions auxquelles chaque époque porte une réponse. Chaque époque est particulière et construit, en conséquence, son autonomie.

L'autonomie de la Modernité est celle de l'*homme adulte*, libre et rationnel. Jean-Pierre Sironneau relève les caractéristiques de l'homme moderne, dont la première est son autonomie et, en tant qu'être autonome, la mesure de toutes choses[30]. Autrement dit, il peut bien encore croire à une transcendance, toutefois ce n'est pas à l'égard de celle-là qu'il se construit. C'est l'homme qui façonne ses valeurs et ses lois d'après l'universalité de la raison. Tout doit être alors soumis à la raison, tous les domaines – de la

---

[29] *Idem*, p. 290.
[30] Cf. Jean-Pierre Sironneau, *Métamorphoses du mythe et de la croyance*, Paris, L'Harmattan, 2000, p. 191.

connaissance à la religion ou encore à la vie en société – doivent dépendre de la rationalité de ses principes.

Que pouvons-nous retenir de la tradition eschatologique et des philosophies de l'histoire pour la question européenne ? Depuis le récit de Saint Jean, une certaine relation au temps s'est imposée à l'Européen. Celui-là se meut dans l'histoire les yeux fixés sur l'avenir. Qu'il s'agisse de la société médiévale eschatologique ou encore de la société moderne téléologique, le présent est rythmé par les attentes et l'espérance d'un avenir radieux.

En tant qu'horizon temporel européen, l'avenir n'est pas une simple affaire de penseurs, théologiens ou encore philosophes. Les mouvements eschatologiques ainsi que les développements techniques à l'âge moderne suggèrent que les récits qui s'inspirent du temps futur ont eu un fort pouvoir mobilisateur qui a concerné toute la société. Ce pouvoir mobilisateur est justifié par le fait que la question du futur est une question constitutive de la représentation que l'homme se fait de son existence sur terre. La particularité de l'être européen, c'est d'avoir fait du réinvestissement de cette question sa manière d'être au monde. Si le récit de Saint Jean agit comme mythe fondateur de l'histoire apocalyptique, la pensée théorique ainsi que la société européenne elle-même n'ont pas cessé de reprendre le questionnement sur ce que l'avenir réserve au genre humain.

Établir l'avenir en tant qu'horizon temporel européen implique une conception messianique de l'Europe. L'entité européenne se présente comme le réinvestissement de la figure messianique qui, ayant fait l'objet d'un processus de sécularisation, persiste dans l'imaginaire politique et social des sociétés occidentales, et cela malgré leur désacralisation apparente. En effet, tel que les projets modernes d'unité européenne le montrent, il y a une forte attente d'Europe qui émerge lorsque les catastrophes liées aux conflits introduisent la misère dans la vie des Européens. L'Europe représente alors le Sauveur qui, incarné dans l'histoire grâce à l'unité des Européens, inaugure une ère de paix et d'harmonie. En plus, cette fonction messianique de l'Europe n'est pas restreinte au territoire européen. Comme nous l'avons vu avec Kant, elle a pour finalité s'éteindre à l'humanité, reproduisant ainsi le *catholicisme*. L'Europe devient l'agent qui conduira l'humanité à son Salut.

Cette conception téléologique a pourtant été récemment mise en cause, notamment après les désastres de la Seconde Guerre mondiale[31]. Celle-là illustrerait l'impossibilité même de concevoir une philosophie de l'histoire fondée sur l'idée d'émancipation progressive de l'être humain. Cette critique s'accompagne de la désidentification de l'être européen. Autrement dit, ne plus avoir d'avenir correspond, pour la pensée contemporaine, à ne plus avoir d'Europe. La conclusion est évidente : l'Europe perd son *européanité* dès lors qu'elle se trouve démunie de son horizon temporel.

Les discussions tenues aux tables rondes organisées à Strasbourg en 1992 dans le cadre du programme *Géophilosophie de l'Europe* en sont l'exemplification. Lors de la présentation de la première table ronde intitulée « (D') où vient l'Europe ? », Jean-Luc Nancy a notamment affirmé le besoin d'orienter « la réflexion sur un au-delà de l'identité ou de l'identification de l'Europe » dans la mesure où « il n'y a pas une Europe, c'est-à-dire

---

[31] « Quelle sorte de pensée capable de relever, au sens de *aufheben*, Auschwitz en le plaçant dans un processus général, empirique et même spéculatif, dirigé vers l'émancipation universelle ? » Jean-François Lyotard, *Le postmoderne expliqué aux enfants*, Paris, Le Livre de Poche, 1993, p. 110.

qu'il n'y a pas une Europe une, qu'il n'y a pas l'Europe comme essence ni comme une figure identitaire »[32].

Cela ne signifie pas que l'Europe n'a pas voulu s'affirmer comme l'identité universaliste par excellence, qu'il n'y a pas eu une identification et donc une détermination. Le problème, c'est qu'une telle identification s'est accompagnée du paradoxe suivant : en voulant affirmer sa dimension universelle, l'Europe a surdéterminé sa particularité au détriment de l'universel. La conclusion qui en découle est inévitable : « il n'y a pas d'identité porteuse de l'universel », non seulement parce qu'une identité est toujours transitoire et donc non substantielle, mais aussi parce que son universalité ne peut pas prétendre à devenir la référence pour toutes les altérités non européennes.

Néanmoins, l'attribut universaliste n'est pas le seul objet de la critique. C'est la notion même d'identité européenne qui est mise en cause lorsque Jacques Derrida évoque la possibilité de rompre avec « ce cercle sémantico-archéo-téléologique, avec l'idée d'une unité européenne comme unité d'une histoire comprise entre son commencement et sa fin »[33]. L'histoire téléologique elle-même est rejetée : il n'y a pas de sens susceptible de proposer un ordre, une cohérence à l'évolution de l'individu, de la collectivité ou de l'humanité.

La visée téléologique en tant qu'attitude constitutive de l'identité européenne est comprise comme une substantialisation qui fige l'Europe. Il faudrait la penser non pas comme une figure identitaire, mais comme un geste de figuration qui est plus défiguratif que figuratif. C'est Denis Guénoun qui établit la différence entre la

---

[32] Collectif, *Géophilosophie de l'Europe. Penser l'Europe à ses frontières*, Carrefour des Littératures, La Tour d'Aigle, Éditions de l'Aube, 1993, p. 12.
[33] *Idem*, p. 34.

stabilité de l'identification et l'activité du geste en mettant en évidence la nature double de la notion de figure : elle peut aussi bien être comprise comme figure produite, achevée et reconnue que comme *fingere*, c'est-à-dire, comme geste fictionnant ou feinte[34].

Deux perspectives émergent de cette double nature de la figure : la première privilégie la figure comme manifestation, l'identification étant le résultat de l'adhésion à ses traits ; la deuxième vise le processus de figuration et assume la nature dynamique de celui-ci. Il n'y aurait donc que deux voies possibles à prendre dans les débats sur l'identité européenne. La première est celle de la tradition identitaire qui cherche l'identification d'après la substantialisation des attributs. C'est une voie dangereuse parce que susceptible, d'après Fethi Benslama[35], d'éveiller les vieux démons qui ont conduit l'Europe, et avec elle le monde, au désastre. L'autre voie est celle de l'identité non identifiable, de l'identité vide puisque vidée de tout attribut par le geste même de la figuration. La question de l'identité européenne devient, en conséquence, une étape de plus dans la démarche de désubjectivation, de désubstantialisation et de déconstruction qui caractérise la pensée postmoderne.

Ce processus de désubjectivation des identités collectives prend comme principe argumentatif l'absence d'une histoire téléologique qui serait le théâtre sur lequel une transcendance se dévoile. D'ailleurs, dans la perspective de la postmodernité en tant qu'époque de la fin des métarécits, Jean-François Lyotard, Jean-Luc Nancy ou encore Giorgio Agamben consacrent, dans leur pensée,

---

[34] Cf. *Idem*, p. 84.
[35] « Ce qu'il faudrait rejeter, ce serait une quête d'identité de l'Europe. Car cette quête ne va pas sans une haine qui atteint son point de condensation dans Auschwitz ». *Idem*, pp. 81-82.

une place importante à la question de la fin de l'histoire et à ses conséquences pour la conception du Politique.

Les répercussions qui en découlent sont radicales puisque, selon Giorgio Agamben, la fin des récits historiques a fait apparaître une conception anarchique de l'histoire. Ce que révèle[36] désormais l'histoire, c'est la naturalité même du processus historique irréductible à tout discours et à toute mise en ordre. Il n'y a plus que des événements qui sont autant de singularités dont le devenir impropre du langage ne peut jamais rendre compte[37]. De son côté, Jean-Luc Nancy souligne la nature historique de la communauté qui, pourtant, ne doit pas être comprise au sens téléologique du terme[38]. Sa critique de la conception téléologique de l'histoire présuppose qu'il y a une non-correspondance entre le récit et l'objet du récit. L'histoire ne serait qu'un discours fictif qui nous sépare de la réalité historique elle-même. Ce serait la raison pour laquelle « notre temps est conscient de lui-même comme un temps non historique »[39].

Cette non-historicité de l'histoire aboutit à la désubjectivation du sujet. D'après Jean-Luc Nancy, ce qui caractérise la subjectivité, c'est l'histoire. Pour le dire autrement, c'est en devenant (existence) ce qu'il est (essence) que le sujet se réalise. Or, dans l'absence de téléologie, cette réalisation du sujet est abolie à jamais,

---

[36] L'utilisation du verbe *révéler* est déjà un abus de langage dans la mesure où l'histoire ne peut plus rien révéler.
[37] Cf. Giorgio Agamben, *Moyens sans fins. Notes sur la politique*, Paris, Payot & Rivages, 2002, p. 124.
[38] « L'histoire n'a plus de but ou de projet et, de ce fait, elle n'est plus la personne individuelle (l'individu général ou générique) ni la personne autonome que Marx avait l'habitude de critiquer dans la pensée spéculative post-hégélienne ». Jean-Luc Nancy, *La communauté désœuvrée*, Paris, Christian Bourgois Éditeur, 1999, pp. 239-240.
[39] *Idem*, p. 242.

celui-là ne pouvant que se multiplier dans les singularités/altérités qui font son devenir : « la fin de l'histoire signifie donc que l'histoire ne représente ni ne révèle plus l'Idée du soi, ou l'Idée elle-même »[40].

La fin de l'histoire signifie en conséquence la fin du Moi et de l'Autre. Notre temps serait celui qui fait l'expérience de la fin de l'histoire, qui expérimente la mort de l'identité et sa dissolution dans l'altérité, dépassée elle-même par la transitivité des *soi(s)* qui la composent : une communauté désœuvrée dont les membres n'ont en commun que leur condition existentielle transitoire. Il n'y a plus de métaphysique susceptible de rendre compte de cette existence anarchique, pour reprendre les mots de Giorgio Agamben. Il n'y a que des ontologies de la « transitivité de l'être »[41], un voyage existentiel sans destinée définitive.

Jean-François Mattéi est celui qui a le plus critiqué la conception contemporaine d'absence d'identité européenne. *Le regard vide* (2007), *Le procès de l'Europe* (2011) et sa participation à l'ouvrage collectif *L'identité de l'Europe* (2010) manifestent son effort de réhabilitation de la pensée sur l'identité européenne après des décennies pendant lesquelles le milieu intellectuel n'a cessé de la discréditer. L'identité européenne avait été réduite à un discours de légitimation de la domination européenne sur le monde qui s'est traduite historiquement par la colonisation. Le diagnostic était clair : l'Europe souffrait de la maladie identitaire et le remède trouvé pour la soigner consistait à faire disparaître l'identité elle-même. Pour que l'Europe ne reproduise plus les mêmes catastrophes, il fallait que l'Europe cessât d'exister.

Selon Jean-François Mattéi, ce diagnostic part d'une mauvaise compréhension de ce qu'est une identité

---

[40] *Idem*, p. 246.
[41] *Idem*, p. 207.

culturelle. L'auteur du *Regard vide* affirme que nous ne pouvons pas réduire notre conception d'identité à la catégorie abstraite du Même. En affirmant que la recherche d'identité européenne implique une fermeture, les penseurs des tables rondes réduisent l'identité culturelle à ce qui est en soi et par soi, autrement dit à une pureté ontologique. À partir de la lecture de Derrida de *La crise de l'Esprit* de Valéry, Jean-François Mattéi suggère que le raisonnement tenu par les *penseurs du vide* est conditionné par une conception statique d'identité :

> Sa déconstruction pose comme hypothèse qu'aucune culture n'est identique à elle-même, comme nous l'avons vu chez les critiques patentés de l'identité et de l'appropriation. [...] C'est déjà biaiser les raisonnements ultérieurs. Car on réduit l'identité à la fixité et à la fossilisation d'une culture, ce qui est une totale absurdité.[42]

Ce biaisement est mis en lumière par la structure même de l'argumentation. Postuler qu'une identité est enfermée en elle-même résulte dans le rejet d'un tel concept pour penser une communauté. Cela parce que le propre d'une communauté tient aux relations que ses membres entretiennent les uns avec les autres, ce qui met la question de la communication au cœur du débat. Or, si une identité est enfermée en elle-même, elle ne saurait communiquer avec ce qui lui est extérieur. Il s'ensuit qu'il ne peut pas y avoir de communauté là où il y a une identité.

Comme l'individu, la communauté à laquelle il appartient doit, elle aussi, être démunie d'identité. Si l'appartenance d'un individu était conditionnée à une identification, alors cette identification s'imposerait et enlèverait la nécessité de communiquer parce que tout

---

[42] Jean-François Mattéi, *Le procès de l'Europe. Grandeur et misère de la culture européenne*, Paris, Presses Universitaires de France, 2011, p. 206.

échange est impossible pour ce qui est identique. Ne reste de propre aux membres d'une communauté que la communicabilité elle-même, c'est-à-dire non pas le contenu de la communication – ce serait déjà une substantialisation – mais la possibilité même de communiquer. C'est finalement l'en commun sans commun, la communauté sans communion, la communication sans signification.

Pour penser une identité culturelle, Jean-François Mattéi s'inspire de Lévi-Strauss pour qui, dans le domaine de la culture, une identité est toujours opérante et a comme fonction de rassembler ce qu'il y a de commun dans un « foyer ». Ce foyer est pourtant virtuel. Il n'existe pas réellement, mais il faut s'y référer pour donner un sens au monde, communier avec l'autre et appartenir, ainsi, à la même culture[43]. Ce qui ne signifie nullement que cette identité soit fermée. Dans la mesure où toute identité culturelle est soumise au temps, elle entre en rapport avec la diversité. En conséquence, elle est soumise au changement d'autant plus qu'elle est incarnée par la particularité des membres de la communauté.

> Il me paraît donc évident qu'aucune identité n'est substantielle, qu'aucune culture n'est insulaire et qu'aucune société n'est close. Mais une culture peut développer des capacités d'identification à travers les œuvres qu'elle crée, les coutumes qu'elle impose et les croyances qu'elle permet, au point que ceux qui participent de cette culture la reconnaissent comme telle et se reconnaissent entre eux.[44]

En quoi consiste alors l'identité européenne ? Selon Jean-François Mattéi, la réponse à cette question est à trouver non pas dans un contenu intellectuel, mais dans

---

[43] Jean-François Mattéi, *Le regard vide. Essai sur l'épuisement de la culture européenne*, Paris, Flammarion, 2007, p. 14.
[44] *Idem*, p. 16.

une certaine manière d'envisager la réalité, dans la visée intentionnelle du regard en tant que *theoria*. L'Europe se caractérise par une prise de distance qui permet la saisie du sens de la réalité. L'*horizon culturel* de l'Europe dépend donc d'un éloignement qui n'est que le moyen par lequel l'Européen saisit le sens intime d'une réalité changeante[45]. L'âme de l'identité européenne, c'est-à-dire son principe dynamique, c'est un regard particulier par lequel l'Europe approprie la réalité.

Cette âme, ce principe dynamique qui conditionne le regard, c'est l'appétit pour l'universel que Jean-François Mattéi décline en trois commandements distincts[46] inspirés de l'*Ultimatum* de Fernando Pessoa. Le premier commandement consiste dans le *regard dirigé vers le lointain*, dans le regard d'un esprit qui s'est arraché à l'immédiateté. Il implique ensuite le *culte de l'abstraction* issu de la visée théorique de l'âme. Regard lointain, le regard européen est aussi universel et abstrait, le regard de celui qui a su quitter son territoire. Cet appétit pour l'universel a conditionné la conception européenne du monde avec l'édification d'un savoir rationnel. Elle a également forgé une conception de la cité grâce à un idéal de justice ouvert au genre humain, ainsi qu'une conception d'âme selon laquelle, par l'éducation, l'humanité peut sortir de la barbarie et être civilisée.

L'éducation de l'âme est à l'origine du troisième commandement de la culture européenne, *l'éloge de l'infini porté par une attente messianique*. L'appétit pour l'universel fait émerger une humanité qui donne du sens à l'évolution historique de l'Europe. Comme Jan Patocka[47], Jean-François Mattéi considère non seulement que l'identité européenne est déterminée par le soin de l'âme,

---

[45] Cf. *Idem*, p. 25.
[46] Cf. *Idem*, pp. 31-32.
[47] Cf. Jan Patocka, *Platon et l'Europe*, Verdier, 1983.

mais aussi que l'épuisement de sa culture provient de la perte du regard métaphysique qui la conduit au dépassement d'elle-même.

> Elle ne se sent à l'aise, sur le plan physique, qu'à l'échelle de l'univers, c'est-à-dire, sur le plan métaphysique, à l'échelle de l'universel. Si l'homme est une machine à inventer des dieux, l'Européen est une machine à inventer des concepts.[48]

Jean-François Mattéi réaffirme l'appétit pour l'universel comme trait caractéristique de l'Europe. Néanmoins, et contrairement à ce qu'estiment les penseurs du vide, cette tendance n'a pas comme conséquence la réduction de l'altérité à l'identique. L'ouverture au monde de l'être européen exige aussi l'ouverture à une conception universelle d'humanité. Cette conception possède deux sources essentielles.

D'abord, la source grecque qui apporte à l'Européen la tension entre l'homme singulier et le genre humain. L'homme singulier participe du genre humain à proportion de sa dépendance à l'égard de la rationalité du monde, laquelle rationalité doit être appliquée dans la cité. La deuxième source est religieuse et morale. Il s'agit là d'une étape fondamentale pour la formation de l'esprit européen dans la mesure où elle propose une conception nouvelle d'humanité au-delà des frontières de la cité. Ce n'est plus le citoyen qui participe de la rationalité des lois de la cité, mais tous les hommes qui vont partager, en tant que créatures de Dieu, la même condition.

À ces deux sources, Rémi Brague ajoute une troisième dans *Europe, la voie romaine*[49]. L'appétit pour l'universel est aussi présent à Rome. La marque que Rome laisse dans l'identité européenne, c'est la conception de culture comme transmission. Selon Rémi Brague, cette source

---

[48] Jean-François Mattéi, *Le procès de l'Europe*, p. 37.
[49] Rémi Brague, *Europe, la voie romaine*, Paris, Gallimard, 1999.

romaine trouve sa caractéristique dans l'appropriation de ce qui est né ailleurs. Rome s'est instruite par ce qu'elle a reçu en héritage et en se donnant la mission de civiliser le monde barbare avec les acquis grecs et chrétiens. L'ouverture à l'autre devient un projet d'universalisation dans l'espace, par la rencontre avec d'autres peuples, mais aussi dans le temps avec le besoin de civiliser les générations futures. Plus qu'un contenu quelconque, l'Europe s'assume comme un messager qui fait le lien entre un passé civilisé et un futur à civiliser.

Il n'y a pas, dans cette conception d'identité européenne tournée vers l'universel, un quelconque privilège ontologique qui légitimerait la soumission du monde non européen à l'Europe. En réalité, ce que l'Européen transmet à l'autre, c'est l'Idée au sens platonicien du terme, c'est-à-dire « la forme invisible qui permet de reconnaître un être intelligible en l'appliquant au monde des apparences »[50]. Ce qui veut dire qu'un individu est conçu non plus d'après ce qu'il donne à voir, d'après la contingence de ce qu'il paraît être, mais d'après l'universalité de ce qui est invisible en lui.

La révolution que la culture européenne apporte à l'histoire consiste donc dans l'idée d'humanité en tant qu'elle n'est pas le résultat d'une conception particulière conditionnée aussi bien dans l'espace que dans le temps. L'idée d'humanité transcende les singularités tout en permettant qu'elles puissent se reconnaître entre elles malgré leurs différences, dans la mesure où elles participent de l'universalité en tant qu'êtres de *logos* et soumis donc au même *nomos*.

Les penseurs contemporains du vide, qui rejettent le récit d'universalisation du monde en tant que récit européen, tombent inévitablement dans une contradiction. Sous prétexte de défendre les singularités et l'ouverture à

---

[50] Jean-François Mattéi, *Le procès de l'Europe*, p. 58.

l'autre, ils finissent par enfermer les individus et les communautés parce que, en refusant la transcendance du sens, ils refusent aussi ce qui permet la communication entre les altérités. Si rien n'harmonise plus les altérités, si elles ne possèdent pas de références communes, il ne peut en résulter que l'incompréhension et la violence.

La constitution d'une identité individuelle ou collective se fait dans un cadre où elle interagit avec ce qu'elle n'est pas. Associer une identité incarnée, autrement dit un individu ou une communauté situés historiquement, à l'identité abstraite des opérations logiques où A est égale à A, cela implique l'enlèvement de sa nature dynamique et, donc, du détour par l'altérité. Or, cette rencontre avec l'autre est le principe constitutif d'une identité, mais, pour que ce détour ait lieu, il faut bien l'existence de références communes, d'un *foyer virtuel* qui crée les conditions de la compréhension mutuelle.

Cela ne veut pourtant pas dire que ce foyer virtuel est établi *a priori*. La dynamique de l'identité se traduit aussi dans l'échange permanent entre l'expérience vécue et ce foyer virtuel. Elle évolue avec l'intégration d'éléments nouveaux issus de l'expérience qui, pour sa part, est signifiée par les valeurs et principes d'après lesquels une conscience représente ce qui l'entoure. Autrement dit, l'identité n'est pas ni la plénitude de sens ni la vacuité de l'expérience : elle résulte de la relation entre elles.

c) Créer pour exister

La mise en cause de la visée téléologique motivée par les désastres des deux Guerres Mondiales relativise la thèse de l'avenir comme horizon temporel de l'Europe. Si la tendance à l'avenir caractérise l'identité européenne, des moments de stagnation ou encore de recul conditionnent périodiquement son attitude. Le XIXe siècle a été le siècle de Hegel et de la marche de l'Esprit universel vers la conscience de soi. Néanmoins, il a également été le siècle des romantiques qui se sont opposés à l'historicité issue des Lumières et qui ont préféré tourner leur regard vers les origines.

Par ailleurs, la conception linéaire du temps n'a pas aboli la conception cyclique de l'histoire. La ritualisation de certaines fêtes célébrées périodiquement suggère que le genre humain a gardé le besoin de s'élever au-dessus du temps historique pour rejoindre le temps du commencement. Dans le domaine spéculatif, les théories de la culture manifestent la persistance de la catégorie de répétition qui caractérise le temps cyclique, toute culture émergeant ne faisant que reproduire un même processus déjà réalisé par les cultures passées et que les cultures futures reproduiront à leur tour.

L'idée d'unité politique européenne revient à l'ordre du jour lorsque le chaos et la barbarie se font ressentir sur le territoire européen. Dans l'histoire politique européenne, il y a un rythme qui la caractérise, un rythme où aux moments de grande division et de conflit se succèdent les moments d'union, lesquels disparaissent à leur tour sous l'influence de forces centrifuges. La circularité agit sur la représentation du monde et sur l'action européenne en tant que force latente qui reflue à la surface lorsque l'avenir est mis en cause.

La pensée moderne ne réduit pas l'histoire à une conception linéaire du temps. Il y a une contemporanéité dans l'histoire de la philosophie de l'histoire entre le développement d'une conception linéaire du temps et une autre conception qui fait appel à la circularité de celui-là et à ses origines mythiques. Les théories de la culture vont reprendre pour leur compte l'idée de renouvellement à l'intérieur du temps historique en soutenant que la rationalité de l'histoire n'implique pas nécessairement un achèvement qui correspondrait à l'accomplissement d'une Idée hégémonique incarnée par un peuple privilégié. La notion même d'Idée historique est mise en cause dû au risque d'uniformisation qu'elle implique. Cette critique de l'idée de progrès issue des Lumières a été le principe directeur d'une autre philosophie de l'histoire.

L'intérêt de la pensée de Herder pour l'étude sur l'identité européenne réside dans sa typologie des nations. Celle-là a comme finalité mettre en évidence la particularité de chaque nation sans que, pour autant, il y ait le rejet de l'idée de leur participation à une communauté universelle partagée. L'histoire possède un plan et la coexistence de nations à l'intérieur de ce plan ne fait qu'exposer toute sa richesse. Ainsi, Herder prétend dépasser la logique binaire où deux modèles exclusifs s'imposent à la pensée : le modèle universaliste des Lumières qui tend à l'uniformisation des sociétés à travers l'hégémonie d'un modèle unique ; la survalorisation des particularismes nationaux qui résulte dans une conception fragmentée de l'histoire.

Sa critique portée à l'encontre de l'hégémonie du rationalisme des Lumières tient à une conception différente de la nature du progrès historique. Alors que les Lumières affirment que celui-là possède comme modèle référentiel l'homme moderne, universel et abstrait qui doit dicter sa Loi à l'humanité, Herder soutient que toutes les époques et nations sont dignes de l'histoire dans la mesure où toutes ont apporté leur contribution particulière à l'évolution de l'humanité. Cette contribution se fait d'après ce qu'elles sont et non pas d'après leur participation plus ou moins volontaire, plus ou moins consciente au rationalisme des Lumières :

> la nation peut donc, avec des vertus de l'espèce la plus sublime à un certain regard, à d'autres égards avoir des défauts, constituer des exceptions, manifester des contradictions et des ignorances qui étonnent mais qui n'étonnent que celui qui transporte avec lui son idéal fantôme de vertu épuisé dans le manuel de son siècle et a suffisamment de philosophie pour vouloir trouver la terre entière en un endroit de la terre.[51]

C'est en pensant aux contributions particulières des nations pour l'histoire de l'humanité que Herder expose sa lecture de l'évolution historique. Ce qui est à souligner, c'est l'idée que la spécificité de chaque nation ne contredit pas l'existence d'une histoire universelle. Bien au contraire, nous verrons que ce sont ces particularités qui contribuent à l'enrichissement de l'histoire et du genre humain. Cela nous permettra de penser autrement l'identité européenne. Au-delà du choix entre une entité fragmentée dans les particularités nationales et leur homogénéisation, il y a la possibilité de penser une Europe qui s'exprime dans l'histoire à travers les différentes Europes qu'elle crée. Les nations européennes ne sont alors que les masques d'une même identité dont le trait caractéristique est celui de se régénérer, de se réinventer d'après sa puissance créatrice.

Selon Herder, le commencement de l'histoire se trouve à l'Orient. C'est le moment de l'enfance quand l'humanité a eu besoin d'un maître pour apprendre à exister. Sa contribution pour l'histoire de l'humanité se trouve dans l'association entre le gouvernement des affaires humaines et la religion. La légitimité du roi pour commander et se faire obéir reposait sur sa nature divine, son pouvoir manifestant la sagesse suprême qui devait guider les hommes. C'est pourquoi « la plus ancienne philosophie et la plus ancienne forme de gouvernement déjà n'a tout

---

[51] Herder, *Histoire et cultures. Une autre philosophie de l'histoire*, Paris, Flammarion, 2000, pp. 73-74.

simplement pu être primitivement en tout pays que théologie ! »⁵².

À l'enfance de l'Orient a succédé la première jeunesse de l'humanité. L'Égypte représente la première révolution dans l'esprit du genre humain grâce au passage à la vie sédentaire que l'agriculture a rendue possible. Avec l'agriculture, c'est-à-dire avec la maîtrise et l'appropriation de la terre, émergent la propriété, le sens du travail, mais aussi l'établissement d'un ordre social impossible à instituer dans les sociétés essentiellement nomades : « l'enfant n'était plus en lisière : le jeune garçon était assis sur le banc de l'école apprenant l'ordre, le travail, les mœurs du citoyen »⁵³.

Avec les Égyptiens, le genre humain a évolué en découvrant l'apprentissage du travail et du gouvernement de la cité. Pourtant, c'est avec les Phéniciens qu'a lieu une première ouverture à l'autre. Communauté de marins, ils ont été le premier peuple fondamentalement commerçant dans l'histoire de l'humanité, le premier qui est sorti de la fermeture du clan pour aller à la rencontre des autres :

> l'Oriental dut pouvoir lui reprocher d'avoir affaibli le sens de l'humanité : et l'Égyptien d'avoir affaibli le sens de la patrie ; le premier, d'avoir perdu l'amour et la vie, le second, la fidélité et l'assiduité ; le premier, de tout ignorer du sentiment sacré de la religion ; le second, d'avoir étalé publiquement, du moins sous la forme de restes dans ses marchés, le secret des sciences.⁵⁴

Ensuite, arriva l'Âge d'or de l'humanité, l'adolescent grec qui a soumis la perception de ce qui l'entourait à la beauté. La religion de l'Orient n'est qu'une « fable bellement développée » et jouée au théâtre, tandis que les

---

⁵² *Idem*, p. 52.
⁵³ *Idem*, p. 55.
⁵⁴ *Idem*, p. 61.

hiéroglyphes égyptiens deviennent de belles images dépouillées de leur mystère, les objets des bavardages dans les écoles et marchés. La légèreté que le goût grec éprouvait pour les arts a été la conséquence d'un nouveau mode de gouvernement : la République grecque en tant qu'elle unissait la liberté à l'obéissance et exprimait, ainsi, l'adoucissement des mœurs après la lourdeur de la loi égyptienne et la volatilité des voyages phéniciens :

> La Grèce devint le berceau du sentiment d'humanité, de l'amour des peuples, de la belle législation, de ce qu'il y a de plus agréable dans la religion, les mœurs, le style, la poésie, les usages et les arts – Tout n'était que joie juvénile, grâce, jeu et amour ![55]

Si l'adolescent grec a enseigné à l'humanité la contemplation de la beauté, le jeune adulte romain a affirmé son besoin d'exprimer toute sa virilité. Alors que le monde apparaissait aux yeux du Grec comme un jeu, le Romain s'est engagé à le façonner grâce à la loi et à la discipline, au Sénat et à l'art de la guerre[56]. C'est ainsi qu'il a exprimé son énergie en conquérant le pourtour méditerranéen et en le soumettant à la constitution universelle de Rome.

Or, l'Empire romain est tombé et, sur ses ruines, une civilisation nouvelle s'est développée. C'est la période où le Nord a déferlé sur les terres du Sud pour y fonder des royaumes. Les peuples du Nord représentent le renouvellement des forces humaines après les derniers temps de l'Empire romain marqués par le vice et l'opulence. Ils pourraient ignorer les arts et les sciences, mais ils apportaient les *mœurs fortes et bonnes* et les lois qui exprimaient le *courage viril*. D'après Herder, ces siècles de formation des royaumes européens

---

[55] *Idem*, p. 63.
[56] Cf. *Idem*, p. 69.

correspondent à une période où la division a créé des conflits, mais des conflits qui représentaient un obstacle à toute forme de despotisme.

Les invasions ont été à l'origine des nations européennes. Néanmoins, un principe d'unité est apparu pour rappeler aux hommes leur appartenance à une même humanité. C'est le rôle qui a joué la religion chrétienne. La nouveauté de la religion chrétienne a consisté à introduire dans l'histoire du genre humain l'idée d'une fraternité nourrie par l'amour et par des vérités spirituelles pures qui dépassent le cadre strictement national des religions précédentes. Aux religions d'un seul peuple, le christianisme a répondu avec une religion universelle qui ne pouvait apparaître qu'à l'âge mature du genre humain[57].

Ce n'est pourtant qu'avec la Réforme et la Modernité que le genre humain s'est affranchi de son état de dépendance et a commencé à se placer au centre de sa réflexion et de son univers. Tout ce qui l'entoure devient l'objet d'une manipulation dont la maîtrise définit la connaissance. « C'est ce caractère mécanique qui constitue notre esprit si moderne »[58], l'affirme Herder. Une nouvelle vision mécanique du monde émerge sur laquelle l'homme moderne va construire sa souveraineté. Le mystère disparaît et les forces vitales ne sont que la simple expression d'une barbarie qu'il faut civiliser. En cela consiste l'esprit conquérant des Lumières : une vision homogénéisatrice de l'humanité, laquelle est ainsi dépossédée de son énergie vitale et puissance créatrice. Les possibilités du genre humain sont alors réduites aux codes des Lumières, à un seul modèle qu'est l'Européen éclairé.

---

[57] Cf. *Idem*, p. 86-101.
[58] *Idem*, p. 106.

Comme toutes les nations et toutes les époques, la Modernité possède ses faiblesses, mais elle possède également ses vertus, la principale étant son caractère tardif. L'homme éclairé avait la possibilité d'atteindre une connaissance jamais égalée par le passé et il possédait les moyens nécessaires pour la communiquer à tous les peuples. Il avait la possibilité de connaître la marche du genre humain et les vertus manifestées par les époques précédentes. Il pouvait devenir un nouveau Socrate et éduquer l'humanité, mais avec une différence importante : c'est que « le monde actuel entier et la postérité sont [son] Athènes ! »[59].

Pour ce faire, il devait pourtant comprendre le sens de l'évolution humaine, le plan derrière la progression du genre humain et se dépouiller du privilège qu'il s'était attribué à lui-même de modèle universel. Ce dépouillement passait par la prise de connaissance du peu d'influence que l'être humain possède sur l'évolution de l'humanité, que ce fut moins l'intelligence humaine « elle-même que, si je puis m'exprimer ainsi, un aveugle destin lançant et dirigeant les choses » qui opère la transformation du monde[60].

Aucune maîtrise mécanique du monde ne saurait offrir la souveraineté à l'homme, aucun plan mathématiquement valable ne peut maîtriser le devenir des nations et des époques. Celui-là résulte de la relation à première vue hasardeuse entre l'être humain et les conditionnements spatio-temporels. Ces conditions particulières ont amené les nations à apporter leur pierre à la construction de l'édifice de l'humanité. Aucune nation ne saurait pourtant prétendre à contenir en elle la totalité du genre humain. Une telle prétention est le principal obstacle que l'homme rencontre dans son chemin vers la connaissance de la

---

[59] *Idem*, p. 151.
[60] Cf. *Idem*, p. 102.

nature de l'humanité. Chaque caractéristique du genre humain manifestée dans l'histoire se voit alors effacée par le modèle de civilisation en place qui tend à tout réduire à ses valeurs et principes particuliers.

Ainsi, nous revenons à la principale critique adressée par Herder à l'esprit des Lumières. La progression du genre humain ne doit pas être comprise en tant qu'évolution dans le sens commun du terme. L'évolution du genre humain n'est pas une question d'amélioration progressive de la nature humaine. Chaque nation et chaque époque se réalisent d'après leur particularité et manifestent ainsi ce qu'elles sont destinées à manifester. L'évolution du genre humain devient un processus de dévoilement de la nature humaine où toutes ses vertus et défauts s'exposent grâce aux stimulations provoquées par les conditions particulières. Il serait alors :

> insensé de prétendre que les habitants de toutes les parties du monde devraient être des Européens pour vivre heureux ; car serions-nous devenus nous-mêmes ce que nous sommes hors d'Europe ?[61]

Dans sa conception de philosophie de l'histoire, Herder privilégie la particularité des époques et des peuples. Le XVIIIe siècle a été le siècle de l'affirmation d'une raison universaliste et législatrice. Herder a compris le danger d'uniformisation qui éliminerait la créativité même du genre humain, sa capacité à se renouveler et à inventer des figures nouvelles. Il a entrepris une autre philosophie de l'histoire dans laquelle le plan de la Providence se manifeste à travers la particularité des nations. Toutefois, il ne refuse pas l'existence d'un progrès. Ce que sa typologie des nations suggère, c'est qu'un tel progrès ne se réduit pas au privilège ontologique qu'une culture s'attribue à elle-même. Autrement dit, la progression dans

---

[61] *Idem*, p. 179.

l'histoire de l'humanité ne consiste pas à élever à la dignité universelle ce qui n'est finalement qu'une expression particulière de la richesse humaine.

Alors que les philosophies de l'histoire proposent un regard théorique sur l'évolution de l'être européen en attribuant à l'Europe une fonction privilégiée en vue d'une finalité bien déterminée et à l'image de l'individu rationnel, la typologie des cultures met en valeur la créativité de la Providence. Ce n'est pas la fin de l'histoire qui intéresse la typologie culturelle de Herder, mais le parcours réalisé en vue de cette fin mystérieuse. Cela étant, l'Europe, ne peut-elle pas être conçue comme cette entité mystérieuse dont la volonté se manifeste par la richesse des cultures nationales ? Chaque nation européenne, ne peut-elle pas être pensée comme la création particulière d'une Europe qui ne se satisfait pas d'une seule substance, mais qui a besoin de toutes les expérimenter ?

Ces questions ouvrent la possibilité d'une interprétation dionysiaque, au sens nietzschéen du terme, de l'identité européenne. D'après l'auteur de *La naissance de la tragédie*, Dionysos est un dieu artiste qui érige l'art au rang de « tâche suprême et d'activité proprement métaphysique de cette vie »[62]. Le concept de métaphysique doit lui-même être compris d'après la nature du dieu dionysiaque. Ce qui est en cause, ce n'est pas le dépassement du monde sensible au profit d'un monde intelligible et moral. Cette métaphysique de l'art se veut une transgression de l'immanence sensible dans l'apparence artistique.

La métaphysique se trouve inversée et revitalisée. Le fondement de la vie n'est plus l'intelligible, mais le sensible dont l'extériorisation artistique permet

---

[62] Nietzsche, « La naissance de la tragédie », in *Œuvres philosophiques complètes*, v. 1, Paris, Gallimard, 1977, p. 33.

l'émergence d'images. C'est par la création de ces images que Dionysos se préserve lui-même. Autrement dit, c'est par la figuration en images que Dionysos se décharge de tous ses excès. Or, l'homme est, lui aussi, de nature dionysiaque. Grâce à cette nature, il cherche, par la création artistique, à figurer l'abondance et le chaos qu'il contient en lui, la création d'œuvres d'art apolliniennes permettant à l'homme d'exister.

En conséquence, l'homme utilise le mythe pour remplir cette fonction, c'est-à-dire l'homme fait usage du mythe pour figurer son plein d'énergie vitale. Selon Nietzsche, l'histoire est conditionnée par deux types différents de mythe : le mythe tragique des anciens Grecs et le mythe socratique des Modernes. C'est dans le mythe tragique que Nietzsche voit la « transfiguration métaphysique », autrement dit le passage du chaos dionysiaque à la figure apollinienne salvatrice. Quant au mythe socratique, il est vidé de la tragédie de la vie et des tensions qui font de l'être humain un être artistique.

Nietzsche qualifie la pensée socratique en tant que mythe, mais il s'agit d'un mythe aux traits particuliers qui le différencient du mythe tragique. Le mythe tragique engendre une conception artistique de la vie, c'est-à-dire éternellement créatrice. De son côté, par le savoir théorique et la connaissance abstraite, le mythe socratique veut sauver les hommes du chaos dionysiaque et se présenter aussi comme le seul mythe légitime, comme la seule figure apollinienne.

Pourtant, « l'on n'entend plus, si je puis m'exprimer ainsi, que les notes hautes, dans les harmonies originales de ce concert historique »[63]. Des notes jouées par ceux qui croient rendre justice à l'histoire en la soumettant à la raison, une « croyance qui est celle de toute espèce de

---

[63] Nietzsche, *Seconde Considération Intempestive*, Paris, Flammarion, 1998, p. 123.

religion »[64]. La seule justice est celle de la puissance créatrice, des excès dionysiaques figurés par l'art. L'Europe de la philosophie moderne de l'histoire est une Europe conçue comme l'instrument d'une raison universelle visant une fin qui est, en définitive, sa propre réalisation historique. L'Europe du mythe, l'Europe dionysiaque, est celle de l'éternel recommencement. Elle est ce dieu exprimant des forces qui prennent forme dans les différentes nations européennes. Celles-ci ne sont que les manifestations artistiques et culturelles d'une force commune qui, pour demeurer dans l'histoire, doit se recréer continuellement sans jamais se réduire à l'une de ses expressions. L'Europe est ainsi un artiste et les nations sont ses œuvres d'art.

---

[64] *Idem*, p. 125.

Chapitre II : L'HORIZON SPATIAL

Dans le chapitre précédent, j'ai suggéré que l'avenir est l'horizon temporel de l'*européanité*. Le regard tourné vers l'avenir implique une projection, c'est-à-dire une sortie de soi et des conditions existentielles d'un présent qu'il s'agit, précisément, de transformer. C'est cet avenir qui donne une consistance ontologique à l'*européanité* en prenant la forme d'une Idée qui motive l'Europe à agir en vue de sa réalisation.

Cette visée de l'avenir ne signifie pas une fermeture du temps. Elle indique plutôt le dynamisme de l'Europe, l'insatisfaction portée à l'égard de sa condition présente. C'est pourquoi l'esprit européen a besoin d'une Idée directrice pour l'orienter dans sa marche vers un futur qui pourtant n'a pas une fin définitive. Ce que le besoin d'Idée manifeste de l'identité européenne, c'est le besoin de se récréer, le besoin de se figurer dans des représentations qui ne peuvent pas contenir une puissance créatrice enrichie par l'infini de toutes les possibilités. L'Idée que l'Europe vise n'est donc pas une Idée dont le contenu est une substance immuable. Elle est une pure forme qui peut contenir toutes les créations d'une Europe qui se cherche par l'invention de mondes nouveaux à réaliser.

L'Europe veut être tout de toutes les manières, c'est un être multiple, une identité hétéronymique[65] dont la multiplicité est la conséquence de son incapacité à demeurer dans la rigidité d'une substance. Le rapport que l'Europe entretient à l'espace, traduit-il cette instabilité ?

---

[65] En référence à l'hétéronymie, au multivers dans lequel s'est développée la poésie de Fernando Pessoa.

L'espace, que nous dit-il de l'Europe ? Les premières descriptions de l'espace européen ont donné origine à la théorie des climats. Celle-ci n'avait pas comme seule finalité la connaissance de l'espace européen, dans la mesure où elle a également été utilisée afin de dessiner les traits ethniques et culturels des peuples.

Cette théorie, inaugurée par Hippocrate au IVe siècle avant J.-C., est une constante dans l'histoire de la pensée européenne qui influencera, entre autres, Aristote, Montesquieu ou encore Hegel. Ce dernier a soutenu que les conditions naturelles n'influencent pas seulement le caractère des peuples. C'est l'Esprit universel lui-même qui, en se particularisant dans l'esprit d'un peuple, se trouve soumis « au monde de la finitude et, par là même, au mode général de la naturalité »[66]. Au-delà du climat, d'autres conditionnements naturels sont à considérer pour penser la formation de l'esprit d'un peuple, notamment la relation que celui-là entretient avec les éléments physiques, dont l'eau et la terre. Dans cette relation se trouve la différence essentielle entre l'Europe et l'Asie :

> Un État européen ne peut être vraiment un État européen que quand il donne sur la mer. La mer apporte avec elle cette tendance très particulière vers l'extérieur qui manque à la vie asiatique, cette marche de la vie vers plus loin qu'elle-même. C'est ainsi que la vie des États européens a acquis le principe de liberté de la personne singulière.[67]

Hegel distingue trois types différents de terre : la plaine fluviale, le haut pays et la zone côtière. Les plaines fluviales sont à l'origine des civilisations dans la mesure où, en tant que terres fertiles, elles ont été favorables à l'émergence de l'agriculture et à la sédentarisation de l'être humain. Le haut pays, privé d'eau, s'oppose à toute

---

[66] Hegel, *La raison dans l'histoire*, p. 245.
[67] *Idem*, p. 234.

fixation et motive les êtres humains au nomadisme. De son côté, la zone côtière se caractérise par des peuples dont l'organisation sociale est déterminée par les rapports entre la terre et la mer.

Hegel attribue un rôle particulier à l'eau dans la formation de l'esprit des peuples dans la mesure où elle les connecte entre eux. L'eau établit un lien entre les deux marges d'un fleuve, mais aussi entre les deux rivages d'une mer. Ce lien est d'autant plus important qu'il peut établir une aire culturelle où un peuple se reconnaît plus facilement dans un pays séparé de lui par un océan que dans un pays voisin qui se trouve de l'autre côté d'une cordillère.

En tant qu'élément qui favorise la communication et donc la mobilité, l'eau implique aussi un autre trait caractéristique de l'esprit des peuples que Hegel met en évidence. Les peuples qui vivent de la mer sont des peuples qui subissent constamment l'appel de l'illimité et de l'infini : « L'élément indéterminé nous donne l'idée de l'illimité et de l'infini, et l'homme, en se sentant au milieu de cet infini, en tire le courage pour dépasser le limité »[68]. L'étude de l'espace physique européen, ne suggère-t-elle pas que l'Europe tend vers cet infini océanique ? Quels sont les traits caractéristiques de l'espace européen ?

Sur les cartes, le continent européen apparaît comme un petit cap qui prolonge le continent asiatique. En prenant la chaîne de l'Oural comme frontière conventionnelle qui sépare le territoire européen de l'Asie, nous pouvons constater que, entre la mer Noire et la mer Baltique, l'Europe orientale est constituée par une dépression qui se prolonge au Nord de l'Europe centrale, là où la plaine sibérienne s'étend jusqu'en Belgique.

De leur côté, les contours de l'Europe sont dessinés par des presqu'îles et par des îles. Au Sud se trouvent les

---

[68] *Idem*, p. 257.

presqu'îles hellénique, italienne et ibérique. Ces presqu'îles sont à leur tour prolongées par des îles. Le cas de la presqu'île hellénique est particulier dans la mesure où son système insulaire sert de liaison à une quatrième presqu'île qu'est l'Asie mineure. À l'extrême Sud-ouest, la Péninsule ibérique s'étire en largeur pour former deux espaces différents, l'un méditerranéen, l'autre atlantique. Comme en ce qui concerne la presqu'île hellénique, la Péninsule ibérique prolonge l'Europe en dehors d'elle-même en l'étirant cette fois-ci vers l'Afrique. Le Nord est composé par le Danemark et son système insulaire qui relie la mer Baltique à la mer du Nord ainsi que par la grande presqu'île scandinave qui fait le lien entre l'Europe et l'Arctique.

En regardant un planisphère, trois caractéristiques de l'espace européen peuvent être mises en évidence. Tout d'abord, l'Europe ne possède pas de grands espaces. Certes, la plaine sibérienne s'étend jusqu'au Nord de l'Europe. Néanmoins, ses petites dimensions à l'intérieur du cap européen ne sont pas comparables ni au désert africain, ni aux steppes asiatiques ni encore au grand intérieur américain. En plus, non seulement le territoire européen est considérablement petit, comme sa frontière orientale n'est pas bien déterminée, cette détermination ne pouvant résulter que d'une convention :

> D'abord, l'Oural n'est pas une réelle barrière, son point culminant étant à seulement 1800 mètres, et surtout cette montagne est facilement franchissable. Ensuite, par sa localisation, par son climat comme par son azonalité, cette chaîne de montagnes appartient à l'Asie et ne la limite point.

Autrement dit, par son climat comme par sa végétation, cette chaîne est déjà asiatique.[69]

La deuxième caractéristique à souligner, c'est la forme très irrégulière du territoire européen. Déterminée par plusieurs îles et presqu'îles, l'Europe défie le regard de celui qui s'engage à suivre ses contours. Dans le planisphère, il n'y a que le Sud-est asiatique qui présente des contours aussi accidentés que les contours européens. Finalement, le territoire européen est partout influencé par la mer. Au Nord se trouvent les mers Blanche, Baltique, du Nord ou encore la mer de Norvège. Au Sud, la mer Adriatique et la mer Égée sont intégrées dans le grand lac méditerranéen qui communique, à son tour, avec la mer Noire et, à l'Ouest, avec le grand large Atlantique.

Ces caractéristiques de l'espace européen impliquent que ses terres sont en conflit permanent avec la mer dans la mesure où la proximité maritime se ressent un peu partout en Europe. Cette tension entre la terre et l'eau sera le fil conducteur du questionnement sur l'horizon spatial de l'Europe. En faisant appel à la poétique des éléments de Gaston Bachelard ainsi qu'à la géopoétique, il s'agira de suggérer que l'Europe n'est pas indifférente à l'influence que ces deux éléments exercent sur son espace. Bien au contraire, la tension entre l'eau et la terre est constitutive de l'identité européenne et le principe de sa nature dynamique qui la conduit à vouloir l'infini. Il s'agira de comprendre pourquoi, « même sur la carte, l'Europe semble bouger »[70].

---

[69] Gérard-François Dumont, « L'identité géographique de l'Europe », in *L'identité de l'Europe*, Chantal Delsol et Jean-François Mattéi (dir), Paris, Presses Universitaires de France, 2010, p. 13.
[70] Gonzague de Reynold, *La formation de l'Europe*, cité par Denis de Rougemont in *28 siècles d'Europe*, p. 43.

a) La géopoétique européenne

L'analyse de l'espace européen exige d'abord une clarification sur le sens attribué au concept d'espace dans cette étude. Celui-là peut être compris comme une forme *a priori* de la sensibilité, comme un cadre uniformisé dans lequel a lieu l'expérience. En ce sens, l'espace émerge comme une constante géométrique qui permet à la conscience subjective de tracer les lignes nécessaires à la connaissance claire des objets. Il s'agit d'un espace abstrait dont la fonction consiste à rendre possible une connaissance qui résulte de l'épuration des contingences sensibles.

Il y a un deuxième type de relation que le sujet peut entretenir avec l'espace : celui qui comprend l'espace comme lieu. Comprendre l'espace comme lieu signifie que celui-là n'est pas réduit à la maîtrise conceptuelle. Le concept implique la prise de distance par laquelle le sujet s'approprie l'espace devenu objet mathématisable et ainsi indépendant de la réalité qu'il contient. Dans l'espace-lieu, le sujet ne s'approprie l'espace que parce qu'il y a déjà eu une appropriation du sujet par l'espace lui-même[71]. Ce que la géométrie écarte dans sa mathématisation du réel, c'est précisément ce qui transforme l'espace en lieu : son individualité, ses tonalités et forces particulières auxquelles l'être humain n'est pas indifférent.

---

[71] Je reprends la distinction que Bertrand Westphal réalise entre « espace conceptuel » et « lieu » dans *La géocritique*, où il soutient qu'il y a « deux approches fondamentales des espaces perceptibles : l'une serait plutôt abstraite, l'autre davantage concrète ; la première embrasserait l'« espace » conceptuel (*space*), la seconde le « lieu » factuel (*place*). » Bertrand Westphal, *La géocritique : réel, fiction, espace*, Paris, Les Éditions de Minuit, 2007, p. 15.

À titre d'exemple, le rapport au lieu entretenu par un individu qui vit dans les finisterres océaniques est différent de celui d'un autre qui vit dans la vallée d'une chaîne montagneuse. Quand le premier ressent le besoin d'espace, il regarde en face, il regarde l'horizon rythmé par les vagues de la mer. Or, le second a un rapport vertical à l'espace. Entassé au milieu des montagnes, il regarde en haut pour faire l'expérience de la stabilité sublime de la montagne qui se dresse vers le ciel. Le premier fait l'expérience d'un infini horizontal, le second celle d'un infini vertical.

L'espace-lieu est un espace particulier qui conditionne les représentations des sujets qui l'occupent. Or, c'est à partir de cette symétrie entre l'espace mental et l'espace physique que l'analyse de l'Europe sera réalisée. La finalité, ce n'est donc pas de décrire l'espace physique européen, mais de le comprendre en tant qu'« ouverture d'un champ »[72], en tant qu'espace-monde. Autrement dit, il s'agira de comprendre l'espace européen en faisant l'expérience de ses lieux sans prétendre à l'Idée abstraite qui annulerait aussi bien leur particularité, que celle des individus qui les occupent.

Penser l'espace européen d'après un rapport au monde dans lequel se dégage la particularité des mondes, c'est indissociable d'une poétique des éléments. Chaque lieu possède des forces qui interpellent les individus et qui affectent leur sensibilité ainsi que leur entendement. Or, comme Gaston Bachelard l'a montré dans ses travaux sur l'imagination matérielle[73], les représentations issues de ce

---

[72] Kenneth White, *L'esprit nomade*, Paris, Grasset, Le Livre de Poche, 2008, p. 12.
[73] *La psychanalyse du feu*, Paris, Gallimard, 2012 ; *L'eau et les rêves*, Paris, Librairie José Corti, 2010 ; *L'air et les songes*, Paris, Librairie José Corti, 2010 ; *La terre et les rêveries du repos*, Paris, Librairie José Corti, 2010 ; *La terre et les rêveries de la volonté*, Paris, Librairie José Corti, 2004.

lien entre l'espace physique et l'espace mental possèdent dans les éléments physiques leurs principes constitutifs. Cela parce qu'aux éléments de l'eau, de la terre, de l'air et du feu sont associées des images archétypales sur lesquelles les représentations sont forgées.

Ainsi, à l'élément de la terre sont associées les images relatives au repos, mais également à la lourdeur ou encore à la fécondité. De son côté, l'air est un appel à l'élévation, à la libération du poids de la terre et à tous les rêves d'envol et de mouvement. Comme l'air, l'eau est un élément dynamique qui appelle à la transgression de la stabilité de la terre, mais elle partage avec la terre les images de fertilité et de vie en tant que source et sève. Finalement, le feu est associé à la vérité, à cette vérité inhumaine ou divine qui se révèle ou qu'il faut conquérir.

L'analyse des éléments physiques permettra de relever les images archétypales à partir desquelles l'Européen forme et déforme ses représentations. L'hypothèse présentée suggère que celles-là sont associées aux éléments dynamiques et médiateurs de l'air et de l'eau et, surtout, à leur relation avec l'élément solide et stable par excellence qu'est la terre. L'élément du feu sera ainsi exclu de cette analyse. Cela ne veut pas dire qu'il n'a pas d'influence sur les représentations européennes. Il est bien présent dans l'esprit européen grâce, notamment, à une Modernité qui a réinvesti le mythe de Prométhée. Néanmoins, et dans la mesure où l'analyse géopoétique cherche à mettre en évidence le lien entre l'espace physique et l'espace mental, le territoire européen possède la propriété de ne contenir aucun désert, c'est-à-dire aucun espace chaud où le feu se mélange à l'air et à la terre pour matérialiser les images de la lourdeur révélatrice. Le feu européen, n'est pas ce feu des déserts initiatiques où ont lieu les révélations. C'est le feu que l'individu conquiert grâce à son autonomie, grâce à la foi en la raison qui permet à l'humain de rivaliser avec les dieux.

L'analyse géopoétique commencera par le récit de Moschos où il raconte l'enlèvement de *Eurôpé*. Le choix de ce récit comme moment initial de cette étude tient à ce qu'il exerce la fonction de mythe fondateur de *l'européanité*. Or, ce récit est indissociable d'une mise en scène où les relations entre les personnages ne prennent tout leur sens qu'encadrées à l'intérieur du conflit entre les éléments physiques, notamment entre l'eau, l'air et la terre. En ce sens, le récit de Moschos sera présenté comme le récit archétypal qui expose le rapport que l'Europe entretient avec son espace physique.

La dynamique que l'espace physique européen suggère est, en effet, présente dans l'une des premières représentations de l'Europe. Aux alentours de 150 av. J.-C., Moschos raconte l'épisode de l'enlèvement de *Eurôpé*[74]. Le récit commence par le songe de la princesse, au cours duquel elle assiste à une querelle entre deux terres aux traits féminins. Alors que celle qui ressemble « à une femme du pays » s'attachait à elle, la deuxième, aux traits étrangers, essayait à son tour de prendre *Eurôpé*. Elle réussit à l'arracher des mains d'Asie pour ensuite affirmer que « par la volonté de Zeus porteur d'égide, il était décidé qu'elle lui appartenait ».

La princesse se réveilla effrayée, mais le souvenir de l'affection dans le regard de l'étrangère l'a tranquillisée au point de faire appel aux Immortels pour que le songe s'accomplisse. Ce qui arriva le jour même lorsque *Eurôpé* reprit sa routine et est allée avec d'autres princesses cueillir des fruits au bord de la mer. L'ayant aperçue, Zeus se transforma en taureau et s'approcha des jeunes filles pour s'arrêter face à *Eurôpé*. Son air paisible l'a mise en

---

[74] Je suivrai le récit tel qu'il nous est présenté dans *Europes de l'Antiquité au XXe siècle*, Paris, Robert Laffont, 2000, pp. 12-16.

confiance et elle finit par s'asseoir sur le dos du taureau divin. Néanmoins, à ce moment-là, ce dernier s'est relevé et s'est dirigé vers la mer, une mer agitée devenue calme à son passage. Angoissée, *Eurôpé* demande au taureau son identité et la raison pour laquelle il ne craint pas la mer qu'ils traversent. Le taureau révèle alors son identité ainsi que leur destin : Crète, là où ils s'uniront et auront une descendance de rois.

Deux aspects du récit de Moschos doivent être mis en évidence car ils révèlent des éléments qui nous permettent d'identifier les traits de l'identité européenne. Tout d'abord, l'événement commence par un songe, c'est-à-dire par une rêverie où la princesse de Tyr contemple une action dont elle n'est pas l'agent. Les protagonistes sont deux femmes, l'une étrangère et l'autre familière, qui se querellent à son propos. *Eurôpé* demeure passive pendant l'action, elle se trouve dans la peau du rêveur qui se laisse aller. Or, la contemplation est l'une des interprétations possibles du mot grec *Eurôpé*, autrement dit celle qui voit loin et qui possède la perception de la distance. La distance dans le songe de *Eurôpé*, c'est celle qui la sépare, en tant qu'observatrice, d'elle-même en tant qu'objet du conflit. Ce qui veut dire qu'il y a une certaine forme de réflexivité, une forme confuse de pensée qui ne distingue pas parce qu'inconsciente d'elle-même et qui ne peut qu'engager la croyance[75].

Le récit de l'enlèvement de *Eurôpé* commence par un rêve, mais il se termine par une prophétie, celle où Zeus annonce à la princesse de Tyr que leur descendance sera royale. Bien que le récit de Moschos possède une fonction fondatrice, il se déroule en ayant comme horizon temporel l'avenir et non pas le passé. Le songe prémonitoire et la prophétie placent *Eurôpé* dans l'intervalle entre ce qui est

---

[75] En effet, *Eurôpé* « crut voir deux terres se disputer à son sujet ». *Idem*, p. 13.

et ce qui n'est pas encore, dans un espace de projection où *Murôpé* désire ce qu'elle voit au loin :

> Voilà le destin d'Europe : assujettir paisiblement sa volonté aux rêveries qui la transforment en idéal, en projet, en horizon à construire et à réaliser. L'Europe prend alors la forme de quête jamais achevée, d'un bonheur à atteindre, d'une utopie.[76]

Le deuxième aspect à souligner, c'est l'importance des éléments physiques dans le récit. Ce sont deux terres qui se querellent, la terre d'Asie et la terre d'en face, la résolution du conflit en faveur de cette dernière correspondant à la réalisation de la volonté divine. L'attitude et le statut des deux terres sont différents. Alors que l'une « l'avait mis au jour et seule elle avait pris soin d'elle », ce que nous savons de l'autre, c'est que son action est légitimée par la volonté divine. La Terre Mère se voit alors dépossédée de *Eurôpé* au profit d'une terre qui, finalement, ne possède que ce qu'elle prend ailleurs.

La mer joue aussi un rôle essentiel dans cette intrigue. Le récit de l'enlèvement de *Eurôpé* se conclut à Crète. Pour y arriver, la princesse a dû traverser la mer sur le dos du taureau divin. Une mer qui présente trois traits différents. Elle est d'abord mentionnée comme partie du décor où l'action se déroule. La mer est présente lorsque les princesses accomplissent leur routine de cueillette des fruits, la seule action possible étant la contemplation. Les deuxième et troisième traits sont associés entre eux dans le récit, même si l'un est décrit alors que l'autre ne peut qu'être supposé. En effet, « la mer se faisait calme » au passage du taureau, ce qui signifie qu'elle était d'abord violente et agitée. L'étonnement de *Eurôpé* en constatant

---

[76] Renato Boccali, « L'Europe entre utopie et hétérotopie », in *Cahiers de l'Echinox*, n°10/2006, Corin Braga (dir), Le centre de Recherches sur l'imaginaire, Dacia, România, p. 18.

que le taureau ne ressentait pas de peur en traversant la mer conforte cette supposition.

La peur est une caractéristique importante de la relation entre l'homme et la mer. Cette peur, elle est la conséquence du fait que la mer violente représente l'inconnu et l'imprévisible. « Est-il un thème plus banal que celui de la colère de l'Océan ? Une mer calme est prise d'un soudain courroux. Elle gronde et rugit »[77]. C'est pourquoi le saut dans la mer est comparé par Bachelard à une initiation dangereuse et hostile. Celui qui s'avance dans la mer fait non seulement face à l'inconnu, comme cet inconnu s'oppose également à lui par des vagues interminables. Symbole de l'inconnu et de la peur, la mer est aussi le symbole du courage de celui qui s'y aventure, de celui qui n'hésite pas à laisser son élément naturel, la terre, derrière lui.

Cette eau hostile qu'est la mer ne crée pas la volonté d'être en elle, à la différence des eaux calmes et claires. En effet, dans le récit de l'enlèvement de *Eurôpé*, s'il est vrai que l'eau s'apaise au passage du taureau, c'est vrai aussi que celui-là marche sur elle « sans mouiller ses sabots sur la vaste étendue des vagues »[78]. Autrement dit, il s'agit d'une marche sur les eaux qui est en réalité un envol. Les éléments de l'eau et de l'air sont associés ensemble dans ce récit. Cette association renforce l'idée initiatique déjà présente avec la mer, dans la mesure où sa traversée ne signifie pas seulement le passage vers quelque chose d'autre du domaine de l'inconnu : cette traversée est un passage qui est une libération. Dans *L'Air et les songes*, Bachelard associe l'air à la libération du poids de la terre. En appliquant la pensée de Bachelard au récit de Moschos, il est possible d'affirmer que l'association des deux

---

[77] Gaston Bachelard, *L'eau et les rêves*, p. 194.
[78] *Europes de l'Antiquité au XXe siècle*, p. 15.

éléments dynamiques de l'air et de l'eau sert à affirmer la mobilité européenne face à l'immobilisme asiatique.

Le déracinement et le dynamisme sont encore les conséquences de la réaction d'Agenor à la disparition de sa fille. *Etirôpé* enlevée, le roi de Tyr envoya à sa recherche ses cinq fils. Parmi les frères, il y a Cadmus dont le parcours le conduit d'abord à Rhodes, ensuite à Thrace et finalement à Delphes, là où il interroge l'oracle afin de savoir où se trouve *Etirôpé*. Celui-ci lui conseille d'abandonner sa quête et de suivre une vache pour que, là où elle tombe de fatigue, il fonde une ville. Le conseil a été suivi par Cadmus et la ville de Thèbes fut ainsi édifiée :

> On voit aussi combien, dès le début fabuleux, il paraît difficile de « retrouver Europe » ! C'est la poursuite de son image mythique qui fait découvrir aux cinq frères sa réalité géographique, et fait bâtir une ville au plus actif d'entre eux. Voilà qui est plein d'enseignements. *Rechercher l'Europe, c'est la faire* ! En d'autres termes : c'est la recherche qui la crée.[79]

Le récit de Moschos place la tension entre la terre et les éléments dynamiques en tant que tension constitutive de l'Europe. Elle serait alors le résultat d'une transgression, la transgression originale de la terre par les voyages maritimes. En ce sens, la mythologie grecque a également offert à l'Europe son premier héros. Ulysse est le héros de cette transgression. Néanmoins, il n'est pas seulement celui qui part et qui fait du voyage une dérive. La figure d'Ulysse est également la figure de celui qui retourne au pays, de celui qui revient à la loi de la terre.

Boyan Manchev interprète l'odyssée d'Ulysse d'après la tripartition des fonctions sociales réalisée par Georges Dumézil. Ulysse est plus que le guerrier qui part en conflit

---

[79] Denis de Rougemont, *28 siècles d'Europe*, p. 27.

avec la mer. Il est aussi le paysan qui quitte « l'état originaire préculturel de l'union avec l'immanence de la terre »[80] pour faire l'expérience du lointain. Paysan et guerrier, il devient le prêtre qui, revenant à la terre, crée un monde nouveau, refonde une loi enrichie par l'expérience de la transcendance. La figure d'Ulysse devient la figure du retour-création, de celui qui revient de l'horizon pour donner une loi nouvelle à la terre.

Le conflit entre la terre et la mer, peut-il être pris comme la métaphore de l'*européanité* ? Si est-ce bien le cas, quelles conséquences pour la pensée sur l'identité européenne ? C'est à ces questions que Massimo Cacciari répond dans *Déclinaisons de l'Europe*. Il y soutient la fonction constitutive de la dialectique entre l'eau et la terre. Néanmoins, cette tension n'est pas une finalité en soi. Elle n'a une fonction constitutive que parce que d'elle résulte la philosophie en tant que trait de l'*européanité*, c'est-à-dire cette attitude réflexive qui était encore confuse dans le songe de *Eurôpé*.

Le texte de Massimo Cacciari est développé à partir du conflit entre la terre et la mer dans le cadre de la *polis* grecque déterminée par la rupture originaire avec la terre asiatique. Ce qui veut dire que la *polis* grecque est d'emblée définie par le *polemos*, par le conflit qui résulte de la transgression des limites originelles. Massimo Cacciari reprend l'idée déjà présente dans le récit de l'enlèvement de *Eurôpé* : l'Europe est née d'un conflit qui la conduit à la rupture avec sa Terre Mère.

La transgression des limites originelles est indissociable de la relation que les Grecs entretenaient avec la mer, une relation qui les différenciait des Asiatiques immobiles. Pour le montrer, Massimo Cacciari

---

[80] Boyan Manchev, « La nouvelle Odyssée : continent et aventure », in *Cahiers de l'Echinox*, n°10/2006, pp. 204-205.

fait appel à Thucydide, lequel affirme, en comparant les Grecs aux Lacédémoniens, que :

> ils agissent et vous temporisez, ils sont prêts à abandonner leur patrie, contrairement à vous qui ne voulez jamais sortir de la vôtre, et ils considèrent en effet qu'ils peuvent acquérir quelque chose qui s'en trouve éloignée, tandis que vous tremblez en partant, à l'idée de pouvoir perdre ce que déjà vous possédez.[81]

Pourtant, la condition pour aller au-delà des limites imposées par la lourdeur de la terre, c'est que le corps soit considéré comme quelque chose d'étranger, l'esprit étant la véritable demeure :

> Les voyages aériens de l'âme vers ces espaces au-delà du ciel auraient-ils pu être imaginés par un peuple qui n'aurait pas été prêt à abandonner sa propre terre, son propre *oîkos*, à considérer l'extraordinaire artifice du navire comme sa véritable demeure ?[82]

La philosophie est donc *aoîkos*, c'est-à-dire sans demeure et thalassocratique. Néanmoins, elle ne peut pas demeurer dans la mer et cela parce que la mer traduit l'impossibilité même de toute demeure. La déterritorialisation par la mer crée les conditions pour l'émergence de la philosophie, mais, comme pour *Erôpé* et Ulysse, la mer n'est qu'une traversée qui conduit à une terre et loi nouvelles. Le mouvement fait ainsi partie de la démarche philosophique, mais le mouvement ne prend du sens que s'il est maîtrisé, que s'il possède une raison. Pour ce faire, le philosophe doit prendre de la hauteur et regarder la mer à une certaine distance. Cette distance n'est plus de même nature que celle du songe de la princesse de Tyr. Elle ne consiste plus dans la passivité du

---

[81] Cité par Massimo Cacciari, *Déclinaisons de l'Europe*, L'Éclat, 1996, p. 57.
[82] *Idem*, p. 58.

rêve, mais dans l'action de celle qui, grâce à la raison, cherche à maîtriser un conflit perpétuel.

Sa conception de la philosophie, Massimo Cacciari l'applique à l'Europe. L'Europe ne se définit géographiquement qu'en s'élevant spirituellement, qu'en transcendant l'immanence du conflit pour ainsi pouvoir le comprendre. Le *plus ultra* des navigateurs ne saurait donc être limité à la conquête de la mer dans la mesure où « l'*hybris* thalassocratique s'accomplit dans la conquête de l'*aequor* vraiment infini de l'air »[83]. L'instabilité de la mer et son conflit avec la terre ne peuvent être dominés qu'à partir de l'unité du regard de l'esprit.

> À ce non-lieu se devait d'aboutir le voyage de ceux qui croyaient fermement ne pouvoir acquérir qu'en abandonnant leur propre terre, de ceux qui étaient nés pour n'être jamais en paix.[84]

La transgression commise par la philosophie et par l'Europe n'est pas seulement une transgression qui constitue une violation des limites déterminées de la terre. La mer représente l'appel permanent de la transcendance à laquelle celui qui quitte la solidité de la terre arrive non pas en traversant les eaux, mais en s'élevant au-dessus de sa condition existentielle. Néanmoins, en ambitionnant la transcendance, c'est l'infini qui est envisagé au-delà de l'horizon. L'Europe-Ulysse devient alors l'Europe-Prométhée qui ambitionne l'infini dans lequel seul les dieux peuvent demeurer.

La terre est la demeure sur laquelle l'Europe n'arrive pas à se fixer. Face aux appels venant de l'horizon, elle souhaite conquérir l'infini, ne serait-ce qu'au prix de perdre ce qu'elle possède en terre. C'est ainsi qu'Ulysse devient la figure héroïque par excellence de l'Europe. Il

---

[83] *Idem*, p. 72.
[84] *Idem*, p. 73.

symbolise une identité qui affronte les périls des voyages et qui revient pour refonder la terre. Néanmoins, l'Europe ne se satisfait pas de ce retour. Elle repart à nouveau pour ses voyages initiatiques à la recherche d'Idées nouvelles à réaliser. Le conflit entre l'instabilité de la mer et la stabilité de la terre résulte dans un aller-retour créateur par lequel l'Europe se réinvente.

Or, faire de l'infini l'horizon spatial de l'Europe fait émerger la question de la transgression d'une limite. Quel est alors le statut des frontières européennes ? L'Europe, peut-elle faire l'objet d'une démarcation ? La frontière européenne, n'est-elle pas nécessairement fragile quand ce qu'elle délimite est une identité qui ne crée des démarcations que pour les transgresser ?

b) Le Grand Large : l'envie de transgression

L'analyse géopoétique a mis en évidence que l'Europe privilégie la transgression comme forme de se rapporter à ses propres limites. L'infini de la transcendance, l'au-delà de l'horizon est un appel constant au dépassement par lequel l'Européen se projette au-delà de ce qui lui est propre. Cette transgression n'est pas seulement celle de la pensée et des voyages dans l'élément de l'infini par excellence qu'est l'air. C'est aussi la transgression vécue par les Découvreurs qui sont partis, aux XVe et XVIe siècles, à la découverte de l'inconnu et qui ont uni ce qui la frontière naturelle océanique séparait.

La frontière porte en effet un double sens. Elle est ce qui sépare et ce qui unit. Le cas du Portugal est révélateur du sens médiateur qu'une frontière peut prendre. Territoire placé aux confins de l'Europe, l'engagement du Portugal dans le mouvement des Grandes Découvertes a impliqué une représentation de l'océan Atlantique où ce dernier n'était pas perçu comme ce qui séparait le monde connu d'un monde inconnu. Bien au contraire, l'océan était devenu l'espace qui unissait un empire dispersé par le monde ainsi que l'instrument pour le processus d'universalisation de l'Europe. Nous allons ensuite étudier la particularisation de cet esprit de transgression que l'infini de l'océan inspire à l'*européanité*. Cela permettra de mettre en évidence que, tel que son horizon temporel, l'horizon spatial condamne l'Europe à l'universel.

La visée de l'infini qui caractérise l'identité européenne est favorisée par un espace où la malléabilité de l'eau et la stabilité de la terre sont en tension permanente. Cette visée de l'infini se concrétise dans les peuples européens et, en ce faisant, s'individualise d'après l'esprit du lieu. Par esprit du lieu, je comprends la représentation du monde que se fait un sujet individuel ou collectif. Cette représentation n'est pas abstraite, mais conditionnée par les images archétypales issues du territoire qu'il occupe.

Pour penser la visée de l'infini incarnée par les particularités nationales, je vais analyser le cas de l'identité portugaise. Le cas du Portugal est particulièrement intéressant dans la mesure où il s'agit non seulement d'une identité clairement définie, dans la mesure où ses traits caractéristiques sont aussi bien déterminés que communément acceptés par les membres de la communauté, mais également, en tant que pays périphérique, d'une identité qui se pose la question de son appartenance à l'Europe. Autrement dit, l'identité portugaise est indissociable d'un questionnement sur les rapports entre la périphérie et le centre européen.

Deux perspectives relatives à l'appartenance du Portugal à l'identité européenne sont soutenues. La première, c'est celle prise par José Saramago dans *Le radeau de pierre*[85]. Dans ce roman, José Saramago décide de séparer le Portugal et l'Espagne du territoire européen. En effet, selon le romancier, ce n'est pas seulement l'appartenance du Portugal à l'Europe qui doit être mise en cause, mais également celle de l'Espagne, les Pyrénées représentant la frontière entre deux mondes différents.

Dans *Le radeau de Pierre*, cette frontière devient distance avec un tremblement de terre qui sépare la Péninsule ibérique du continent. La Péninsule ibérique devient alors une île à la dérive qui provoque la panique dans tous ceux qui se trouvent sur son passage, les Azores les premiers. Le choc semble inévitable, mais, au dernier instant, la péninsule-île contourne l'archipel et met le cap sur l'Amérique du Nord. Face aux côtes américaines, la péninsule-île change à nouveau de cap en se dirigeant vers le Sud. Le roman se termine au moment où l'Ibérie s'arrime entre l'Afrique et l'Amérique du Sud.

Les Azores, l'Amérique du Nord, l'Amérique du Sud et l'Afrique, autant de caps dans un voyage qui n'a finalement rien d'une dérive. José Saramago écrit ce roman en 1986, l'année de l'entrée du Portugal et de l'Espagne dans la Communauté Économique Européenne. C'est une période où le recentrage à l'Est de la Péninsule et le conséquent changement d'horizon, non plus maritime mais continental, obligent les pays ibériques à une réévaluation de l'image qu'ils faisaient d'eux-mêmes. La prise de position de José Saramago semble donc claire. Plus qu'une réinterprétation des représentations ibériques, il réaffirme la nature maritime d'une péninsule qui a eu, au long de son histoire, les yeux tournés vers l'horizon océanique.

Dans *Le radeau de pierre* il n'y a pas une représentation de l'être européen. Certes, nous y trouvons la réaction des Européens au grand événement de la

---

[85] José Saramago, *Le radeau de pierre*, Paris, Seuil, 1990.

rupture physique entre la Péninsule ibérique et le continent. Quelques rassemblements ont lieu pour manifester la solidarité européenne à l'égard des Portugais et des Espagnols. Dans quelques-unes de ces manifestations, les Européens affichent le slogan : « Nous aussi, nous sommes des Ibériques ». Néanmoins, plus la péninsule-île s'éloigne du continent, moins fréquentes deviennent ces manifestations, comme si la nature ibérique des Européens n'était qu'un détail dont l'absence n'affecterait pas sérieusement l'Europe.

José Saramago reprend ainsi un sujet qui a marqué les rapports entre la Péninsule ibérique et l'Europe, à savoir : la marginalisation des peuples ibériques. Eduardo Lourenço l'a également fait à plusieurs reprises. Dans *L'Europe désenchantée : pour une mythologie européenne*, Lourenço affirme que les Portugais et les Espagnols ne se ressentent pas spontanément européens dans la mesure où leur mémoire est celle de peuples dispersés par le monde. Ce ne serait donc pas surprenant, poursuit Lourenço, si le Portugal et l'Espagne, à l'exemple de l'Angleterre et comme l'a fait José Saramago, choisissaient le Grand Large comme leur ancrage symbolique plutôt que cette Europe qui leur tournait le dos et qui les marginalisait.

Nonobstant, et à l'opposé de José Saramago, Lourenço affirme que, c'est grâce aux Grandes Découvertes que les Portugais et les Espagnols ont pu affirmer leur *européanité*. Avoir les yeux fixés sur l'océan ne représente pas le rejet de l'Europe. Bien au contraire, l'appel de l'horizon a permis à l'Europe de s'exporter à travers les peuples ibériques. Les Portugais et les Espagnols seraient, en conséquence, les responsables pour le déclenchement du processus européen d'universalisation. Autrement dit, avec les Grandes Découvertes, c'est l'histoire européenne qui devient universelle.

Si les Grandes Découvertes appartiennent à la période où le Portugal et l'Espagne ont été le plus européens, elles sont aussi contemporaines du processus de marginalisation de la Péninsule, notamment à la suite de la Réforme. Spontanément, entre l'Europe du Nord et l'Europe du Sud survient une rupture, l'Europe du Sud s'affirmant comme le bastion de la Contre-réforme. Cela étant, ce premier moment de marginalisation est un moment d'auto-marginalisation où le sentiment d'infériorité n'est pas présent. C'est l'inverse qui a eu lieu puisque la Péninsule affirmait fièrement son catholicisme et établissait un principe d'identité entre ce dernier et l'Europe.

Le processus de marginalisation des peuples ibériques au cours des XVIe et XVIIe siècles n'a pas provoqué chez ceux-ci le sentiment d'infériorité et de décadence. Ce n'est qu'à partir du XVIIIe siècle qu'il prend une tonalité différente. Plus l'Europe se définissait comme l'espace privilégié de la connaissance scientifique et d'une société organisée d'après les exigences de la raison, plus les peuples ibériques prenaient conscience de leur retard dans des disciplines aussi essentielles pour le nouvel ordre européen comme la mathématique et la mécanique. Néanmoins, cette prise de conscience n'a pu avoir lieu que parce que la représentation de l'Europe en tant que propriétaire de la raison s'est ancrée dans les esprits.

Commence alors la séparation entre *les nations qui savent* et *les nations qui ne savent pas*. La scission radicale advient lorsque les mythes du Progrès, de la Civilisation et de la Culture séparent un espace de lumières et un espace d'obscurantisme. La Péninsule ibérique n'est plus qu'un phénomène incompréhensible de retard scientifique et d'aliénation religieuse et sociale, selon les mots de Lourenço[86], une Europe de la marge, un espace nébuleux dans l'histoire de l'Esprit.

Cette distance entre l'Europe de la raison et ses marges ténébreuses a été particulièrement douloureuse aussi bien spirituellement que physiquement pour les penseurs portugais du XIXe siècle. Dans *Heterodoxia*, Lourenço affirme que ceux qui ont voulu établir un dialogue entre la culture portugaise et la culture en Europe transpyrénéenne ont subi les conséquences de leur aventure spirituelle. Par exemple, Antero de Quental a cherché l'harmonie dans la métaphysique allemande, mais il s'est suicidé. Fernando Pessoa a voulu traduire dans sa poésie la multiplicité d'une réalité ayant perdu sa référence métaphysique, mais il a vécu effondré dans l'alcool et dans l'ennui[87].

Néanmoins, le jugement porté par Lourenço sur la pensée d'Antero de Quental doit être nuancé. Dans un article intitulé « La crise de la civilisation occidentale dans la pensée d'Antero de Quental »[88], Fernando Catroga expose une lettre où Antero de Quental critique l'ouvrage de Max Nordau intitulé *Mensonges conventionnels de notre civilisation*. Dans cette lettre, Antero de Quental s'oppose à la conception scientifique de vie. Il affirme que la vérité humaine n'est pas la vérité scientifique dans la mesure où la soumission de la pensée et du cœur aux causes efficientes sans une prise en compte de la cause finale conduit l'être humain au fatalisme et au déterminisme. Le scientisme introduit le « fatalisme glacial » dans le « cœur de l'homme » sans comprendre

---

[86] Cf. Eduardo Lourenço, *A Europa desencantada: para uma mitologia europeia*, Lisboa, Visão, 1994, p. 52.
[87] Cf. Eduardo Lourenço, *Heterodoxia* I, Lisboa, Gradiva, 2005, pp. 17-36.
[88] In *Antero de Quental et l'Europe*, actes du Colloque organisé à Paris les 13 et 14 juin 1991, Paris, Fondation Calouste Gulbenkian, Centre Culturel Portugais, 1993, pp. 91-97.

que « la nature est le théâtre de l'histoire, non son agent »[89].

Cela étant, l'Europe a toujours été présente dans le monde culturel ibérique, soit sous la forme d'un ressentiment soit sous la forme d'un modèle à suivre. Le dialogue a souvent été difficile, mais il n'a jamais eu une rupture entre deux mondes qui seraient antagoniques. Des complexes de supériorité et d'infériorité, du ressentiment et de l'admiration, l'idéalisation d'une Europe de la raison et d'une Péninsule ibérique obscure, toutes ces représentations ont rythmé les rapports entre les deux côtés des Pyrénées, mais jamais il n'y a eu une scission radicale telle qu'elle a été imaginée par José Saramago. Cela parce que, c'est précisément la situation marginale du Portugal qui a créé les conditions nécessaires à l'affirmation de son *européanité*.

Lourenço soutient qu'il est difficile de trouver une identité aussi bien définie que l'identité portugaise. Plus encore, le Portugal ne semble pas particulièrement intéressé par le phénomène, aujourd'hui si angoissant pour d'autres peuples, communautés ou continents entiers, de la crise identitaire[90], comme si la fragilité ontique, existentielle d'une petite nation était compensée par son unité culturelle[91]. Cette assurance dans l'image que les Portugais se font d'eux-mêmes est indissociable de leur

---

[89] Antero de Quental cité par Fernando Catroga, in *Idem*, p. 93.

[90] Cf. Eduardo Lourenço, *Nós e a Europa ou as duas razões*, Lisboa, Imprensa Nacional – Casa da Moeda, 1994, p. 10.

[91] Slavoj Zizec affirme, à propos de la Slovénie, que la petitesse territoriale et le sentiment de marginalisation à l'égard du centre européen est compensée par la représentation d'une « supériorité culturelle », comme si l'existence ne prenait de la valeur que spirituellement, l'espace occupé ne disant rien de la grandeur du pays. *Que veut l'Europe ? Réflexions sur une nécessaire réappropriation*, Paris, Flammarion, 2007, pp. 7-8.

situation marginale de peuple situé entre l'océan Atlantique et les terres d'Espagne.

C'est grâce à cette marginalité que le Portugal a pu se lancer dans le mouvement des Découvertes pour ensuite en faire le récit de son identité, une sorte de deuxième peau qui le protège de la fragilité de sa réalité objective. Comme l'affirme José Gil, en additionnant la dimension imaginaire au fait historique des Découvertes, le Portugal a ouvert la réalité à une réalité d'une autre nature et a ainsi augmenté son propre pouvoir de vie[92]. Avec les récits créés autour des Découvertes, les Portugais ont compensé la fragilité ontique de leur existence par une surdétermination ontologique.

Le souvenir de peuple éparpillé par le monde a façonné l'image du Portugal en tant que pays médiateur et universaliste par excellence. Cette représentation de la *portugalité* est indissociable des travaux de deux écrivains majeurs. Le premier est Luís Vaz de Camões avec *Les Lusiades*[93] publié en 1572 et adressé au jeune roi Sebastião. Dans ce poème épique, Luís de Camões retrace l'histoire du Portugal en prenant comme décor la découverte par Vasco da Gama du chemin maritime vers l'Inde. Il s'agit d'un texte où son auteur expose le problème de la rencontre et identification entre peuples jusque-là étrangers les uns aux autres[94]. Cette identification était cherchée par les Portugais, qui voulaient savoir sous quelle loi vivaient les peuples qu'ils rencontraient au long de leur chemin, mais il s'agissait également d'une identification voulue par ces mêmes peuples : « tout en mangeant allégrement, ils demandaient, en langue arabe, d'où venaient ces gens, qui ils étaient ».

---

[92] Cf. José Gil, *Portugal, Hoje : o Medo de Existir*, Lisboa, Relógio d'Água, 2005, pp. 48-49.
[93] Luís de Camões, *Les Lusiades*, Paris, Les Belles Lettres, 1980.
[94] *Nós e a Europa ou as duas razões*, p. 88.

À ces questions les Portugais répondaient : « Nous sommes les Portugais de l'Occident, nous cherchons les terres de l'Orient »[95].

Dans cette réponse se trouve l'une des lignes essentielles pour notre dessin de l'image que les Portugais se font d'eux-mêmes. Les navigateurs portugais ne se limitaient pas à affirmer qu'ils venaient du Portugal, dans la mesure où ils ajoutaient dans leurs réponses la référence à l'Occident. Autrement dit, les Découvertes sont plus qu'un événement national : il s'agit d'un événement européen dont les Portugais ont été les précurseurs. C'est aussi l'Europe qui est présentée quand les Portugais prennent la parole, c'est l'Europe qui est mise en rapport avec le monde non européen, les Portugais étant les médiateurs de cette rencontre.

Le deuxième écrivain qui a façonné la représentation de l'identité portugaise est le jésuite António Vieira[96]. L'empereur de la langue portugaise, comme l'a qualifié Fernando Pessoa, associe, au XVIIe siècle, le mouvement des Découvertes au mythe fondateur du Portugal. Ce dernier s'inspire des travaux réalisés par le Christ avec l'argent de la trahison de Judas. D'abord, il acheta un terrain pour que les pèlerins puissent être enterrés et il enregistra, ensuite, les monnaies dans le blason du Portugal. Avec ce mythe, Vieira justifie les Découvertes à partir d'un mouvement d'évangélisation du monde entamé par un peuple dont le destin était celui de mourir pèlerin.

Des travaux de ce véritable créateur de mythes qu'a été Vieira, je retiens l'articulation du messianisme portugais au mythe du Cinquième Empire. Le messianisme portugais tourne autour d'un personnage : le roi Sebastião. En 1578 le jeune roi est parti en guerre au Nord de

---

[95] *Les Lusiades*, Chant I.
[96] Voir notamment António Vieira, *História du futuro*, v. I et II, Lisboa, Sá da Costa Editora, 2008.

l'Afrique de façon à contrer les avances des Turcs qui menaçaient les routes commerciales au long de la côte occidentale africaine. Le résultat de cette bataille a été catastrophique dans la mesure où le jeune roi n'a plus été retrouvé. Comme il n'avait pas de descendance, la couronne espagnole réclame le trône portugais, le Portugal ayant été soumis à l'Espagne entre 1580 et 1640. Néanmoins, c'est dans la catastrophe que le salut peut être trouvé. Puisque le corps du roi n'a jamais été trouvé, il ne serait pas mort. Il serait en attente pour réapparaître et redonner au Portugal sa grandeur perdue.

Pour la formulation du mythe du Cinquième Empire, Vieira s'inspire du sébastianisme, mais également du récit, présent dans le livre de Daniel, du songe de Nabuchodonosor. Le roi de Babylone aurait vu en rêve une statue dont la tête était en or, la poitrine en argent, le ventre en bronze et les pieds en argile. La statue est alors détruite par une pierre qui devient, par la suite, une montagne recouvrant toute la terre. Cette pierre représente le Cinquième Empire dont la réalité n'aura pas de fin et qui ne peut avoir lieu qu'après la destruction des quatre empires précédents.

Selon Vieira, si les premiers empires sont ceux de la Babylone, des Perses, des Grecs et des Romains, le Cinquième Empire est celui de l'Évangile éternel, celui où tous les royaumes s'uniront autour d'un seul sceptre et où toutes les couronnes se fondront en un seul diadème. L'empereur du monde serait, non pas le roi Sebastião, mais João IV, celui qui a restauré l'indépendance du Portugal en 1640. Il serait celui qui devrait instaurer la paix perpétuelle déjà préparée par le mouvement des Découvertes et par la christianisation du monde. Si le roi João IV mourut sans que le Cinquième Empire n'ait été instauré, cela n'a pas amoindri les convictions de Vieira parce que le lien logique pouvait alors être établi entre le sébastianisme et le Cinquième Empire. Le roi João IV incarnerait alors le *roi caché* qui allait retourner pour gouverner un monde universalisé par les Découvertes.

Les Lusiades de Luís de Camões et l'*Histoire du futur* de Vieira constituent les deux socles sur lesquels l'identité portugaise s'est construite. Sous la plume de Luis de Camões, le Portugal est un pays médiateur qui exporte l'Europe, alors que, avec Vieira, les Portugais sont un peuple universaliste protégé par la Providence. Ces représentations de la *portugalité* sont essentiellement oniriques. Par le récit camonien, par les mythes et messianismes, le Portugal a cherché une grandeur qui ne pouvait pas se limiter à sa réalité objective. Tout empire territorial serait nécessairement fragile, comme l'est aussi le petit territoire portugais. Pour se constituer une identité, le Portugal a dû aller la chercher ailleurs, il a dû façonner une histoire eschatologique de nature religieuse. Cette histoire devenait une histoire universelle et le Portugal son agent.

L'identité portugaise s'est construite autour du thème des Découvertes, lequel a comme fil d'Ariane le rapport entretenu entre les Portugais et l'océan. L'océan est l'élément structurel de l'imaginaire portugais. Sa présence est un appel constant au dépassement de l'horizon ainsi que l'expression d'un besoin d'extériorisation. La terre dans l'imaginaire portugais est une terre qui se laisse dissoudre dans l'eau. Elle devient dynamique en tant que point de passage vers de nouveaux ailleurs.

Les comparaisons entre les Découvertes portugaises et espagnoles montrent la différence d'imaginaires entre un peuple de terre maritime et un peuple pour qui l'élément tellurique s'impose dans son rapport à l'eau. Dans un petit texte intitulé *Iberia*[97], Fernando Pessoa pense les différences qui ont marqué les entreprises portugaises et

---

[97] Fernando Pessoa, *Œuvres complètes*, v. VII, pp. 281-285.

espagnoles. Il y affirme que la nature avait condamné l'empire portugais à un impérialisme maritime tandis que l'Espagne était promise à un impérialisme de conquête qui devait nécessairement venir de l'intérieur des terres. Si le mouvement des Découvertes a été initié par un peuple maritime, la conquête et la domination étaient réservées au peuple le plus apte à dominer, c'est-à-dire à un peuple tellurique comme le peuple espagnol. Cette différence peut être encore soulignée par la logique même qui a guidé les processus de colonisation. Les Portugais ont privilégié les côtes maritimes et les berges des fleuves alors que les Espagnols sont entrés à l'intérieur des terres pour y fonder des villes. Autrement dit, tandis que les premiers créaient des points de passage, les secondes créaient des racines.

C'est par les voyages maritimes et spirituels que l'identité portugaise a pu s'affirmer en tant que particularisation de l'identité européenne. C'est en répondant aux appels de l'horizon que le Portugal a pu s'extérioriser et engager le processus européen d'universalisation. Cela parce que l'esprit du lieu est conditionné par les éléments religieux de l'air et de l'eau qui font du mouvement le principe existentiel du Portugal. C'est ce que soutient Maria Helena Varela dans *Heterologos em língua portuguesa*[98].

Selon Maria Helena Varela, l'eau, en tant qu'archétype du mouvement et de la distance, n'est pas le seul élément à conditionner la *portugalité*. L'air est présent dans les représentations de l'être portugais. Connoté symboliquement à la libération du poids de la terre, l'air

---

[98] À la rigidité systémique terrestre et à la spiritualité et intellectualité suprêmes symbolisées par le feu, nous préférons le dynamisme et l'ascensionnel, la métamorphose et l'initiation, étant l'eau et l'air des éléments essentiellement imaginatifs et religieux dans la mesure où ils relient les autres deux par l'imaginaire. Cf. Maria Helena Varela, *O heterologos em língua portuguesa*, Rio de Janeiro, Editora Espaço e Tempo, 1996, p. 72.

conditionne les récits mythiques du sébastianisme et du Cinquième Empire, lesquels transforment l'empire portugais en empire spirituel et céleste, comme nous venons de le voir avec Vieira.

L'imaginaire dans lequel est représentée l'identité portugaise devient l'expression d'un besoin de se libérer d'une terre fragile pour habiter un songe qui seul peut donner à la *portugalité* sa valeur ontologique. C'est pourquoi Fernando Pessoa a pu affirmer dans son poème épique *Message* que « le mythe est le rien qui est tout » : l'imaginaire portugais se mouvemente là où la force du *not to be* mythique dilacère la fragilité ontique du *to be*[99].

Maria Helena Varela va encore plus loin dans son argumentation en soutenant que, c'est grâce aussi à la fluidité de l'eau et à ses appels à la déterritorialisation que l'identité portugaise est une identité capable de prendre des formes différentes. Le multivers de Fernando Pessoa en est l'exemple majeur. L'eau est omniprésente dans la poésie pessoënne, soit en tant que mer lors de ses rêves d'infini, soit encore en tant que fleuve. En ce qui concerne les fleuves, ceux-ci ne possèdent pas la connotation tellurique de sève matricielle ; ils sont essentiellement des voies d'accès à la transcendance maritime et/ou spirituelle[100], comme le montre l'hétéronyme Álvaro de Campos avec sa description de l'estuaire du Tage dans l'*Ode Maritime*[101].

---

[99] Cf. Maria Helena Varela, *Microfilosofia(s) Atlântica(s)*, Braga, APPACDM de Braga, 2000, p. 75.

[100] Cf. Maria Helena Varela, *O heterologos em língua portuguesa*, p. 74.

[101] « Les navires qui pénètrent la barre, / Les navires qui sortent des ports, / Les navires qui passent au loin, » sont les appels séduisant de la Distance Absolue, les appels qui font trembler le sol psychique du poète par son envie de parcourir « Toutes les mers, tous les détroits, toutes les golfes, toutes les / Baies ». Fernando Pessoa, *Œuvres Complètes*, v. IV, pp. 40-107.

L'eau de Fernando Pessoa est la mer sans lieu, espace détruit et reconstruit par le mouvement, comme si le temps lui-même balançait parmi les vagues[102]. Or, ce mouvement perpétuel de l'eau devient aussi le mouvement perpétuel d'une identité multiple qui se dédouble dans ce qu'elle n'est pas. Le multivers de poètes de Fernando Pessoa est la traduction poétique d'une condition ontologique qui ne peut être que déracinée et nomade. L'inhumanité de la mer, comme Bachelard la qualifie, devient une transhumanité qui fait de l'*epos* maritime un voyage intérieur :

> Je ne me sens jamais autant portugaisement moi que lorsque je me sens différent de moi – Alberto Caeiro, Ricardo Reis, Álvaro de Campos, Fernando Pessoa, et tous ceux qui ont pu déjà, ou qui pourront encore exister.[103]

c) La source méditerranéenne

Le rapport de l'Europe à l'eau ne peut pas être réduit à sa façade atlantique. Cela parce que, dans ses rivages méridionaux, l'Europe fait face à une mer-limite autre. Les représentations associées à la Méditerranée ne sont pas celles de l'inconnu effrayant du Grand Large. La Méditerranée, c'est un carrefour de civilisations, c'est-à-dire un carrefour d'espaces culturels qui ont fait de cette mer intérieure leur lieu de rencontre et de conflits :

> Qu'est-ce que la Méditerranée ? Mille choses à la fois. Non pas un paysage, mais d'innombrables paysages. Non pas une mer, mais une succession de mers. Non pas une civilisation, mais

---

[102] Cf. Eduardo Lourenço, *O lugar do anjo*, Lisboa, Gradiva, 2004, p. 166.
[103] Fernando Pessoa, *Œuvres Complètes,* v. VII, p. 171.

des civilisations entassées les unes sur les autres. Voyager en Méditerranée, c'est trouver le monde romain au Liban, la préhistoire en Sardaigne, les villes grecques en Sicile, la présence arabe en Espagne, l'islam turc en Yougoslavie.[104]

La richesse de civilisations qui ont occupé le pourtour méditerranéen semble contredire le manque de ressources de cette mer. Fernand Braudel nous fait remarquer que « la Méditerranée souffre, en effet, d'une sorte d'insuffisance biologique », qu'elle, « mer très ancienne, serait comme usée dans ses principes vitaux par sa longévité »[105]. À l'ancienneté de cette mer s'ajoute le fait qu'elle ne communique avec l'océan Atlantique que par le détroit de Gibraltar, ce qui rend difficile le renouvellement de ses eaux. Ces deux facteurs réunis justifient le manque de plancton et de nourriture base pour la vie maritime.

En ce qui concerne la navigation, elle n'a vraiment commencé qu'au cours de la seconde moitié du troisième millénaire av. J.-C., lorsque la première grande civilisation méditerranéenne s'est constituée avec l'Égypte. L'essentiel de la navigation se faisait pourtant au long des rivages. Il a fallu attendre les Phéniciens pour que la mer devienne l'objet d'une exploration intensive qui a conduit ce peuple marin à prendre la haute mer vers la Sicile ou encore les Baléares.

Deux raisons peuvent expliquer cette hésitation des peuples méditerranéens à explorer la mer. La première, c'est « cette crainte au cœur des hommes, c'est leur très longue répugnance à se lancer vers le large, à naviguer en droiture »[106]. La deuxième, c'est que ce grand lac est une mer instable. Ce n'est qu'aux XIVᵉ et XVᵉ siècles que la Méditerranée constitue un système consolidé de

---

[104] Fernand Braudel, *La Méditerranée : l'espace et l'histoire*, Paris, Flammarion, 1985, p. 8.
[105] *Idem*, p. 49.
[106] *Idem*, p. 59.

circulation où les marchandises et les cultures étaient échangées.

La mer Méditerranée est donc une mer pauvre en ressources et violente, exception faite à la période estivale. C'est un ensemble *a priori* inhospitalier et pourtant son histoire est rythmée par la succession de grandes civilisations et empires qui ont pu se développer sur ses rivages. Égyptiens, Phéniciens, Grecs, Carthaginois, Romains, Byzantins ou encore Arabes, tous ces peuples ont élu cette mer comme horizon de leurs civilisations. L'histoire de la Méditerranée devient, en effet, l'histoire d'une succession de civilisations « où les éléments d'une culture sont repris par une autre culture pour être développés sous de nouveaux auspices »[107].

Des éléments de réponse pour comprendre cette richesse méditerranéenne peuvent être fournis par la poétique des éléments de Bachelard et, plus précisément, par la classification des types d'eau qu'il établit dans *L'eau et les rêves*. À la différence de l'océan dans l'imaginaire portugais, où l'eau liquéfie la terre, en ce qui concerne la Méditerranée, il s'agit d'une eau composée dans laquelle l'eau et la terre s'unissent.

Dans l'imagination matérielle, les éléments ne sont pas isolés, mais en relation entre eux. Dans la constitution d'un imaginaire, un élément peut être privilégié en détriment des autres, comme l'eau océanique dans le cas portugais. Néanmoins, l'imagination matérielle n'exclut pas les combinaisons entre les éléments et l'eau est l'élément le plus favorable pour les illustrer[108]. Parmi les combinaisons qui peuvent être réalisées, celle de l'eau et de la terre est la plus importante. La Méditerranée est cette *pâte* bachelardienne où l'eau et la terre sont rassemblées

---

[107] Jean-Marc Ferry, *Europe, la voie kantienne : essai sur l'identité post-nationale*, Paris, Cerf, 2005, p. 16.
[108] Cf. Gaston Bachelard, *L'eau et les rêves*, p. 109.

dans une matière qui forme et se déforme, qui lie et délie. La succession de civilisations, leurs rencontres et conflits, leur capacité à prendre ailleurs l'inspiration pour fonder une civilisation nouvelle, ne peuvent-elles pas être comprises d'après la malléabilité que l'harmonisation de ces deux éléments crée ?

L'intérêt de l'image de la pâte ne se trouve pas seulement dans son attribut qui consiste à former et à déformer les figures et, dans le cas de la Méditerranée, à créer et recréer des civilisations. Il est également dans le fait qu'un tel travail de formation et de déformation requiert une main dynamique[109]. En effet, la pâte est travaillée par le tact, ce qui veut dire qu'elle fait l'objet d'une action. Une autre différence fondamentale entre l'eau océanique et la pâte méditerranéenne peut ainsi être mise en évidence.

L'eau océanique est inhumaine, c'est-à-dire elle est l'informe qui émerveille celui qui la contemple. Cet effet d'émerveillement est accentué par la combinaison avec l'élément physique du feu. Les couchers de soleil à l'Occident sont interminables, le temps semble s'arrêter pour celui qui fixe l'horizon en attendant que le soleil rejoigne l'océan. Pour le *Finistérrien* occidental, c'est le temps de tous les rêves d'ailleurs qui motivent son départ non pas tant à la recherche des terres lointaines, mais en quête des mondes imaginés.

Or, la mer finie méditerranéenne représente le contraire de la passivité contemplative de l'immense océan. Elle est essentiellement humaine puisque, depuis des millénaires, modelée par la main de l'homme. Dans les rivages de la Méditerranée, l'homme crée des civilisations, il les développe et les détruit pour les remplacer ensuite par d'autres civilisations. Il veut maîtriser cette eau et non pas se laisser emporter par elle. Sur cette mer, les bateaux

---

[109] Cf. *Idem*, p. 125.

transportent les marchandises et les dieux, c'est-à-dire les biens matériels et spirituels qui nourrissent les peuples.

L'autre caractéristique de l'espace méditerranéen, c'est que la dynamique des échanges qui rythme l'histoire de cette mer intérieure entretient une dynamique culturelle de création et de recréations perpétuelles. Bachelard souligne le caractère fondamental de la *maternité* des eaux. L'image nourricière de l'eau se trouve projetée dans la Méditerranée. Elle ne concerne pas la richesse biologique mais les civilisations et cultures qu'elle nourrit en étant l'espace où ont lieu leur rencontre et la possibilité de régénération. La Méditerranée motive les images de l'eau douce et non pas de l'eau salée. Sa forme même, espace presque fermé ne disposant que d'une petite ouverture vers l'Atlantique, conditionne une représentation plus proche du lac que de la mer.

Bachelard conçoit l'eau salée comme une perversion qui entrave les rêveries de douceur ou encore de rafraîchissement. Néanmoins, le sel dissous dans l'eau donne origine à d'autres types d'images. Le sel qui se dissout dans l'eau ne fait pas partie des matières dures, il est plus qu'un cristal. L'eau salée est le résultat de l'union entre l'eau et le feu et, en ce sens, elle valorise les images de purification qui ne sont pas exclusives à l'eau douce. La traversée de la mer en tant que parcours initiatique ne prend toute sa valeur que parce que celle-là est salée, purifiant alors l'esprit de ceux qui veulent atteindre ce qui pourtant les transcende. C'est pourquoi, dans le récit de Moschos, il a fallu à *Erôpé* traverser la mer avant de s'unir à Zeus. Il fallait qu'elle se purifie de la lourdeur de la terre asiatique, se libère de son ancienne condition pour être à l'origine d'un monde nouveau.

Pourtant, ces images d'eau salée purificatrice sont secondaires quand comparées à celles de la Méditerranée en tant qu'eau douce qui nourrit les civilisations. Elle est l'eau de source qui fertilise les civilisations, l'eau nourricière à l'origine de grandes civilisations, la « matrice liquide du corps solide de l'Europe »[110] et principe de vie qui rythme l'histoire d'un être qui devient grâce à ses créations.

C'est dans la zone méditerranéenne qu'a eu lieu la « valse à trois temps »[111] à l'origine de l'*européanité*. Le premier pas de cette danse, ce fut la Grèce. N'étant pas européenne puisque essentiellement autocentrée, elle a pourtant éveillé la tendance à l'universel grâce à l'émergence du *logos* qui conditionnera, par la suite, le rapport de l'Europe au monde. Rome constitue le deuxième moment de cette danse. Elle non plus n'était pas européenne dans la mesure où son centre se trouvait dans le monde autonome de la Méditerranée. Si le *logos* est le don de la Grèce à la future Europe, Rome a légué la *romanité*, c'est-à-dire cette capacité à assimiler les héritages et à les transmettre aux générations futures grâce à des projets de civilisation. Finalement, le troisième pas de la danse européenne est relatif à Jérusalem et à la révolution chrétienne, à qui l'Europe doit le sens de la communauté universelle, indépendante des appartenances particulières.

L'eau océanique est une interpellation que l'infini fait à l'Europe pour qu'elle dépasse ses propres limites, pour qu'elle se projette dans des mondes à réaliser qui ne peuvent pas être contenus dans le corps européen. La frontière occidentale de l'Europe est une frontière qui n'existe que pour être transgressée. La Méditerranée est d'une autre nature. Elle est intempestive comme le temps dionysiaque. Elle met en évidence la vitalité de la création

---

[110] Massimo Cacciari, *Déclinaisons de l'Europe*, p. 9.
[111] Dominique Folscheid, « L'Europe, ou la danse sur les limites », in *Europe : la danse sur les limites*, Joanna Nowicki (dir), Paris, Romillat, Institut Hannah Arendt, 2005, pp. 32-36.

et non pas une frontière comprise comme limite. La Méditerranée est un cosmos en elle-même qui a possédé au long de l'histoire sa dynamique et son système de relations vers lequel convergeaient les trois parties du monde connu. Si l'océan Atlantique inspire l'Européen à aller au-delà de lui-même, c'est dans la Méditerranée qu'il retrouve sa source de régénération.

Chapitre III : PENSER LE STYLE EUROPÉEN

L'analyse des horizons du temps et de l'espace a suggéré comme trait caractéristique de l'identité européenne une attitude, c'est-à-dire une forme d'être au monde. Penser l'Europe à travers le temps a montré qu'elle fait de l'avenir l'horizon qu'elle vise. C'est l'avenir le principe dynamique de l'Europe dans sa relation avec l'histoire, le principe directeur qui oriente ses actions dans la réalité objective. En ce sens, l'Europe s'assume également en tant que puissance créatrice qui conçoit des mondes possibles à réaliser. Elle est téléologique, mais dès que son projet d'avenir atteint ses limites, l'esprit européen a besoin d'une Idée nouvelle à réaliser. L'Europe progresse en se récréant dans un *corso* et *ricorso* où eschatologie et circularité, progrès et mythe se trouvent conciliés.

Regard tourné vers l'avenir donc, mais regard tourné également vers l'infini. Tel que l'horizon temporel, l'horizon spatial de l'Europe est un horizon qui la dynamise. L'infini agit en tant que frontière qui, à l'Ouest, constitue un appel à la transgression, mais qui motive, à l'Est, la protection et la conservation. En effet, l'infini de l'océan suscite la curiosité dans l'esprit européen, il donne des envies d'ailleurs qui historiquement se sont traduites par la sortie de l'Europe d'elle-même. Néanmoins, l'infini-frontière n'est pas seulement appellatif. Il est également une menace quand ce que l'Europe regarde, ce n'est pas l'infini de la mer, mais l'infini de terres. C'est de l'intérieur des espaces telluriques que la menace arrive, là où se trouve celui qui risque de prendre possession de l'Europe.

Cette différence d'attitudes à l'égard d'horizons identiques pose la question de la relation entre l'unité de l'être européen et la multiplicité des peuples qui habitent l'Europe. Cette question ne résulte pas seulement des conclusions tirées de l'analyse de l'espace et du temps européens. Elle est également constitutive de la nature même de l'Europe. En la définissant en tant qu'identité non substantialisée, la création de formes d'être au monde devient sa façon d'exister. Les différentes nations européennes, ne sont-elles pas autant de figurations de cette Europe artistique ? Ne sont-elles pas d'esthétisations du pouvoir créateur européen ?

a) Qu'est-ce que le style culturel ?

Envisagions esthétiquement l'identité européenne et qu'elle consiste à créer des mondes possibles qui se matérialisent dans les différentes cultures nationales. Celles-là ne seraient alors que les figurations particulières d'un être commun ouvert à la diversité. En effet, l'Europe serait ainsi conçue comme un système ouvert dont la configuration des horizons temporels et spatiaux n'est pas achevée, mais dépend du type de relations que les Européens entretiennent avec l'avenir et l'infini. Il s'agit maintenant d'identifier la *matrice stylistique* européenne et de comprendre la dynamique des relations à l'origine des expressions nationales.

Je reprendrai la formule de Lucian Blaga[112] pour l'appliquer non pas à un peuple européen en particulier, mais à l'Europe elle-même. Par matrice stylistique, il faut comprendre l'ensemble de facteurs constitutifs d'un système qui est le fondement même du style culturel. L'analyse de l'ensemble de ces facteurs a comme finalité la mise en évidence du type de relations entretenues par les Européens à l'égard de leurs horizons spatio-temporels et, donc, non seulement dessiner l'image de l'Europe comme également celle de ses déclinaisons.

Blaga définit le style comme étant une unité synthétique par laquelle s'exprime un être, qu'il soit pris individuellement ou collectivement. En ce sens, le style est universel, il est présent en tant que système dans toutes les cultures, il est la base même sur laquelle toute culture est constituée. Néanmoins, penser le style d'une culture pose le problème suivant : si la constatation d'un style appartient au domaine de la conscience, la constitution d'un style relève de facteurs inconscients faisant appel, non pas à la raison, mais à l'*autre royaume* de la raison.

C'est parce que l'unité stylistique échappe aux intentions subjectives, c'est parce qu'elle s'enracine dans des substrats plus profonds que l'objectivité des œuvres culturelles, que Blaga soutient que la méthode phénoménologique est limitée pour comprendre la constitution d'un style. Celle-là peut se justifier, dans la mesure où toute création humaine est en partie le résultat d'une intentionnalité consciente. Néanmoins, dans le cas des productions culturelles et, en particulier, dans le cas des œuvres d'art, les empreintes stylistiques ont des motivations plus profondes qui relèvent de l'inconscient :

---

[112] Voir Lucian Blaga, *La trilogie de la culture*, Paris, Librairie du Savoir, 1995.

> Par son côté stylistique le plus profond, l'œuvre d'art s'intègre dans un ordre démiurgique non-intentionné ; elle échappe à celui de la conscience.[113]

Pour comprendre l'unité stylistique en tant que système constitutif d'une culture, il faut interroger les structures de l'esprit inconscient à travers une *noologie abyssale*, c'est-à-dire par une discipline capable de comprendre la fonction cognitive de telles structures. Autrement dit, pour analyser un style, il faut déjà comprendre la rationalité de l'inconscient et admettre l'existence, « par delà la conscience proprement dite, d'une autre forme de conscience »[114]. Ce postulat théorique, comme Blaga le qualifie lui-même, se fonde sur une conception psychique de l'inconscient qui, par définition, soutient l'existence d'un sens dans tous les phénomènes de la psyché, y compris ceux qui échappent à la conscience et à l'intentionnalité.

De différentes catégories sont identifiées par la noologie abyssale afin de penser l'esprit inconscient à l'origine des styles culturels. Les premières catégories sont les *catégories horizontiques ou de perspective* relatives aux horizons d'espace et de temps. L'hypothèse de Blaga, c'est que l'inconscient possède lui aussi ses formes d'intuition sans que pour autant il y ait une identification entre les horizons inconscients de l'espace et du temps et ceux de la sensibilité.

En ce qui concerne les horizons de l'espace, ceux-ci varient selon les cultures et il se peut que, dans un même environnement, apparaissent des appropriations différentes de l'espace. Cette différence présuppose que la perception de l'espace ne saurait être réduite à la sensibilité. Sa

---

[113] *Idem*, p. 18.
[114] *Idem*, p. 21.

source doit se trouver dans un horizon plus profond qui sert de base à l'appropriation de l'espace environnemental.

Blaga ne nie pas que l'espace sensible exerce une influence sur les représentations individuelles et collectives. Les montagnes et vallées de Transylvanie, qui ont beaucoup influencé la pensée du philosophe roumain, ont contribué à l'émergence de la *doïna*, musique roumaine dont le rythme rappelle l'ondulé du paysage transylvanien. Néanmoins, l'appropriation de ce paysage est conditionnée par un horizon spatial plus profond qui transparaît dans la représentation de l'espace et qui est à l'origine de dichotomies dans les représentations.

L'existence de ces dichotomies est justifiée par le fait que les catégories de l'inconscient ne se réduisent pas aux horizons de l'espace et du temps. D'autres catégories de l'inconscient agissent dans la formation d'un style. Cela explique pourquoi des individus et des cultures qui vivent sous l'influence d'un même environnement ont des appropriations différentes de la réalité qu'ils expriment culturellement. Non seulement des individus et peuples dotés d'un même horizon peuvent avoir des représentations différentes, comme ceux dotés d'horizons différents peuvent également se rejoindre dans leurs représentations. C'est le cas de l'horizon spatial « infini ondulé » des Portugais et des Roumains, les premiers étant influencés par l'océan alors que les Roumains le sont par les montagnes.

Blaga applique la même lecture à l'horizon temporel. L'horizon temporel de l'inconscient est lui aussi une structure profonde et fondamentale qui conditionne le rapport que la conscience entretient avec le temps. Ce rapport peut s'exprimer d'après trois types différents. Le premier est celui du temps-jaillissement. Cet horizon temporel se caractérise par un futur qui s'impose aussi bien au présent qu'au passé, devenus des simples étapes dans un parcours ascendant. Le temps est vécu comme une expérience évolutive dans laquelle l'instant suivant s'affirme toujours comme une élévation de l'existence. La culture judéo-chrétienne ou encore les philosophies du progrès traduisent bien ce type de temps et c'est bien dans le temps-jaillissement que Blaga place l'esprit européen :

> La plupart des Européens, dans la mesure où ils vivent dans cet horizon, refusant le passé et s'affranchissant du présent, se sentent appelés par l'avenir et ne peuvent même pas imaginer la possibilité d'autres visions temporelles ; ils évitent instinctivement toute problématique de nature à semer le doute sur l'ascension infinie.[115]

Le deuxième type d'horizon temporel de l'inconscient se trouve dans la perspective opposée au temps-jaillissement. Il s'agit du temps-cascade où l'accent est mis sur le passé. Alors que, dans le temps-jaillissement, l'avenir est appréhendé comme amélioration à l'infini, dans le temps-cascade le futur est perçu comme une décadence. Cela parce que le temps est conçu comme une chute, un éloignement à l'égard d'un commencement pris comme valeur suprême. Blaga place dans le temps-cascade les sociétés mythiques dont l'appropriation du temps est indissociable du commencement sacré et fondateur qui caractérise l'Âge d'or. Il s'agit d'une différence fondamentale à l'égard des cultures structurées d'après le temps-jaillissement dans la mesure où, pour ces dernières, l'Âge d'or est placé dans le futur. Finalement, Blaga mentionne également le temps-fleuve dans lequel le temps n'est qu'un présent continu. Chaque moment, chaque instant est autonome, existant pour soi et se suffisant à lui-même sans que les événements n'acquièrent une valorisation inégale.

---

[115] *Idem*, p. 60.

La *marque axiologique* valorise, pour sa part, les catégories horizontiques, du temps et de l'espace. Le même horizon spatio-temporel peut être pris soit positivement soit alors négativement. Cela donne origine à des styles culturels différents qui, pourtant, peuvent posséder le même environnement psychique. Pour expliquer cette différence, Blaga distingue la solidarité organique de la solidarité axiologique. La solidarité organique existe lorsqu'une culture particulière ne peut concevoir son existence sans un horizon déterminé. Néanmoins, ce n'est pas parce que l'existence d'une culture se trouve plongée dans un horizon spatial déterminé que celui-ci est valorisé positivement. Il peut faire l'objet d'un rejet. Ce qui veut dire que la solidarité organique et la non-solidarité axiologique peuvent coexister à l'intérieur d'une même culture.

Une autre catégorie agit sur les horizons spatio-temporels pour conditionner le type d'attitudes. Il s'agit de la *catégorie d'orientation*, laquelle se trouve divisée en trois sous-catégories différentes. Ce sont des catégories de mouvement par lesquelles une culture a tendance soit à avancer vers son horizon spatio-temporel, soit alors à se maintenir en retrait. Il existe aussi une troisième possibilité qui concerne l'état neutre de la stagnation.

La tendance à avancer vers son horizon spatio-temporel correspond à l'attitude anabasique. Cette attitude n'est pas exclusive à une culture ayant une marque axiologique qui valorise positivement ses horizons. Certes, dans la majorité des cultures conditionnées par l'attitude anabasique, il y a également cette valorisation positive. C'est le cas de la société européenne avec le progrès comme Idée à réaliser. Non seulement l'avenir est valorisé positivement, comme toutes les actions de l'homme sont conçues et déterminées en vue d'une destinée.

À l'opposé de l'Européen progressiste se trouve l'Hindou. D'après Blaga, alors que l'Européen veut l'avenir et se conçoit à l'intérieur d'une marche où chaque pas le rapproche un peu plus de son but, l'Hindou porte le sentiment catabasique du destin où son mouvement est vécu comme un retrait. D'un autre côté, l'attitude anabasique face au destin peut également se présenter lorsque ce dernier est perçu négativement, comme c'est le cas des cultures nihilistes où le mouvement est conditionné par une attitude destructrice.

Finalement, le quatrième type de catégorie de l'inconscient est relatif aux *catégories formatives*. Elles répondent au besoin universel d'imprimer dans toute création humaine une constante qui est une transcendance à l'égard de la création proprement dite. Ce besoin s'exprime dans trois types différents d'aspiration formative. Le premier est l'aspiration à l'individualisation, présente, notamment, dans la culture allemande. Elle s'exprime dans le domaine esthétique par la littérature romantique, ainsi que dans le domaine de la spéculation avec, notamment, la monadologie leibnizienne.

De son côté, l'ancienne culture grecque manifeste l'aspiration au type. La mythologie grecque et ses divinités idéales ainsi que la philosophie platonicienne en sont les exemples. C'est d'ailleurs dans la métaphysique platonicienne que l'aspiration au type trouve son fondement théorique, les Idées étant des types idéaux dont les copies sont des imperfections. La différence entre la métaphysique de Platon et la métaphysique de Leibniz consiste alors dans la différence essentielle entre l'aspiration aux formes typiques et l'aspiration aux formes individuelles :

> Elles représentent deux positions métaphysiques diamétralement opposées : l'une vise exclusivement le type, l'autre exprime l'individualité. Pour Platon, l'individualité

n'est qu'une existence dégradée, l'existence véritable en est d'ordre typique. Leibniz, en revanche, considère que l'existence véritable est l'attribut de l'individuel, tandis que le typique n'en est qu'une dérivée.[116]

Le troisième type d'aspiration formative est l'aspiration à l'élément primordial. Celle-là tend à éliminer l'accident et l'individuel en allant également au-delà du générique qui caractérise l'aspiration typique. Elle n'ambitionne que l'élément fondamental, épurant les créations de tout ce qui n'est pas essentiel. C'est le cas de l'art égyptien, les Pyramides étant la matérialisation de cette volonté de ne garder que la nécessité du principe ultime qui résulte dans une vision géométrique des créations.

Cette structure de la psyché inconsciente serait universelle et agirait dans toutes les cultures. Ces dernières ont besoin d'un horizon spatio-temporel profond qui va conditionner leur appropriation de l'environnement en établissant les sources d'après lesquelles les créations culturelles gagnent une signification. Néanmoins, cette signification n'est pas forcément similaire dans les cultures possédant le même horizon spatio-temporel. Cela parce qu'elles sont conditionnées par une attitude qui dépend non seulement de la valeur que les horizons de l'espace et du temps prennent, mais aussi du mouvement qu'ils déclenchent. Le style est également conditionné par le type d'aspiration formative qui caractérise la psyché inconsciente de la culture. L'aspiration formative est ce qui détermine l'appréhension rationnelle de la réalité. Qu'il s'agisse de l'aspiration au type individuel, générique ou primordial, les trois formes agissent comme principes de rationalisation du monde en tant qu'elles inaugurent le processus d'abstraction.

---

[116] *Idem*, p. 99-100.

b) Les coordonnées de l'Europe

Dans quelle mesure l'identité européenne peut-elle être envisagée d'après les catégories de l'inconscient telles qu'elles ont été pensées par Blaga ? Pouvons-nous parler d'une matrice stylistique européenne qui serait la base sur laquelle les styles nationaux sont forgés ? Cet ensemble de catégories qui forment la matrice stylistique, fait-il émerger une structure européenne dont les différences nationales ne seraient qu'autant de stylisations ?

Dans le chapitre relatif au temps de l'*européanité*, j'ai présenté l'avenir en tant qu'horizon temporel européen. Cette détermination de la catégorie horizontique du temps trouve son origine dans la tradition eschatologique inaugurée par le récit apocalyptique de Saint Jean. Qu'il s'agisse des millénarismes ou encore des philosophies de l'histoire, de la cité céleste sacrée ou sécularisée, l'existence est conçue d'après une destinée vers laquelle tendent les actions humaines.

La particularité de l'eschatologie européenne, c'est qu'elle est associée à une mission universelle. En effet, le destin vers lequel l'Européen tend n'est pas restreint ni à sa personne individuelle ni à sa communauté nationale. Son destin, il l'a conçu au fil des siècles comme le destin du genre humain qui vise soit la communauté spirituelle dans la fraternité de la foi, soit alors la communauté rationnelle dans l'universalité de la raison.

Néanmoins, la perspective progressiste de l'existence peut s'accompagner d'une intempestivité qui exprime le refus de toute substantialisation. C'est la conception artistique de l'avenir qui implique que celui-là n'est pas approprié comme la fin de l'histoire, mais comme une finalité qui est également un recommencement. L'Europe envisage l'avenir comme une suite de réalisations et de figurations où, dès qu'une configuration stylistique devient une réalité historique, elle s'engage dans la réalisation d'une autre. Le propre de l'Europe serait alors d'être une puissance créatrice de styles sans qu'aucun ne soit capable d'objectiver l'infini de sa puissance créatrice.

Tel que l'horizon temporel, l'horizon spatial européen ne relève pas non plus d'une substantialisation. C'est l'infini qui conditionne le rapport que l'Europe entretient avec l'espace. Face à l'océan, l'infini est un appel constant à la transgression. Face aux steppes, l'infini déclenche un repli, le besoin de protéger ses frontières. Tel que l'avenir, l'infini fait lui aussi l'objet de variations selon la configuration stylistique de la culture concernée. Ce qui veut dire que, si les catégories horizontiques demeurent identiques indépendamment des cultures particulières, ce qui détermine leur style, c'est la valeur et le mouvement qu'elles déclenchent.

Horizon de l'espace	Horizon du temps
Infini	Avenir

Les horizons de l'inconscient européen

Le tableau présenté ci-dessus expose les catégories horizontiques présentes dans la psyché européenne. Néanmoins, l'intérêt de la *noologie abyssale* ne se trouve pas dans la détermination des attributs d'un style culturel, mais dans les relations créées par les catégories de l'inconscient. C'est à partir de ces relations qu'une culture est forgée. Cela étant, il s'agira désormais de mettre en évidence la dynamique de ces relations en prenant comme exemple deux époques de l'histoire de l'Europe qui expriment deux unités stylistiques différentes : le siècle des Lumières et la réaction romantique du XIXe siècle.

Les Lumières possèdent comme horizon temporel l'avenir, mais un avenir qui ne fait pas l'objet d'une attitude passive. Bien au contraire, c'est un avenir vers lequel l'Européen se dirige par son action historique, mais aussi spirituelle. L'action historique n'est que la conséquence d'un voyage plus dynamique qui est celui de la raison. L'avenir se concentre dans une Idée qui façonne un futur désiré et que l'Européen veut réaliser. En ce sens, l'Européen n'est pas subjugué par l'Idée, il la perçoit et la construit historiquement par son activité conquérante.

Seule l'existence d'une conception de monde nouveau à réaliser peut déclencher l'action européenne dans l'histoire. Pourtant, dans la mesure où l'Idée est de nature rationnelle, elle n'est pas exclusive à lui. Elle est nécessairement universelle et concerne l'humanité. Le monde nouveau est alors la représentation d'une humanité nouvelle. L'Europe des Lumières n'est donc européenne que tant qu'elle envisag l'avenir en tant qu'humanité à réaliser et dont l'Européen est l'agent privilégié en vue de son actualisation. L'Europe des Lumières est une Europe messianique qui porte la nouvelle de la condition humaine soumise aux lois universelles de la raison.

L'infini constitue son horizon spatial privilégié. C'est en regardant l'infini que l'esprit européen devient capable de transgresser la réalité pour imaginer les possibles qui orientent l'action historique. Tel que Fernando Pessoa à la fin de son *Ultimatum*, l'Européen des Lumières existe « en saluant abstraitement l'infini » dans sa volonté de dépassement d'un passé et d'un présent qui ne peuvent être qu'imparfaits quand envisagés d'après l'avenir à réaliser. L'Europe des Lumières est une Europe qui veut l'infini et qui ambitionne aller au-delà de sa condition existentielle présente afin de construire une humanité nouvelle gouvernée par la loi de la Raison.

L'avenir et l'infini agissent en tant que coordonnées qui conditionnent la représentation et l'action de l'Européen dans l'histoire. L'étude géopoétique a suggéré que les yeux de l'Europe sont tournés vers l'infini. Celui-là est latent dans le nom *Erôpé* et pressenti dans les cartes. Néanmoins, ce n'est pas seulement par l'intuition poétique et par l'observation des cartes que cet infini s'impose au regard européen. Il est également l'horizon de la métaphysique que la pensée veut atteindre par la raison. C'est la présence latente de l'infini qui fait émerger le pressentiment d'une transcendance que le mythe révèle et que la philosophie interroge. Si le poète a ses yeux tournés vers l'Atlantique pour saluer l'infini, le philosophe le salue grâce au regard de l'esprit.

Les réalisations historiques de l'Europe portent la marque de cet infini, les Lumières ne constituant pas une exception à cette constante. C'est grâce à la transgression que l'Européen a pu sortir de la sécurité de son territoire et donner un contenu universel à ses projets de civilisation. C'est pour cette raison que les projets européens sont conditionnés par un destin commun au genre humain. L'avenir concerne l'humanité entière et non pas seulement une partie qui serait privilégiée.

L'Empire romain agit en tant que civilisation archétypale de la civilisation européenne. L'avenir de Rome ne se réduisait pas au destin de la cité éternelle. C'est tout le pourtour méditerranéen qui était concerné par une civilisation qui a établi les bases pour la rationalisation d'un espace composé par des peuples multiples. La Chrétienté a repris le projet romain et a voulu rassembler la communauté des croyants qui s'était étendue par la suite à la terre entière. Le projet de civilisation des Lumières n'est qu'un réinvestissement de ce mouvement d'universalisation. Grâce à une conception typique de l'individu, les Lumières ambitionnent la reconnaissance de l'autonomie de l'homme rationnel. Une reconnaissance qui aurait d'abord lieu en Europe mais qui devrait s'éteindre à l'humanité entière grâce à l'émergence d'une communauté cosmopolitique où le droit et les principes moraux seraient conciliés.

La mission historique des Lumières vise la réalisation d'une humanité nouvelle, d'un monde nouveau qui n'est pas sans rappeler les ambitions millénaristes. L'avenir en tant qu'horizon temporel est associé au salut de l'humanité. Les forces spirituelles et matérielles de l'Europe se concentrent alors dans la réalisation d'un destin commun que l'Europe prend en charge, mais qui ne saurait pas être limité à elle seule. Si l'avenir impose à l'Europe des Lumières de concilier son destin à celui de l'humanité, l'infini fait de la planète le théâtre dans lequel l'Européen joue son rôle.

La Déclaration de 1789 constitue l'acte symbolique de cette Europe de la fin du XVIIIe siècle qui voulait s'affirmer au-delà des limites du temps et de l'espace. L'appartenance de l'individu rationnel devenu citoyen à une communauté est reconnue dans la même mesure que la nature universelle de l'être humain. En plus, les Droits de l'Homme et du Citoyen sont également symptomatiques de l'aspiration formative au type qui caractérise l'Europe des Lumières. Cet individu conçu par les Lumières est un individu abstrait et générique dont tout individu concret participe indépendamment de ses particularités. En analysant l'inconscient européen des Lumières, la configuration de son unité stylistique peut être présentée de la manière suivante :

Horizon de l'espace		Horizon du temps	
Infini		Avenir	
Marque Axiologique	Orientation	Marque Axiologique	Orientation
Positive	Avancer	Positive	Avancer
Aspiration formative			
Type			

L'inconscient européen des Lumières

La configuration des catégories de l'inconscient n'est pourtant pas statique, c'est-à-dire elle ne détermine pas *ad aeternam* le style d'une identité, mais varie d'après les conditionnements historiques. La comparaison entre l'Europe des Lumières et l'Europe romantique du XIXe siècle montre le changement de configuration stylistique. L'Europe des Lumières est une Europe où l'aspiration au type est clairement définie. C'est l'Europe cosmopolitique qui s'est pensée au-delà des limites territoriales et temporelles pour construire une humanité nouvelle fondée sur une conception généraliste de l'être humain.

Les projets cosmopolitiques forgés par les Lumières manifestent la croyance à la réalisation d'une communauté fondée sur les principes universels de la raison exprimés par un code commun. Il s'agit bien d'une aspiration au type qui, à partir d'une conception universelle de l'humain, ne rejette pas la différence. Comme Kant le soutient dans *Vers la paix perpétuelle*, les droits civiques sont accompagnés par les droits des peuples dans le droit cosmopolitique. Ce qui veut dire que l'autonomie de chaque nation est préservée dans le cadre international. Ce qui change, c'est que les différences reconnues par le droit des peuples sont soumises à la perspective universaliste du droit cosmopolitique et non pas épurées par celui-ci.

Le XIXe voit émerger en Europe, avec la nationalisation des États, l'aspiration formative à l'individuation. Les communautés politiques deviennent autant d'individus dont les différences doivent être valorisées. C'est ce que la philosophie du commencement du siècle manifeste, notamment avec Fichte. Le *Discours à la nation allemande* présente non pas un individu abstrait, mais un individu concret dont l'intelligibilité des représentations dépend de l'alliance entre le monde de la pensée et le monde de la vie. C'est à travers cette alliance que la spiritualité de l'homme se manifeste, la langue étant le domaine privilégié pour sa matérialisation.

Or, les concepts qu'une langue exprime ne sont pas indépendants de la réalité dans laquelle vit le peuple qui la parle. Selon Fichte, une langue n'est ni arbitraire ni conventionnelle, mais elle suit une loi fondamentale d'après laquelle chaque concept correspond, dans l'organe vocal, à un son déterminé. La thèse centrale de Fichte soutient que la langue fournit « une image sensible du suprasensible »[117]. Autrement dit, en établissant une relation directe entre le son émis par l'organe vocal et le concept, Fichte affirme que la langue matérialise et est le moyen d'expression de l'esprit du peuple. Celui-là possède ainsi, grâce à la langue, une image qui stimule l'individu et qui est partagée par les membres de la communauté.

La langue agit en tant que principe d'individuation d'un peuple. Selon Fichte, l'affirmation de la particularité de la langue allemande avait comme finalité l'autonomie du peuple allemand. Cette dernière dépendait également d'une autre conception du rapport entre l'État et la nation. Sur cette question, le philosophe allemand rejette les conceptions rationalistes issues du contractualisme qui centrent la question de la légitimité du pouvoir dans la raison technique. Pour de telles conceptions, la formation d'une nation dépend de l'action étatique, autrement dit des dispositions artificielles engagées par l'État afin de créer et consolider d'une nation[118]. Si l'État joue un rôle effectif dans l'organisation de la nation, notamment en ce qui

---

[117] Fichte, *Discours à la nation allemande*, Imprimerie Nationale, 1992, p. 125.
[118] « La première règle que nous avons à suivre, nous le dit Rousseau, c'est le caractère national : tout peuple a, ou doit avoir, un caractère national ; s'il en manquait, il faudrait commencer par le lui donner ». Jean-Jacques Rousseau, « Projet de constitution pour la Corse » in *Œuvres complètes*, v. III, Éditions du Seuil, Paris, 1971, p. 498.

concerne l'éducation, cette organisation doit posséder comme référence la nation elle-même. Autrement dit, si le rationalisme affirme que la nation résulte de l'État, Fichte soutient que la nation précède l'État.

La nationalisation des États a suivi la logique d'individuation et donc de démarcation des différences. Elle s'est réalisée d'après la valorisation d'une langue administrative devenue, par l'instruction, langue nationale et ainsi une langue de masses. Néanmoins, la nationalisation des États s'est également réalisée grâce à une recherche des origines légitimatrices de l'existence de l'État lui-même. L'affirmation de l'individu collectif moral qu'est devenue la nation a été renforcée par un retour à un passé qui n'est plus tout à fait du domaine de l'histoire, mais de celui du mythe. Le récit national a été construit grâce à la détermination d'un moment fondateur ainsi qu'à l'identification de héros qui ont incarné les valeurs de la communauté nationale. Par les histoires nationales, le XIXe siècle assiste à une forme de retrait de l'histoire et de réinvestissement du récit mythique.

Si l'Idée de progrès était à l'œuvre dans les projets de civilisation du XVIIIe siècle, l'Europe romantique privilégie les origines pour y trouver les éléments légitimateurs de l'existence autonome des identités nationales. En ce sens, l'infini lui-même est valorisé négativement. L'espace privilégié, ce n'est plus le monde comme territoire du genre humain, mais le territoire national comme espace sacré où, à l'intérieur de frontières bien déterminées, une identité nationale affirme son existence. Cette reterritorialisation manifeste alors un changement profond d'attitude en ce qui concerne l'espace. Face à l'infini, la dynamique de la nation du XIXe siècle est celle d'un repli à l'intérieur d'un territoire qui possède des limites qu'il s'agit précisément de bien démarquer. L'Idée de progrès permettait à l'Européen des

Lumières de prendre son envol vers l'infini et l'avenir. Les Romantiques vont, à leur tour, prendre des racines.

Horizon de l'espace		Horizon du temps	
Infini		Avenir	
Marque Axiologique	Orientation	Marque Axiologique	Orientation
Négative	Recul	Négative	Recul
Aspiration formative			
Individuation			

L'inconscient européen du Romantisme

c) L'*européanité* et ses masques

La matrice stylistique européenne ne change pas de configuration seulement avec le passage du temps. Elle varie également lorsqu'il s'agit de peuples européens qui occupent des contrées différentes. J'ai présenté le Portugal comme exemple de particularisation de l'identité européenne. À partir de la psychologie abyssale de Blaga, la configuration stylistique du Portugal peut maintenant être réalisée. Celle-là montrera que l'identité portugaise constitue une attitude particulière face aux horizons spatio-temporels qui sont constitutifs de la vision européenne du monde.

L'*européanité* du Portugal est favorisée par une solidarité entre l'horizon spatial de l'inconscient et celui de la sensibilité. Finisterre européenne placée à l'extrême Sud-ouest du continent, le Portugal a toujours vécu avec la présence de l'infini et de ses appels. Le besoin d'extériorisation que cet infini impose l'a conduit à un projet universaliste de rassemblement du genre humain entamé avec les Découvertes. À cette transgression par l'océan s'est ajoutée celle du temps avec la reprise du thème du Cinquième Empire. L'existence de l'homme sur terre est alors envisagée par un projet qui vise la réalisation de l'unité spirituelle du genre humain. La recherche du Royaume du Prêtre Jean a été l'une des motivations de l'engagement du Portugal dans le mouvement des Découvertes. La découverte de ce Royaume chrétien extérieur au monde occidental légitimerait les prétentions universalistes et l'association entre la communauté portugaise de destin et la communauté de destin du genre humain : ce serait le signe de la possibilité de réaliser l'*histoire du futur*.

La matrice stylistique du Portugal des Découvertes n'est pas différente de celle de la civilisation des Lumières et du progrès. Il y a la même valorisation positive de l'infini et de l'avenir ainsi qu'une aspiration à la forme typique. La différence entre le Portugal des Découvertes et l'Europe des Lumières se trouve dans la nature du type. Alors que, pour le Portugal, la généralité de l'individu réside dans sa spiritualité en tant que croyant, pour la civilisation des Lumières, cette généralité est celle de l'individu rationnel. Autrement dit, alors que pour le Portugal la généralité correspond à l'*unité du sentiment*, pour les Lumières elle s'affirme en tant qu'*unité de la pensée*[119].

Au temps des Découvertes, l'infini et l'avenir font l'objet d'une valorisation positive de la part de la finisterre portugaise, mais s'agit-il de même pour les pays qui se trouvent dans la périphérie orientale de l'Europe ? Ce qui ressort de l'approche à l'unité stylistique des pays de la frontière orientale, c'est que l'infini y prend une valeur différente ainsi que l'orientation qu'il déclenche. En effet, entre les XIVe et XVIIIe siècles, l'infini n'est pas valorisé positivement. Bien au contraire, l'infini des peuples habitant l'Europe orientale est un infini menaçant. La

---

[119] Cf. Ernst Cassirer, *Le mythe de l'État*, Paris, Gallimard, 1993, p. 59.

conséquence, c'est que, alors que le Portugal s'est constitué en tant qu'identité excentrique à la recherche d'ailleurs lointains, les peuples de l'Europe orientale sont devenus des identités concentriques qui cherchent le refuge par le repli à l'intérieur de frontières fortifiées.

C'est ce que Janusz Tazeir soutient dans un article intitulé « La Pologne : rempart de la chrétienté »[120]. Janusz Tazeir affirme que les Polonais se représentent d'après le symbole de l'*antemurale christianitas*. Cette représentation n'est pourtant pas exclusive à la Pologne : l'Espagne a eu ce titre pendant la *Reconquista* ; l'Ukraine partage cette image de rempart de la Chrétienté créée pendant ses luttes contre les Tatares ; les Chevaliers Teutoniques représentaient le bastion armé de l'Europe chrétienne ; Byzance possédait ce titre alors qu'elle combattait l'expansion turque, ainsi que la Hongrie au XVe siècle et la Moldavie et la Valachie au XVIe siècle. Le symbole du rempart est, en réalité, une constante pour les pays des confins de l'Europe qui ont eu, au long de leur histoire, des conflits avec des peuples qui ne faisaient pas partie du cercle européen.

La Pologne approprie ce symbole au cours du XVe siècle grâce aux efforts diplomatiques de Tomasz Strezempinski auprès de la Papauté afin de vanter les mérites de Casimir Jagellon dans la résistance contre les infidèles. En 1454, le sous-chevalier de la couronne, Jan Lutek de Brzezie, qualifiera la Pologne de « bouclier de défense des pays chrétiens »[121]. Cette revendication a été couronnée de succès grâce au contexte dans lequel se trouvait l'Europe. Les Turcs venaient de prendre Constantinople et les pays européens se sont alors tournés vers la Pologne en la regardant comme une alliée considérable dans la guerre contre l'ennemi commun, une

---

[120] In *Mythes et symboles politiques en Europe centrale*, pp. 97-107.
[121] *Idem*, p. 99.

alliée d'autant plus importante que les pays occidentaux s'étaient tournés vers les Découvertes et avaient besoin d'un peuple capable de retenir les avancées de l'envahisseur.

Aux XVIIIe et XIXe siècles l'ennemi n'est plus le Turc, mais le Russe. Le contexte demeure le même : celui d'une Pologne rempart de l'Europe face à l'envahisseur venu du grand intérieur asiatique. Janusz Tazeir souligne que cette image a été critiquée par les penseurs des Lumières, générant alors un ressentiment dans la population polonaise qui se maintiendra jusqu'à la contemporanéité. En fait, la non-reconnaissance de la part des pays occidentaux du rôle joué par la Pologne dans les destins de l'Europe deviendra une constante qui a eu son dernier épisode à Yalta. Cela parce que, « à l'Est, le soldat polonais veillait, toujours aux aguets, toujours prêt à la lutte, au sacrifice de sa santé, de sa vie »[122] pour que les Européens de l'Occident pussent se développer en paix, loin du danger des Turcs ou encore des Russes.

La métaphore du rempart possède un repère géographique, géopolitique et géostratégique bien déterminé. Il s'agit de l'Europe qui s'est donnée comme mission la protection des frontières chrétiennes. Cela peut être relevé en Hongrie, notamment au moment de la naissance du royaume chrétien :

> Ce nouveau grand royaume chrétien, soutenu dans son entreprise par le pape et par l'empereur, devait sécuriser la frontière orientale de la chrétienté occidentale, servir de base solide de l'Occident dans les conflits militaires, religieux et

---

[122] *Idem*, p. 105.

idéologiques, et servir la cause de la propagation et de l'expansion de la chrétienté dans la région.[123]

C'est dans les mentalités médiévales que la première version de cette métaphore s'impose. À l'époque de Saint Étienne, la Hongrie était l'*écu de la chrétienté*. C'est pourtant au XIVe siècle, dans le contexte des appels à l'unité chrétienne face à la menace turque, que l'expression est associée à la Hongrie et à la politique internationale de son roi. Sandar Csernus affirme que l'apparition du mot est datée du 12 juin 1404 et d'une lettre adressée par Sigismond de Luxembourg, roi de Hongrie et futur empereur, aux cardinaux du Pape. Il rapprochait à Boniface IX d'avoir comploté contre la Hongrie qui était pourtant « l'écu de la chrétienté vers l'Est »[124].

La métaphore utilisée par Sigismond de Luxembourg allait être reprise en Europe centrale. Ladislas III, roi de Pologne et élu roi de Hongrie en 1440, réinvestit la métaphore en ajoutant une nouveauté. En effet, l'efficacité de la métaphore fut renforcée par la création d'un mythe nouveau, celui de l'amitié d'armes hungaro-polonaise. Le rempart de la chrétienté s'agrandit avec l'unité entre la Hongrie et la Pologne. Il gagne plus de légitimité aux yeux des pays chrétiens grâce au soutien de la Papauté qui a diffusé cette image au-delà des deux pays concernés. C'est le cas de la Transylvanie caractérisée par Innocent III comme « *Christiane fidei propugnaculum, et defensor... et antemurale...* »[125].

L'histoire de l'Europe centrale et orientale est conditionnée par cette lutte contre les envahisseurs venus

---

[123] Sandar Csernus, « La Hongrie, le rempart de la chrétienté : naissance et épanouissement de l'idée d'une mission collective », in *Mythes et symboles politiques en Europe centrale*, pp. 110.
[124] Cité par Sandar Csernus, p. 112.
[125] Cité par Sandar Csernus, p. 118.

d'Asie, une lutte dans laquelle une Europe remplit la fonction guerrière pour qu'une autre Europe se développe spirituellement et matériellement. Pour une telle Europe, la frontière est bien une barrière qui doit être protégée pour conserver un cosmos du chaos. Elle n'est pas un point de passage vers un autre monde désiré par celui qui s'engage dans la transgression : elle constitue la ligne qui sépare un monde constitué d'une altérité menaçante.

Alors que le Portugal des Découvertes avait un rapport positif à l'égard de l'infini, cet horizon spatial est perçu négativement par les Polonais et par les Hongrois, ce qui implique le retrait vers l'espace protecteur d'un centre délimité. En ce qui concerne l'horizon temporel, l'avenir est envisagé d'après la communauté spirituelle chrétienne à réaliser. Les sacrifices réalisés dans les combats contre les Turcs sont tolérés en vue d'une destinée qui les justifie. L'avenir est valorisé dans la mesure où il propose un sens aux souffrances endurées et auxquelles les peuples des remparts étaient condamnés à faire face.

Cette représentation de la frontière orientale de l'Europe a été réinvestie au XXe siècle. L'occupation soviétique des territoires de l'Europe centrale et orientale a réanimé la conviction des peuples concernés d'être placés sur un front :

> En 1956, au mois de septembre, le directeur de l'agence de presse de Hongrie, quelques minutes avant que son bureau fût écrasé par l'artillerie, envoya par télex dans le monde entier un message désespéré sur l'offensive russe, déclenchée le matin contre Budapest. La dépêche finit par ces mots : « Nous mourrons pour la Hongrie et pour l'Europe ».[126]

C'est avec cette phrase que Milan Kundera commence son *Un Occident kidnappé*. En déclarant au monde « Nous

---

[126] Milan Kundera, « Un Occident kidnappé ou la tragédie de l'Europe centrale », *Le Débat*, 1983/5 n° 27, pp. 3-23.

mourons pour la Hongrie et pour l'Europe », le directeur de l'agence de presse reprend la représentation déjà millénaire de l'identité hongroise comme rempart européen. L'Europe n'est pas une simple conception géographique, l'affirme Kundera. Elle est constitutive de l'identité hongroise. La Hongrie est un pays occidental de par sa culture, autrement dit, puisque Kundera en fait des synonymes, un pays européen qui sous la période communiste était devenu politiquement un pays de l'Est.

Face à l'altérité russe, les pays européens ont défendu leur identité menacée, et, en ce faisant, ont également défendu une certaine représentation de l'identité européenne : celle de son unité culturelle. Cette représentation, l'Europe elle-même ne la percevait plus. Alors qu'au Moyen Âge l'unité européenne était assurée par la religion chrétienne et que, pendant la Modernité, ce fut l'unité culturelle qui a remplacé la croyance en tant que principe rassembleur des Européens, cette unité culturelle était en train d'être remplacée par quelque chose d'autre dont Kundera avait du mal à comprendre la nature[127].

Or, cette perte de vue de l'Européen à l'égard de son unité culturelle justifiait sa négligence relative à une Europe soumise à une force étrangère qui entreprenait la destruction de la culture des nations et de leur *européanité*. L'Occident avait perdu de vue le fondement de son caractère européen et ne pouvait pas comprendre une menace qui, de toute façon, il n'a jamais vraiment ressenti, éloigné qu'il a toujours été des frontières orientales. C'est pour cette raison que, selon Kundera, les peuples placés à

---

[127] « Quel est le domaine où se réaliseront des valeurs suprêmes susceptibles d'unir l'Europe ? Les exploits techniques ? Le marché ? Les media ? (Le grand poète sera-t-il remplacé par le grand journaliste ?) Ou bien la politique ? Mais laquelle ? Celle de droite ou celle de gauche ? Existe-t-il encore, au-dessus de ce manichéisme aussi bête qu'insurmontable, un idéal commun perceptible ? » *Idem*.

la frontière orientale de l'Occident ont toujours été plus sensibles « au danger de la puissance russe » ainsi qu'à leurs « obsessions antioccidentales »[128].

Kundera ne réduit pas la Russie à cette opposition face à l'Europe. Au contraire, il soutient que la première victime du régime soviétique a été la culture russe avec l'élimination de son fondement religieux. Néanmoins, si une Russie disparaissait aux mains des communistes, une autre Russie était réanimée, celle des rêves impériaux, la Russie anti-Occident qui est, en fait, une « autre civilisation ». Kundera cite alors Czeslaw Milosz qui, dans *Une autre Europe*[129], affirme que, pour les Polonais des XVIe et XVIIe siècles, les Moscovites étaient des « barbares » contre lesquels la Pologne devait se battre, mais qui ne suscitaient pas un intérêt particulier. Ce désintéressement était motivé par la représentation polonaise des Moscovites en tant que peuple vivant dans un autre monde, *en dehors du monde*.

L'altérité russe n'est donc pas appréhendée comme constituant une variation de la culture européenne. Certes, la culture russe a entrepris un dialogue avec l'Occident qui a donné origine à des grandes œuvres de l'esprit, comme la musique de Stravinski que Kundera donne comme exemple du « plus beau mariage russo-occidental ». Cependant, elle est perçue par les peuples de la frontière orientale de l'Europe comme une altérité radicale, comme l'autre irréductible à l'esprit européen. Une fois encore, c'est donc des confins de l'infini tellurique que le danger arrive pour mettre en cause l'existence d'un cosmos ordonné d'après des principes et des valeurs communs que chaque nation européenne approprie à sa façon.

La perception négative de l'infini s'est maintenue au XXe siècle, renforcée par celle de l'avenir. Des siècles de

---

[128] Cf. *Idem*.
[129] Czeslaw Milosz, *Une autre Europe*, Paris, Gallimard, 1980.

combat et de soumission périodique à l'envahisseur ont impliqué, dans ces peuples, la méfiance à l'égard d'une histoire dont ils ne sont que les victimes. Ce sont des peuples qui, face au danger imminent de leur disparition dans la grande marche historique de l'Esprit, se moquent de la grandeur. L'histoire demeure la référence, mais la relation entretenue n'est pas conditionnée par l'ambition de suivre ses pas. C'est plutôt celle de se tenir en retrait et, ayant la distance nécessaire pour l'ironie, jouer le rôle du *bouffon*, être celui qui appartient à la grande Cour de l'Histoire, mais qui se fait remarquer par ses impertinences qui mettent en cause les certitudes historiques[130]. Pendant le Moyen Âge et les Temps Modernes, les peuples de la frontière orientale de l'Europe se représentaient en tant qu'agents actifs d'une destinée commune à l'intérieur de la communauté spirituelle et culturelle européenne. Cette image change au XXe siècle avec le ressentiment d'avoir été abandonnés par une Europe dont ils ont pris la charge d'être les protecteurs.

La noologie abyssale permet l'identification d'une structure européenne. Cette structure est fondée sur le postulat de l'existence d'un inconscient européen qui conditionne la perception du monde et les représentations des peuples européens. Ce conditionnement est relatif aux formes de l'intuition de l'inconscient qui, étant communes aux différentes cultures, font pourtant l'objet d'une appropriation différente selon la valeur qu'elles prennent et l'attitude qu'elles motivent.

Pensée comme matrice stylistique, l'identité européenne ne peut pas être déterminée de manière absolue. Cela parce que ce que la matrice stylistique met en évidence, c'est qu'un style culturel ne donne pas lieu à une substantialisation. Le propre de la matrice stylistique,

---

[130] Cf. Joanna Nowicki, « Pour une philosophie du bouffon », in *Mythes et symboles politiques en Europe centrale*, pp. 369-384.

c'est d'être dynamique, de former et de déformer les relations entre les catégories de l'inconscient. Ce qui veut dire que l'identité européenne est une puissance créatrice de relations nouvelles, une force dynamique qui crée des styles sans pour autant être réduite à un style particulier. La propriété de l'identité européenne consiste alors dans la force créatrice de cultures nouvelles.

Cette dynamique est matérialisée, tout d'abord, par l'individuation, c'est-à-dire par la figuration historique des configurations stylistiques dans les nations. Chaque culture européenne se laisse ainsi comprendre comme une esthétisation particulière du style européen. Chacune devient l'expression de la puissance créatrice européenne, de la richesse des relations que l'inconscient européen engendre. Pourtant, et telle que la psyché inconsciente européenne, la psyché des nations est elle-même soumise à la dynamique qui conditionne l'unité stylistique. Une nation n'est pas une œuvre d'art achevée, mais, soumise à la sensibilité, elle évolue d'après les conditionnements historiques.

Dans *Portugal, hoje : o medo de existir*, José Gil montre comment la solidarité axiologique entre la réalité sensible et le contenu de la *portugalité* s'est brisée au long des siècles. Ce fut sur cette solidarité que l'unité stylistique du Portugal s'est forgée au moment des Grandes Découvertes afin de construire une identité bien déterminée. L'avenir et l'infini européens ont trouvé dans la finisterre portugaise les conditions sensibles idéales pour s'épanouir. La présence de l'horizon océanique matérialisait les ambitions de transcendance, de conquête d'un au-delà non seulement spatial mais aussi temporel, avec les rêves d'Empire spirituel gouvernant une humanité unie par la foi.

Cette dimension universaliste et conquérante du Portugal s'est perdue au cours des siècles. Le régime fasciste du XXᵉ siècle n'a été que le dernier épisode d'une suite d'événements historiques qui ont réduit l'infini à ce que José Gil nomme le petit infini[131], l'infini limité. Les deux derniers siècles ont été rythmés par une suite d'événements qui ont progressivement rétréci l'horizon portugais. Les invasions napoléoniennes ont été décisives pour le changement d'image que le Portugal se faisait de lui-même. Le danger de perdre la couronne et donc l'autonomie a conduit le Portugal à déplacer sa capitale loin de la métropole, plus précisément au Brésil. Cet événement a entraîné la prise de conscience de l'incapacité portugaise à redevenir un agent de l'histoire. L'épicentre de l'Europe ne se trouvait plus en Péninsule ibérique. L'avenir du genre humain était dans les mains de deux puissances européennes – la France et l'Angleterre – devenues sujets de l'histoire et ayant fait du Portugal un objet de leurs disputes.

En conséquence, l'infini lui-même se rétrécit. Les rêves de Monarchie Universelle deviennent des utopies qui ne pouvaient être envisagées qu'à l'intérieur de l'Empire portugais et non plus à l'échelle de l'humanité. C'est ce que 1890 et l'*ultimatum* anglais ont manifesté. Le Portugal affichait alors des ambitions sur les territoires placés entre deux de ses colonies en Afrique. Néanmoins, la volonté de rassembler par terre l'Angola et le Mozambique entrait en conflit avec les ambitions britanniques de rallier Le Caire au Cap. La couronne anglaise a fait un *ultimatum* dans lequel elle exigeait la sortie du Portugal du territoire concerné. À l'humiliation qui a résulté de la soumission aux intérêts de son plus vieil allié s'est ajoutée la certitude que le Portugal était définitivement sorti de l'Histoire.

Démuni d'avenir et privé d'histoire, le Portugal s'est attaché à ce qui lui restait de la grandeur perdue, c'est-à-dire à son empire. La propagande du régime fasciste a

---

[131] Cf. José Gil, *Portugal, Hoje. O medo de existir*, pp. 48-59.

construit l'image d'un Portugal isolé du monde qui vivait dans l'exclusivité des limites de son empire. L'infini portugais n'était plus celui du genre humain, mais il était devenu une surdétermination ontologique par la survalorisation d'une mémoire qu'il fallait préserver. Préserver la mémoire de l'empire signifiait préserver le rêve de grandeur, même si un tel rêve n'avait plus de correspondance organique avec l'existence historique. C'est pourquoi José Gil garde l'infini comme horizon de la *portugalité*. Celui-ci était encore présent dans toutes les mythologisations de la propagande du régime. Néanmoins, l'histoire manifestait la contradiction entre la réalité objective du Portugal et l'infini d'un monde imaginaire surdéterminé. L'infini des projets millénaristes a donc été remplacé par l'infini-limité d'une identité portugaise marginalisée et auto-marginalisée. De son côté, l'avenir a été, lui aussi, remplacé par la mémoire d'un passé glorieux.

La dynamique du style européen se matérialise encore dans un deuxième registre, cette fois-ci relatif non pas aux individualités nationales, mais à l'Europe en tant qu'entité commune. Si l'Europe se matérialise esthétiquement dans ses nations, elle n'est européenne que lorsqu'elle envisage l'histoire comme une destinée du genre humain. C'est ce que l'étude du temps de l'*européanité* a manifesté. L'Europe s'engage alors dans l'histoire lorsqu'elle possède un projet à réaliser. Que celui-ci concerne les rêves millénaristes ou encore la raison universelle, l'Europe se manifeste à la réalité historique par l'ambition de réaliser l'universel dans l'histoire.

DEUXIÈME PARTIE

L'UNITÉ, POUR QUOI FAIRE ?

Plus d'un demi-siècle s'est écoulé depuis la fondation des premières Communautés et l'Union Européenne demeure un *objet politique non identifié*. Malgré l'immense bibliographie dédiée à cette thématique, tout se passe comme si « la difficulté de penser l'Europe [tenait] à ce que rien n'est venu suffisamment à maturité pour être saisi dans son achèvement, c'est-à-dire conçu »[132]. Beaucoup de travaux ont été rédigés pour essayer de comprendre cette figure politique que l'Europe est en train de forger. Néanmoins, le débat semble inachevable parce que, d'une part, l'objet d'étude est de nature instable et, d'autre part, il apparaît dans son originalité, les catégories traditionnelles de la théorie politique étant limitées pour concevoir ce nouveau modèle politique.

L'Union Européenne est un processus évolutif qui vise l'institutionnalisation de formes plus complètes d'intégration. Commencée en 1951 avec le Traité de Paris, la construction européenne évolue au rythme de ses succès et échecs. Depuis la création de la Communauté Européenne du Charbon et de l'Acier, l'Europe politique est passée de six aux actuels vingt-huit États membres. À cette expansion, il faut ajouter des réformes qui ont eu comme conséquence le transfert de compétences des États aux institutions supranationales. Ce transfert a mis en cause la conception moderne d'exercice du pouvoir et a également donné origine à une structure originale fondée sur une méthode elle-même inédite. Il s'agit de la méthode fonctionnaliste qui permet à l'Union Européenne d'acquérir progressivement des prérogatives jadis de la responsabilité exclusive des États.

La méthode Monnet a réussi à inaugurer une période de paix dans un espace européen marqué par les conflits entre des nations rivales qui possèdent, désormais, une monnaie

---

[132] Jean-Marc Ferry, *La question de l'État européen*, Paris, Gallimard, 2000, p. 13.

commune ainsi que des institutions qui œuvrent à l'émergence de consensus. Néanmoins, malgré le succès que représente la pacification des relations entre les nations, la construction européenne est conditionnée par son manque de légitimité démocratique. Ayant été efficace dans la constitution d'un appareil institutionnel aux compétences élargies, la méthode Monnet demeure pourtant dans sa logique fonctionnaliste. Elle demeure dans une technocratie et dans un discours inintelligible pour les Européens qui, en conséquence, ne se reconnaissent pas dans le projet politique européen.

Cette absence de reconnaissance pose la question de la légitimité des institutions supranationales. En privilégiant le savoir-faire des experts, la méthode Monnet met en cause la démocratie représentative telle qu'elle a été élaborée pendant la Modernité. L'Union Européenne n'est pas un État, elle ne possède pas ni un gouvernement ni un peuple. En plus, elle se trouve démunie d'un espace public commun comme celui de l'espace national. Le Politique sort du domaine du *demos* pour devenir une expertocratie dont la légitimité se trouve dans la maîtrise du fonctionnement des institutions.

Certes, l'Union Européenne prétend à la légitimité représentative. Le Conseil est composé par des ministres nationaux élus démocratiquement. Néanmoins, leur légitimité démocratique dans les matières européennes est une légitimité indirecte dans la mesure où ils n'ont pas été élus pour représenter l'Europe, mais les intérêts des États. Ce n'est pas le cas des députés au Parlement européen, dont le mandat résulte d'élections directes. Leur légitimité est, pourtant, conditionnée par les hauts taux d'abstention lors des élections. Aussi, le peu de compétences dont ils disposent depuis la création du Parlement européen contribue à leur manque de visibilité.

Réduire la construction européenne à la reconnaissance des compétences et droits des institutions et des citoyens, est-ce suffisant à la création du sentiment de coappartenance nécessaire à toute communauté politique ? L'existence d'une communauté politique exige la formation d'une communauté d'intérêts, mais aussi celle d'une communauté de destin qui oriente l'action historique. En effet, c'est parce que les individus partagent une même représentation de ce qu'ils sont et veulent devenir ensemble qu'une communion peut avoir lieu. La question de l'unité européenne est ainsi indissociable de la question de l'identification d'un être commun qu'il s'agit précisément de réaliser dans l'histoire.

C'est sur l'existence de cette représentation commune que la légitimité de la construction européenne repose. Les dirigeants européens et nationaux soutiennent que l'une des causes de la distance qui sépare les citoyens des institutions communautaires, c'est l'incompréhension que les premiers portent à l'égard du fonctionnement de l'Union Européenne. Rendre celui-là plus transparent et l'expliquer aux peuples devient alors l'une des tâches à accomplir. Néanmoins, le fait est que la majorité des populations en Europe ne maîtrise pas non plus les rouages des institutions nationales et, pourtant, elles ne mettent pas en cause l'existence de l'État auquel elles appartiennent. Cela parce que l'État est représentatif d'une entité dans laquelle les membres des communautés nationales se reconnaissent, c'est-à-dire la nation.

La légitimité de la puissance publique ne se réduit pas à la validité des procédures de légitimation du pouvoir. Elle dépend également de l'existence d'une communauté imaginaire dans laquelle les membres du groupe se reconnaissent dans la mesure où ils font partie d'un tout partagé. Or, l'Union Européenne est démunie de cette entité fédératrice des identités multiples qui composent l'espace européen. Elle ne possède pas une référence qui oriente ses actions et qui donne une cohérence et une légitimité à son existence. Ce manque de légitimité se fait d'autant plus ressentir que la conception de démocratie demeure dépendante de l'association entre l'État et la nation et cela malgré la déterritorialisation des sociétés contemporaines.

Pour penser la relation entre l'Union et l'Europe, je soutiendrai l'hypothèse que cette communauté européenne de destin est présente de manière latente dans les espoirs et attentes que le rêve européen suscitait et qui ne sont pas sans rappeler le récit messianico-millénariste. Nous verrons, pourtant, que la dimension messianique de l'Europe a été enlevée de l'esprit de la construction politique lorsque les premières assises ont été établies. L'adoption de la méthode fonctionnaliste a impliqué la croyance à l'efficacité de la démarche exclusivement institutionnelle, comme si de l'européanisation légale de la société découlerait nécessairement l'européanisation affective de la communauté.

Ensuite, l'héritage de l'Union Européenne sera questionné. L'Europe politique n'est pas une création *ex nihilo*, mais une strate qui se superpose sur une histoire forgée par deux modèles politiques qui représentent deux tendances différentes. En effet, l'Empire a été le modèle politique qui a réussi le mieux à créer et à entretenir l'unité sur un espace européen à appartenances multiples. L'Empire romain prend une valeur archétypale qui servira de référence aux projets d'unité en Europe. La *Renovatio imperii* devient un élément structural de l'imaginaire politique européen puisqu'il a conditionné les projets d'unité en Europe depuis Charlemagne jusqu'à Napoléon.

Néanmoins, alors que l'Empire manifeste la tendance à l'unité, dans l'autre pôle de l'imaginaire politique européen se trouve l'État-nation. Selon Pierre Manent,

« l'empire est une forme typique de la politique ancienne. On pourrait dire que *devenir moderne*, en termes politiques, c'est trouver une alternative à l'empire »[133]. Or, la forme trouvée par la Modernité a été la forme stato-nationale, une forme qui s'est opposée à la forme impériale en sécularisant le principe de légitimité, en remplaçant l'*auctoritas* spirituelle par le principe de souveraineté. À cette sécularisation du pouvoir s'est ensuite ajoutée une territorialisation de celui-ci à l'intérieur d'une communauté limitée et identifiable : la communauté nationale. Nous concluons notre démarche en suggérant que la construction européenne se trouve dépendante de ce double héritage et que la difficulté à laquelle l'Union Européenne fait face se trouve dans la nécessité de concilier deux pôles *a priori* irréductibles l'un à l'autre.

---

[133] Pierre Manent, *La Raison des Nations. Réflexions sur la démocratie en Europe*, Paris, Gallimard, 2006, p. 74.

Chapitre IV : L'EUROPE, EST-ELLE MESSIANIQUE ?

Les projets d'unité politique en Europe ne sont pas une particularité du XXe siècle, mais parcourent toute la Modernité. Cette constante des temps modernes est justifiée par le fait que ceux-ci coïncident avec le discrédit de la forme impériale et la conséquente division du continent en une multiplicité d'États souverains. C'est en effet au XVIe siècle que l'État moderne affirme sa souveraineté à la fin d'un processus pendant lequel les rois n'étaient que des suzerains, que les premiers parmi les vassaux des autorités spirituelles de l'Empereur et du Pape. La modernité politique est celle où les rois deviennent, pour reprendre l'ancienne maxime du droit public français, empereurs dans leurs royaumes : ils conquièrent l'attribut de la souveraineté.

À la formation des États souverains, il faut encore ajouter la division spirituelle du continent. Alors que l'unité spirituelle avait été assurée par Rome au cours des temps médiévaux, le Pape perd son *auctoritas* sur l'ensemble des royaumes à partir de la Réforme. Les États s'appuient alors sur les Églises nationales pour consolider leur souveraineté, alors que ces dernières s'appuient à leur tour sur les États pour affirmer leur autonomie face à la Papauté. Divisée politiquement et spirituellement, l'Europe du commencement des temps modernes était également une Europe menacée par un ennemi extérieur. Après avoir conquis l'Asie Mineure, l'Empire ottoman entame un processus de conquête de l'Europe orientale et centrale qui lui permettra d'arriver aux portes de Vienne.

C'est cette Europe divisée et menacée qui conduira des philosophes ainsi que des rois et princes à songer à l'unité en tant que solution à l'état de profonde instabilité dans lequel les Européens se trouvaient. Du *Tractatus* élaboré en 1464 par Georges de Podiebrad au discours de Victor Hugo sur les États-Unis d'Europe prononcé en 1849, nombreux ont été ceux qui se sont lancés dans la rédaction de projets d'unité. Y a-t-il un lien entre ceux-ci et la construction politique actuelle ? Quelles attentes étaient à l'origine des rêves d'Europe ? Quel est le statut de cette unité tellement ambitionnée ?

L'unité politique projetée pour l'Europe sera ici pensée au-delà de l'approche de la politologie. Celle-là tend à réduire le problème de l'unité politique européenne à une question de modèle politique où la Fédération ou encore la Confédération émergent en tant que références archétypales pour la réflexion. Cela implique que le problème de l'unité politique européenne est réduit à la rationalité de la démarche institutionnelle d'intégration, négligeant par conséquent des thèmes permanents dans l'histoire des sociétés occidentales et, notamment, ceux relatifs à l'imaginaire socioculturel.

Dans ce chapitre, j'analyserai l'hypothèse selon laquelle le rêve d'unité politique européenne suit la structure des récits messianico-millénaristes. Les ambitions d'Europe unie tendent à se manifester dans des périodes de conflit et de misère, comme si « la paix qu'il convient de retrouver était au bout de la violence et de la souffrance rédemptrices »[134]. Les conflits et les misères cèdent leur place à l'harmonie ainsi qu'à la prospérité et du désespoir naît l'espérance portée sur l'arrivée imminente d'un agent qui marque le commencement

---

[134] Pascal Bouvier, *Millénarisme, messianisme, fondamentalisme : permanence d'un imaginaire politique*, Paris, L'Harmattan, 2013, p. 18.

d'une ère nouvelle. L'Europe unie exerce cette fonction messianique pour les concepteurs[135] de l'unité politique. Nous verrons que le rêve d'unité européenne est une version sécularisée du récit messianico-millénariste dans la mesure où il respecte la même triade qui structure ce dernier, à savoir : le Chaos, le Paradis perdu, l'Âge d'or.

a) Le Chaos

L'existence d'un contexte chaotique causé par la division du continent motive les rêves d'unité européenne. De Georges de Podiebrad à Victor Hugo, les concepteurs de l'Europe unie conditionnent leurs projets d'unité à la nécessité de dépassement des conflits et misères qui affaiblissent les États, appauvrissent leurs populations et mettent en danger l'existence de l'Europe. En effet, tout se passe comme si le besoin d'unité ne pouvait être ressenti que s'il y a d'abord la reconnaissance des malheurs dans lesquels les Européens se trouvent.

La situation en Europe était tendue lorsque Georges de Podiebrad devient roi de Bohême en 1458. Constantinople venait d'être prise par les Ottomans, la transformation de Sainte-Sophie en mosquée ayant signifié la disparition du vieil Empire romain incarné par Byzance. Néanmoins, les Ottomans ne se sont pas arrêtés à la Ville gardée de Dieu.

---

[135] J'établis ici une distinction entre les concepteurs de l'unité politique européenne et ses constructeurs. Par concepteurs de l'Europe, je comprends tous ceux qui ont rêvé d'unité politique et élaboré des projets sans pourtant qu'ils ne se concrétisent institutionnellement. Pour leur part, les constructeurs de l'Europe sont ceux qui ont participé et participent toujours à la construction de l'Union Européenne, depuis ses pères fondateurs aux actuels responsables des institutions européennes.

Ils ont poursuivi leurs conquêtes dans le Sud-est européen avec la prise du Péloponnèse en 1458, de la Serbie l'année suivante ou encore de la Bosnie-Herzégovine en 1462.

C'est dans ce contexte que Georges de Podiebrad envoie une délégation au roi de France Louis XI avec deux propositions : la convocation d'un congrès de rois et de princes pour débattre sur un projet d'unité face aux Ottomans ; la signature d'un traité d'amitié entre la Bohême et la France. Les discussions dans la Cour française à propos de ces propositions manifestent les hésitations des Européens sur l'attitude à adopter face à l'ennemi commun. Ces hésitations ont été motivées aussi bien par l'influence des conseillers de la Cour que par les relations tendues entre la Papauté et la Bohême.

En effet, le parti papal de la Cour de France soutenait que les propositions de Georges de Podiebrad devraient être soumises à l'autorité du Pape et de l'Empereur[136]. Les résistances relatives aux prétentions de Georges de Podiebrad étaient causées par l'influence que le mouvement hussite avait conquise en Bohême et, en particulier, sur les Tchèques. Inspirés par Jan Hus, les Hussites combattaient le pouvoir séculaire de l'Église et avaient réussi à s'approprier ses terres. Ce n'est qu'en 1434 et après cinq croisades lancées contre eux que les Hussites sont défaits. Lorsque Georges de Podiebrad devient roi de Bohême, la majorité de la population était pourtant devenue sensible à leur programme.

Faisant face à la division interne de l'Europe ainsi qu'à la menace ottomane, Georges de Podiebrad rédige son

---

[136] Cf. Jaroslav Zourek, « Le projet du roi tchèque Georges de Podiebrad : le premier projet diplomatique tendant à l'organisation de la paix et de la sécurité à l'échelle européenne ». Disponible sur http://www.persee.fr/web/revues/home/prescript/article/afdi_0066-3085_1964_num_10_1_1751.

Tractatus. L'intention première du roi de Bohême[137] se résumait à la création d'une alliance contre les Ottomans instituée en cour internationale d'arbitrage dont les compétences n'interféreraient pas avec celles de l'Église et de l'Empire. Ce n'est que dans une deuxième phase que le projet s'agrandit avec les vingt-trois articles qui visaient l'*Universitas*, autrement dit l'« organisation internationale en vue du maintien durable de la paix » en Europe.

Un siècle et demi plus tard, le « Grand Plan » d'Henri IV pose comme élément déclencheur de toutes les guerres européennes l'ambition qui aveugle les rois et princes. C'était cette ambition qui promouvait leur incapacité à comprendre la réalité politique en Europe et à dépasser l'état de conflit dans lequel ils se trouvaient tous engagés[138]. Ils se croyaient puissants, ils s'appuyaient sur les illusions de leur puissance et pensaient être capables de subjuguer tous les autres rois. Le résultat ne pouvait être que leur propre défaite face à la résistance qu'ils provoquaient chez les autres et, en conséquence, un bain de sang généralisé sur le continent.

Henri IV devint roi de France à la fin d'un XVIe siècle marqué par les guerres de Religion. Le luthéranisme s'était répandu assez rapidement en Allemagne et les ambitions réformistes s'étendaient sur les restants pays européens du centre et du Nord. À ce mouvement, Paul III répond avec le Concile de Trente initié en 1545 et au cours

---

[137] Jarouslav Zourek divise la rédaction du *Tractatus* en deux phases dont la première est relative à une alliance militaire alors que la deuxième envisage une véritable institution politique.

[138] « Aucune de ces grandes monarchies ne saurait être renversée que par le concours de causes supérieures à toute force humaine. Il ne doit donc être question que de les faire subsister toutes, avec quelque égalité. Tout prince qui pensera autrement, fera ruisseler le sang par toute l'Europe, sans pouvoir jamais en changer la face. » Duc de Sully, « Le grand projet politique », in Jean-Pierre Faye, *L'Europe une. Les philosophes et l'Europe*, Paris, Gallimard, 1992, pp. 73-74.

duquel les dogmes de l'Église ont été renforcés. Avec la Contre-réforme a lieu le déchirement définitif de la Chrétienté occidentale qui ne retrouvera plus jamais l'unité spirituelle qui avait duré plusieurs siècles.

La France, placée sur la ligne de tension entre le Sud catholique et le Nord réformé, a été fortement déstabilisée par ce déchirement européen. Non seulement le calvinisme progressait et affichait sa volonté de convertir l'ensemble des Français, mais la faiblesse du pouvoir royal n'a pas réussi à empêcher une période marquée par les guerres de Religion. Henri II meurt en 1559 et son fils François II occupe le trône ayant à peine seize ans. Néanmoins, ce dernier meurt dix-huit mois après et, puisque son frère Charles IX n'avait que onze ans, c'est sa mère Catherine de Médicis qui devient régente. Elle échoue à concilier catholiques et calvinistes. Bien au contraire, c'est sous sa régence qu'a lieu le massacre de la Saint-Barthélemy le 24 août 1572.

Le XVIe siècle est également celui qui a vu naître la rivalité entre le royaume de France et la Maison d'Autriche. L'origine de cette rivalité tient aux ambitions impériales de François Ier et de Charles de Habsbourg à la suite de la mort de l'empereur Maximilien en 1519. Charles de Habsbourg fut un prince bourguignon qui cumulait des titres : maître des Pays-Bas et de la Franche-Comté, Roi d'Aragón, de Castille, de la Sicile et de Naples. À la mort de Maximilien, il assume l'héritage des Habsbourg, c'est-à-dire l'Autriche ainsi que les duchés Alpins. Ses possessions constituaient une vraie menace pour le royaume de France dans la mesure où ce dernier se trouvait encerclé par la Maison d'Autriche.

François Ier était, de son côté, à la tête du royaume le plus puissant de l'Europe, une puissance accrue par la victoire de Marignan qui a assuré la présence de la France en Italie du Nord. Cette présence a rendu les relations avec l'Espagne tendues dans la mesure où le royaume ibérique possédait Naples et l'Italie du Sud. Charles de Habsbourg devient empereur en 1519 sous le nom de Charles Quint. Il ambitionne la réalisation de la monarchie universelle et chrétienne dont l'une des étapes fondamentales consistait à récupérer l'héritage bourguignon qui avait été annexé par Louis XI à la fin du XVe siècle. Entre 1519 et 1559 l'Europe vit au rythme de cette rivalité. Le Traité du Cateau-Cambrésis signé en 1559, dans lequel la France abdique de Milan, mais garde Calais et les trois Évêchés Lorrains, crée une certaine stabilité.

Ce n'est qu'avec Ferdinand II de Habsbourg, élu empereur en 1619, que l'Europe rentre à nouveau dans un état de conflit généralisé. Son projet consistait à éliminer le protestantisme et à créer un État centralisé rassemblant l'Empire germanique, la Bohême, la Hongrie et les possessions héréditaires restantes. C'est le commencement de la Guerre des Trente Ans pendant laquelle les États protestants s'allient contre l'empereur.

Cette contextualisation historique du « Grand Plan » d'Henri IV dépasse sa période de règne. Il a été assassiné en 1610 et, pour cette raison, n'a pas vécu la Guerre des Trente Ans. Néanmoins, elle est nécessaire pour comprendre les motivations de son projet. S'il est vrai que, tel que le Duc de Sully l'affirme, Henri IV avait discuté avec lui de la possibilité de créer une unité européenne[139], il est probable que le texte qui nous est parvenu soit de la responsabilité du Duc de Sully lui-même, décédé en 1641, c'est-à-dire trois ans avant le commencement des négociations pour le Traité de Westphalie. Il a donc vécu

---

[139] « Je me souviens que la première fois que j'entendis le roi me parler d'un système politique, par lequel pouvait partager & conduire toute l'Europe comme une famille, j'écoutais à peine ce prince. M'imaginant qu'il ne parlait ainsi que pour s'égayer, ou peut-être pour se faire honneur de penser sur la politique ». *Idem*, p. 77.

la Guerre des Trente Ans et a vu l'Europe se déchirer au rythme des rivalités. La proposition d'unité en Europe destinée à la reine Elizabeth d'Angleterre avait une finalité claire : plus qu'unir l'Europe contre les Ottomans, comme ce fut le cas du *Tractatus* de Georges de Podiebrad, il s'agissait de créer une Ligue assez puissante pour limiter les ambitions de la Maison de Habsbourg, cause de l'instabilité sur le continent.

L'Abbé de Saint-Pierre additionne, au commencement du XVIIe siècle, une dimension morale aux projets d'unité européenne en soutenant que la situation de misère dans laquelle les Européens vivaient imposait la nécessité de penser aux conditions nécessaires à la création d'une « Société européenne » œuvrant pour la paix perpétuelle[140]. Cette dimension morale n'était pas encore une fin en soi, comme elle le sera plus tard avec Kant. La paix était comprise en tant qu'instrument qui visait le profit qu'elle pourrait apporter aux Européens. Cependant, en attribuant à la paix la qualité perpétuelle, l'Abbé de Saint-Pierre la comprenait non pas comme une contingence entre deux guerres, mais comme un état qui, une fois atteint, sera permanent.

La finalité de son projet, il l'annonce dès les premières lignes de son texte lorsqu'il affirme que son intention est de « proposer des moyens de rendre la Paix perpétuelle entre tous les États Chrétiens »[141]. Le contexte est différent de celui auquel Georges de Podiebrad a dû faire face. L'Empire ottoman est encore présent en Europe au commencement du XVIIIe siècle, mais il est en recul. Aux yeux de l'Abbé de Saint-Pierre, ce n'était donc pas l'Empire ottoman la principale menace, mais Louis XIV. C'est ce qu'il a soutenu dans une lettre adressée à Madame

---

[140] Cf. Abbé de Saint-Pierre, *Projet pour rendre la paix perpétuelle en Europe*, Paris, Éditions Garnier, 1981, p. 129.
[141] *Ibid.*

de Lambert où il affirme que le « Roi Très Chrétien » a mis l'Europe à feu et sang avec la guerre de la Ligue d'Augsburg[142]. À l'instabilité provoquée en Europe, s'est ajoutée son ambition de réaliser l'unité religieuse en France, ce qui l'a conduit à la révocation de l'Édit de Nantes et à mettre ainsi un terme à la liberté religieuse qui était en vigueur depuis presque un siècle.

C'est à la fin du XVIIIe siècle que la paix perpétuelle sera comprise comme un devoir, une idée directrice qui oriente les actions humaines intégrées dans une histoire rationnelle. Cela étant, les projets de paix perpétuelle cessent d'être considérés d'après les contingences du moment pour être soumis à la raison. Avant Kant, c'est Jean-Jacques Rousseau qui a émis l'hypothèse de paix perpétuelle en tant que possibilité rationnelle. Selon lui, aucun projet plus grand, « n'occupa l'esprit humain, que celui d'une paix perpétuelle et universelle entre tous les peuples de l'Europe », un projet « commencé par la fortune », mais qui « peut être achevé par la raison »[143].

Ce fut la fortune qui a mis les Européens dans un état d'interdépendance dans lequel ils ne peuvent pas exister sans l'entretien de relations, ne serait-ce que des relations de conflit. Néanmoins, en accordant les actions à la raison, la paix perpétuelle pourra être établie. Rousseau accorde une importance essentielle à la volonté humaine. C'est d'ailleurs pourquoi il était pessimiste à propos de l'efficacité de l'idée de paix perpétuelle, dans la mesure où il était méfiant face à l'éventuelle soumission des rois à d'autres principes que ceux de leurs ambitions.

C'est avec Kant que le processus historique devient la manifestation d'un ordre préétabli qui vaut

---

[142] Cité par Simone-Goyard Fabre dans l'introduction à l'ouvrage de l'Abée de Saint-Pierre. *Idem*, p. 15.
[143] Cf. Jean-Jacques Rousseau, « Projet de paix perpétuelle », in *L'Europe une. Les philosophes et l'Europe*, pp. 115-129.

indépendamment du volontarisme humain. Selon le philosophe de Königsberg, la Nature agit de manière contraignante sur les hommes en vue d'une finalité que l'être humain ne vise pas nécessairement. Elle possède un mécanisme[144] qui guide les individus et les États à l'entretien de rapports créateurs de liens entre eux. D'où il résulte que le diagnostic de l'état conflictuel dans lequel se trouvaient les peuples européens devient l'argument logique qui permet à l'entendement de conclure que l'humanité progresse vers la paix malgré une réalité qui manifeste apparemment le contraire.

Toujours d'après Kant, les violences provoquées par les guerres et causées par les ambitions personnelles des rois suggèrent que les États se trouvent à l'état de nature, dans une situation de conflit permanent. Pourtant, de la même manière que la violence entre les individus a impliqué l'établissement de rapports légaux entre eux, la violence entre les États crée, de son côté, un droit international et, ainsi, la condition nécessaire à l'émergence d'un droit commun qui rassemble les peuples et pacifique leurs relations. Ce qui veut dire que la guerre n'est que l'instrument par lequel la Providence guide les États vers la paix.

Kant intègre la violence dans le processus rationnel de l'histoire, dont la finalité peut être perçue grâce à des événements qui sont autant de signes d'une évolution vers la paix, comme la Révolution française. Or, pour Novalis, celle-là n'est pas le signe de l'unité de l'être humain autour d'un destin commun, mais la dernière manifestation de la dégénérescence de l'esprit européen. L'argument de Novalis tient au constat d'une fin de XVIIIe siècle

---

[144] C'est la « profonde sagesse d'une cause supérieure, tournée vers la fin ultime objective du genre humain et prédéterminant ce cours du monde. » Kant, *Vers la paix perpétuelle*, p. 99.

marquée par la guerre entre la France révolutionnaire et une Europe attachée à l'Ancien régime.

Le mouvement révolutionnaire et les Lumières dont il se proclame ne constitueraient que la deuxième étape de la destruction de l'unité spirituelle en Europe. C'est l'étape qui achève la rupture entre les Européens et ce qui leur était le plus caractéristique : le catholicisme. Tandis que, pour Georges de Podiebrad ou encore l'Abbé de Saint-Pierre, l'attribut européen est la Chrétienté, pour Novalis l'Europe moderne est née de la division que la Réforme a produite. Cela parce que le principe unificateur européen fut détruit par les protestants qui « avaient brisé un tout indéfectible, divisé l'indivisible Église, [s'arrachant] criminellement de l'universelle communion chrétienne »[145]. Alors que la religion avait eu une mission pacificatrice pendant la Chrétienté, elle devient, à la Modernité et avec la division de l'Église en églises nationales, un instrument politique dont les souverains se servaient pour affirmer l'autonomie de leur pouvoir, c'est-à-dire leur souveraineté absolue.

Novalis ne réduit pas les symptômes de la dégénérescence de l'Europe à la division politique. Il ajoute également l'émergence d'un esprit nouveau qui a dévalorisé tout ce qui sortait du cadre de la mathématisation du monde, de la maîtrise intellectualiste d'une nature qui, tout comme l'Église, avait perdu sa sacralité : autrement dit, la philosophie des Lumières. Huit ans avant les *Discours à la nation allemande* de Fichte, Novalis soutient que la « nouvelle Église » des Lumières ne libère pas les peuples mais, bien au contraire, les oblige à rejeter ce qui les particularise et à accepter un modèle uniformisateur. Cela étant, aussi bien le schisme religieux que les Lumières sont présentés par Novalis comme les

---

[145] Novalis, « Europe ou la Chrétienté », in *Œuvres complètes. I. Romans – Poésies – Essais*, Paris, Gallimard, 2010, p. 311.

deux causes d'un même mouvement qui a conduit l'Europe à la division, le dépassement de cet état ne pouvant avoir lieu que si l'unité spirituelle était retrouvée.

Tel que Novalis, Saint-Simon affirme également que ce fut le schisme provoqué par la Réforme luthérienne qui « désorganisa l'Europe » en la divisant en deux moitiés, l'une affranchie « des chaînes du papisme, alors que l'autre était toujours fidèle à l'autorité spirituelle de Rome »[146]. Cette division a été créatrice de conflits dont la solution trouvée n'a pas été efficace. Le Traité de Westphalie et la politique d'équilibre des puissances n'ont fait que créer et entretenir constitutionnellement la guerre « car deux ligues d'égale force sont nécessairement rivales, et il n'y a pas de rivalités sans guerres »[147].

Néanmoins, Saint-Simon ne partage pas l'avis de Novalis sur le mouvement révolutionnaire. Dans *De la réorganisation de la société européenne*, il affirme que la crise politique issue de la Révolution était une condition nécessaire au progrès des Lumières. L'adversaire de la concorde entre les peuples n'était pas « l'esprit novateur » des Lumières et sa Révolution, mais l'Ancien Régime qui maintenait l'esprit humain dans l'obscurantisme.

L'Angleterre, de son côté, est accusée par Saint-Simon d'avoir contribué à l'instabilité européenne, dans la mesure où elle a cherché à profiter du Traité de Westphalie pour se rendre plus forte. Et, pourtant, c'est le peuple anglais qui « fit le premier pas » vers la liberté lorsqu'il rejeta le « gouvernement féodal »[148]. Malgré cela, isolée dans son île, l'Angleterre a été incapable d'étendre cette même liberté aux autres peuples. Avec la Révolution française, c'est une réalité nouvelle qui émerge en Europe.

---

[146] Saint-Simon, « De la réorganisation de la société européenne », in *L'Europe une. Les philosophes et l'Europe*, p. 196.
[147] *Ibid.*
[148] *Idem*, p. 198.

L'esprit de liberté n'est plus réduit à la nation anglaise, mais la France peut se joindre à l'Angleterre pour agir en son nom. Autrement dit, le progrès des Lumières ne pouvait être assuré que s'il y avait une union des forces entre Anglais et Français qui, par leur action commune, libéreraient les Européens.

Trois décennies après la publication du texte de Saint-Simon, c'est Victor Hugo qui propose, dans son « Discours au congrès international de la paix », l'unité politique européenne afin de dépasser l'état de conflit dans lequel les Européens vivaient depuis des siècles. Il y soutient que ce qui maintenait l'Europe dans l'état de guerre permanente, c'était l'incrédulité que l'idée de paix universelle provoquait dans les esprits. Cela parce que si les hommes sont prêts à accepter l'idée qu'ils « ont commencé par la lutte, comme la création par le chaos », ils le sont moins quand il s'agit d'affirmer que leur finalité est la paix, criant alors à l'utopie[149].

Par la comparaison entre la formation des États-nations et la formation souhaitée des *États-Unis d'Europe*, Victor Hugo essaye de démontrer que l'idée d'unité européenne n'est pas utopique. Il affirme que, comme l'État-nation, l'Europe pouvait, elle aussi, réussir l'unité et la paix par le rassemblement des communautés qui la composent. La division de l'Europe en États-nations ne constitue donc pas une fatalité historique impossible à dépasser. La solution consistait à reproduire à l'échelle européenne le même processus qui a rassemblé les individus dans leurs nations[150].

---

[149] Cf. Victor Hugo, « Discours au congrès international de la paix », in Mehdi Ouraoui (ed.), *Les grands discours de l'Europe 1918-2008*, Complexe, 2008, p. 30.
[150] « Si quelqu'un eût dit cela [qu'un jour il n'y aurait plus de guerre entre les Français] à cette époque, Messieurs, tous les hommes positifs, tous les gens sérieux, tous les grands politiques d'alors se fussent écriés : « Oh ! le songeur ! Oh le rêve creux ! Comme cet

La lecture de ces textes suggère que les misères vécues par les Européens ont eu pour cause les divisions politiques, qu'elles aient été provoquées par la volonté personnelle des souverains ou encore par l'émergence d'identités collectives fortes telles que les nations. Ces dernières ajoutent un trait nouveau à la division européenne avec l'institutionnalisation des langues nationales. Les travaux de Herder ou encore de Fichte inspireront les États européens à forger les langues du peuple, à affirmer que chaque peuple possède un esprit particulier qui se manifeste par la langue nationale. La multiplicité de langues devient alors un obstacle culturel à l'unité politique européenne dans la mesure où la langue sera utilisée par les États en tant qu'instrument d'affirmation de leur indépendance.

L'Europe moderne est ainsi l'Europe de Babel, une Europe déchirée non pas tant à cause de sa multiplicité, mais à cause de l'incapacité manifestée par ses peuples et souverains à communiquer entre eux. Si, dans ce contexte, les Européens ne réussissaient pas à créer les conditions de la communicabilité, alors l'état de guerre entre eux devenait permanent. C'est donc bien la question de l'un et du multiple qui est posée par les concepteurs de l'unité européenne, celle de la création d'une structure dans laquelle la diversité serait créatrice d'unité de façon à dépasser le chaos en Europe. Cette nécessité se faisait d'autant plus ressentir que chez certains de ces concepteurs, notamment Novalis, il y avait aussi la nostalgie de l'unité perdue.

---

homme connaît peu l'humanité ! Que voilà une étrange folie et une absurde chimère ! » - Messieurs, le temps a marché, et cette chimère, c'est la réalité ». *Idem*, pp. 30-31.

b) Le Paradis perdu

C'est avec le romantisme de Novalis que le mythème du Paradis perdu est mis en avant afin de penser l'unité européenne. Celui-là se traduit par la nostalgie de la Chrétienté grâce à une description où les traits de ce mythème sont bien mis en évidence :

> Les temps ont existé, pleins de splendeurs et de magnificence, où l'Europe était une terre chrétienne, où tout ce continent formé et façonné humainement n'était le domicile que d'*une* Chrétienté, avec *un* même et puissant intérêt commun liant entre elles les provinces les plus éloignées de ce vaste royaume spirituel. [...] Et quelle sérénité pour tous dans l'accomplissement de la tâche quotidienne [...][151]

Ces quelques lignes d'*Europe ou la Chrétienté* démontrent qu'il s'agit bien d'un temps idyllique, celui décrit par Novalis, un temps d'avant la chute qui a extrait les Européens de l'unité chrétienne pour les jeter dans le chaos de l'histoire. C'est le temps de l'innocence première, sans la faute originale qui a créé le mal et l'a introduit dans le cœur des hommes. Autrement dit, il s'agit du temps de l'unité spirituelle ainsi que de l'harmonie entre les hommes grâce au respect de la structure hiérarchique qui sauvegardait l'ordre social. Ce respect, il était dû à tous les membres de cette société qui assurait la protection des plus faibles par les plus forts et, notamment, à l'autorité spirituelle du chef de l'Église, garant de la concorde entre tous[152].

C'était grâce à cette concorde que toutes les facultés humaines pouvaient s'épanouir dans les différents domaines de la connaissance, de la culture ou encore du

---

[151] Novalis, *Europe ou la Chrétienté*, p. 307.
[152] Cf. *Idem*, p. 309.

commerce. Néanmoins, les Européens de la Chrétienté ont vécu dans l'harmonie et dans l'innocence tant qu'ils ont obéi à leur autorité spirituelle. Lorsqu'une telle obéissance n'a pas été respectée, l'équilibre parfait dans lequel se trouvait la société européenne a été détruit. Se sont alors suivies la dégénérescence des esprits ainsi qu'une condition humaine marquée par la souffrance.

Si le mythème du Paradis perdu est plus évident dans le romantisme de Novalis, il est également présent dans les textes d'autres concepteurs de l'Europe. Georges de Podiebrad soutient, lui aussi, que la Chrétienté a représenté la période d'unité en Europe. Dans l'introduction aux articles de son *Tractatus*, le roi de Bohême décrit la Chrétienté comme une période marquée par la richesse spirituelle et matérielle. Cette richesse permettait l'épanouissement des royaumes. Elle s'étendait à tout le territoire européen et avait pour conséquence le fait que les Chrétiens pouvaient vivre en paix, dans la mesure où elle les préservait des ambitions de conquête des ennemis extérieurs.

De son côté, Saint-Simon renforce cette idée de Chrétienté en tant que période dans laquelle l'Europe a vécu dans un système équilibré et harmonieux. C'est la période d'*un seul corps politique* ayant comme ciment de l'union la *religion romaine*. L'unité européenne était ainsi nourrie par le christianisme, le clergé s'assumant comme le représentant de l'autorité de Rome et œuvrant, en conséquence, à l'unité de l'ensemble social. À l'instar de Novalis, Saint-Simon souligne l'importance du système hiérarchique pour la stabilité politique, un système qui reposait sur un pouvoir spirituel qui pouvait, pour cette raison même, s'étendre sur un large territoire et imposer sa loi à tous les rois et princes[153].

---

[153] « Avant la fin du XVe siècle, toutes les nations de l'Europe formaient un seul corps politique, paisible au-dedans de lui-même,

L'Europe formait alors « une société confédérative unie par des institutions communes, soumise à un gouvernement général qui était aux peuples ce que les gouvernements nationaux sont aux individus »[154]. Saint-Simon soutenait que, c'était cette unité qu'il fallait retrouver pour réparer tous les maux qui sont arrivés en Europe depuis qu'elle s'était déchirée. Il se réjouit des progrès que l'esprit révolutionnaire apporte à l'Europe du commencement du XIXe siècle ainsi que des possibilités qu'il offre à la liberté des peuples. Cela étant, il ne réduit pas la tradition à un obscurantisme qu'il faudrait dépasser. Bien au contraire, Saint-Simon soutient que la Chrétienté demeure une référence pour ceux qui envisagent l'unité européenne, une unité motivée désormais par la raison qui tend l'être humain vers la paix et la liberté.

L'Empire romain a également représenté l'unité tellement souhaitée en Europe. Rousseau considérait que le christianisme avait joué un rôle très important pour l'idée d'unité européenne, dans la mesure où il a permis de perpétuer un lien non seulement spirituel, mais aussi institutionnel entre les différents peuples. Néanmoins, c'est aux Romains qu'il attribue le crédit d'avoir su construire l'unité européenne. À la différence des Grecs qui ont divisé le monde connu en monde grec et monde barbare, ce dernier n'existant que pour servir la Grèce, les Romains ont réussi à établir une affinité entre les peuples.

Il y avait une « union politique et civile entre tous les membres d'un même empire » qui suivait la maxime, « ou très sage ou très insensée, de communiquer aux vaincus

---

armé contre les ennemis de sa constitution et de son indépendance. La religion romaine, pratiquée d'un bout de l'Europe à l'autre, était le lien passif de la société européenne ; le clergé romain en était le lien actif. » Saint-Simon, « De la réorganisation de la société européenne », in *L'Europe une. Les philosophes et l'Europe*, pp. 195-196.
[154] *Idem*, p. 198.

tous les droits des vainqueurs »[155]. Les peuples vaincus devenaient « citoyens de Rome », ce lien politique étant renforcé par des institutions civiles et des lois qui déterminaient « les devoirs et les droits réciproques du prince et des sujets, et ceux des citoyens entre eux »[156], ainsi que par l'adoption du christianisme en tant que religion de l'empire. Rome a créé l'idée d'unité politique en Europe, mais c'était grâce à l'association de l'empire au christianisme qu'ont été lancées les bases d'un lien social qui dépassaient Rome elle-même pour devenir le socle sur lequel se fonde la société européenne[157].

À la différence de Novalis, ce Paradis perdu qu'est Rome ne fait pas l'objet d'un sentiment nostalgique. Il fait plutôt partie d'une réflexion sur les prémisses qui rendent les projets d'unité européenne envisageables. Ces prémisses, elles sont les éléments structuraux de la société réelle européenne, c'est-à-dire ces éléments qui font que l'Europe soit plus qu'une simple addition de peuples différents, mais une vraie unité dotée de « sa religion, ses mœurs, ses coutumes, et même ses lois, dont aucun des peuples qui la composent ne peut s'écarter sans causer aussitôt de troubles »[158].

Ces quelques descriptions des périodes d'unité en Europe montrent qu'elles se font accompagner d'un discours par lequel les concepteurs de l'unité européenne veulent mettre en évidence l'harmonie dans laquelle les Européens ont vécu lorsqu'ils ont été unis. La paix est

---

[155] Rousseau, « Projet de paix perpétuelle », in *L'Europe une. Les philosophes et l'Europe*, p. 118.
[156] *Idem*, pp. 118-119.
[157] « le simulacre antique de l'empire romain a continué de former une sorte de liaison entre les membres qui l'avoient composé ; et Rome ayant dominé d'une autre manière après la destruction de l'empire, il est resté de ce double lien une société plus étroite entre les nations de l'Europe. » *Idem*, p. 120.
[158] *Idem*, p. 121.

synonyme d'abondance et d'épanouissement non seulement matériel, mais surtout spirituel. Pourtant, ce n'est qu'avec Novalis que nous assistons à la présence de la nostalgie adamique. Avec Georges de Podiebrad, Rousseau ou encore Saint-Simon, la référence à l'unité chrétienne et romaine est réalisée afin de faire ressortir un modèle d'unité européenne dont il faut s'inspirer sans qu'il y ait pourtant besoin de le reproduire tel quel.

La référence à l'unité perdue correspond à la mise en évidence d'une trace qui est, comme la Révolution française pour la pensée de Kant, impossible à effacer de l'esprit européen. De la persistance de cette trace émerge la conviction que les conflits entre les Européens ne sont pas une nécessité. Une unité est bien possible dans la mesure où les Européens ont déjà réussi soit à la construire, soit alors à réunir les conditions pour qu'elle devienne effective un jour.

Pour Novalis, l'unité perdue possède un sens en elle-même, indépendamment des projets futurs qu'elle pourrait inspirer. En appliquant les mots de Mircea Eliade, la description réalisée par Novalis de la Chrétienté est « l'exaltation d'une innocence adamique, d'une plénitude béatifique qui précède l'histoire »[159]. En effet, l'*Europe ou la Chrétienté* est la description de deux mondes radicalement opposés parce que séparés par une rupture essentielle qui équivaut à l'expulsion des créatures de l'Éden et à leur chute dans le temps. L'Europe d'avant la Réforme est celle de la Chrétienté, un espace où l'écoulement du temps semble ne pas avoir d'influence dans la mesure où il ne peut pas y avoir d'évolution là où l'équilibre parfait a été atteint. L'histoire de l'Europe ne commence vraiment que lorsque cet équilibre a été détruit, que lorsqu'a été « divisé l'indivisible ». C'est le péché

---

[159] Mircea Eliade, *La nostalgie des origines*, Paris, Gallimard, 2014, p. 166.

original de l'Europe qui l'a jetée dans le temps et, tel que la condition humaine, l'a soumise à la souffrance.

Néanmoins, si le mythème du Paradis perdu est plus perceptible dans la pensée de Novalis, des références à l'unité européenne passée sont bien présentes dans les concepteurs de l'Europe. Cela parce que la référence à la paix perdue motive l'espérance de rassembler les Européens. Avec les programmes qui visent l'unité en Europe, il s'agit bien d'un nouvel Âge d'or qu'il faudrait inaugurer après la chute qui a fait passer l'Europe de l'harmonie paradisiaque au chaos des conflits.

c) L'Âge d'or

Le récit messianico-millénariste est marqué par la nostalgie du Paradis perdu et par l'angoisse face aux misères subies. Cependant, il ne se réduit pas à cette angoisse, dans la mesure où il est également conditionné par l'espérance portée sur l'arrivée d'un temps d'harmonie. Comme l'affirme Pascal Bouvier, « un nouveau monde doit advenir et il est possible de dire que c'est là l'essentiel du millénarisme »[160].

Les textes des concepteurs modernes de l'Europe sont bien la traduction sécularisée de ce schéma, la réalisation de l'unité européenne correspondant à l'inauguration d'une ère nouvelle. En ce sens, l'Europe unie exerce la fonction messianique de rupture dans l'histoire par laquelle a lieu le passage du Chaos à l'Âge d'or. La différence entre la période de conception de l'Europe et le millénarisme religieux tient à ce que, pour ce dernier,

---

[160] Pascal Bouvier, *Millénarisme, messianisme, fondamentalisme*, p. 16.

l'Âge d'or sera inauguré par un messie, alors que pour le *millénarisme européen* il est question de la création d'une structure capable de rendre possible l'accord entre les États sans qu'il y ait une figure spirituelle faisant autorité.

Le texte de Novalis fait état d'exception parmi les concepteurs d'Europe. L'arrivée de l'Âge d'or ainsi que l'espérance que son imminence suscite y sont bien présentes. Dans le dernier paragraphe d'*Europe ou la Chrétienté*, Novalis affirme :

> Patience seulement : il viendra, il faut qu'il vienne le temps sacré de l'éternelle paix, où la nouvelle Jérusalem sera faite capitale du monde. Or, jusque-là, tenez-vous en sereine joie et très courageusement dans les périls du temps, compagnons de ma foi, proclamant par la parole et par l'action l'Évangile de Dieu, et demeurez dans la Foi véritable, infinie, fidèles jusqu'à la mort.[161]

Novalis pressent l'arrivée d'un nouvel Âge d'or avec l'épanouissement spirituel vécu en Allemagne à la fin du XVIIIe siècle, quand l'on « peut déjà, en pleine certitude, faire ressortir les indices d'un monde nouveau »[162]. Alors que les autres peuples étaient occupés par les peines provoquées par les guerres, l'Allemagne faisait partie d'une époque supérieure grâce au développement des sciences et des arts. En conséquence, cette effervescence indiquait que l'Allemagne était l'espace où l'esprit humain pouvait se manifester dans toute sa splendeur.

Ce qui particularise la pensée de Novalis sur le renouveau européen, ce n'est pas tant que ce monde nouveau est associé à une période d'épanouissement. Les autres concepteurs de l'unité européenne voient, eux aussi, dans l'Europe à venir une époque d'épanouissement des facultés humaines. Ce qui le particularise, c'est que

---

[161] Novalis, *Europe ou la Chrétienté*, p. 324.
[162] *Idem*, p. 319.

l'arrivée de « l'âge sacrée de la paix éternelle » dépend d'une figure spirituelle qu'il qualifie de messianique :

> Tout n'est qu'indication, à l'état brut et sans nulle cohérence ; mais l'œil historique y perçoit une universelle Individualité, une Histoire nouvelle, une nouvelle Humanité, l'embrassement très doux d'une jeune Église surprise et d'un Dieu plein d'amour : l'intime accueil donné à la naissance d'un nouveau Messie au sein de ses mille membres.[163]

Le millénarisme de Novalis possède la dimension messianique assurée par la présence de la figure du pasteur[164]. Ce pasteur attendu est l'Église renouvelée, la Religion en tant qu'elle seule peut faire la conciliation entre les forces opposées du cœur humain. La fin du XVIIIe siècle a assisté à la formation en Europe de deux blocs antagoniques entrés en conflit. La résolution de ce conflit dépendait de l'émergence d'un troisième élément à la fois séculier et spirituel, capable de mettre en accord le monde ancien et le monde nouveau, c'est-à-dire l'Église nouvelle en tant qu'elle intègre en son sein aussi bien la « piété respectueuse » que le « sentiment exaltant de la Liberté » :

> Il y aura du sang sur l'Europe aussi longtemps que les nations ne se sont rendues compte de leur épouvantable folie, où elles tournent en rond [...] La Religion seule a le pouvoir d'éveiller l'Europe de nouveau et mettre ses peuples en sûreté ; elle seule peut, dans l'éclat d'une splendeur nouvelle sur terre, rétablir la Chrétienté dans son ancienne charge et vertu pacifique.[165]

Les autres concepteurs de l'unité européenne expriment leur espérance face à la possibilité de paix entre les États, même si leur pensée est axée sur la création d'institutions

---

[163] *Idem*
[164] Cf. Pascal Bouvier, *Millénarisme, messianisme, fondamentalisme*, pp. 22-28.
[165] Novalis, *Europe ou la Chrétienté*, pp. 322-323.

afin de rendre effective l'Europe unie. Néanmoins, la figure du messie est absente de leurs projets, ou plutôt, elle existe dans la figure sécularisée qu'est l'Europe. Le Duc de Sully s'est plaint de l'incrédulité que le « Grand Plan » d'Henri IV a provoqué comme réaction, tout en affirmant que lui-même a été sceptique à propos de sa faisabilité[166]. Il finit par se convaincre de l'importance et de l'efficacité du projet, mais également de ses effets « infiniment glorieux ». Il fallait néanmoins remplir deux conditions pour que la paix devienne effective : la conciliation des religions et l'égalité des puissances. Ces conditions étant respectées, rien ne pouvait alors devenir un obstacle à la constitution d'un *Conseil général* de l'Europe.

Ce conseil serait composé par les représentants des quinze puissances européennes qui partageraient le continent en égale proportion de façon à ce qu'il y eût un équilibre et l'égalité entre elles. Dans le « Grand Plan » d'Henri IV, le Conseil général de l'Europe se présente comme une structure qui transcende les États membres. Il posséderait le pouvoir législatif parce que de son sein émaneraient les lois auxquelles tous les membres du Conseil donneraient leur accord. Le Conseil aurait également le pouvoir de sanction à l'égard de ceux qui négligeraient le consensus établi. Ce serait grâce à une telle structure que l'Europe pouvait retrouver l'harmonie dans son territoire. Non seulement la paix serait assurée par l'équilibre de forces, comme l'absence de nécessité

---

[166] « Fortement prévenu de cette idée, je ne cherchai plus qu'à détromper Henri, qui, surpris de son côté, de ne me voir d'accord avec lui sur aucun point, entreprit d'abord, & vint aisément à bout de me persuader que ce ne pouvait être que par préjugé, que je blâmais ainsi indistinctement toutes les parties d'un projet, où il était sûr du moins que tout n'était blâmable. » Le Duc de Sully, « Le grand projet politique », in *L'Europe une. Les philosophes et l'Europe*, p. 78.

d'entretenir la guerre contribuerait également à l'épanouissement de tous les États membres[167].

De son côté, l'Abbé de Saint-Pierre soutiendra que la constitution d'une *Société européenne* équivaut à l'inauguration d'une ère nouvelle de paix. Cette Société serait constituée par dix-huit souverainetés ayant chacune une voix à la Diète générale de l'Europe, le principe d'égalité entre tous les membres étant ainsi sauvegardé. Sa fonction première consisterait à arbitrer les conflits entre les États. La Diète générale remplirait ainsi la même fonction que celle jouée par l'Église pendant la Chrétienté : celle d'une entité pacificatrice.

Néanmoins, sa nature change dans la mesure où la sacralité de ses décisions ne serait pas assurée par la participation à une essence divine et surnaturelle, mais par le fait de s'assumer comme la représentation de la volonté européenne qui transcenderait, par le consensus émergeant, les volontés particulières des États. Si la « constitution présente de l'Europe ne saurait produire que des Guerres presque continuelles »[168], l'Abbé de Saint-Pierre était convaincu que seule la Société européenne pouvait « procurer à tous les Princes Chrétiens sûreté suffisante de la perpétuité de la paix au-dedans & au-dehors de leurs États »[169].

À l'instar d'Henri IV et du Duc de Sully, Rousseau déduit aussi la richesse sur le territoire européen de

---

[167] « Il a trouvé le secret de persuader tous ses voisins, que son unique objet est de s'épargner, ainsi qu'à eux, ces sommes immenses, que leur coûtent à entretenir tant de milliers de gens de guerre, tant de places fortifiées, & tant d'autres dépenses militaires ; de les délivrer pour jamais de la crainte de ces catastrophes sanglantes, si communes en Europe ; de leur procurer un repos inaltérable. » *Idem*, p. 83.
[168] Abbé de Saint-Pierre, *Projet pour rendre la paix perpétuelle en Europe*, p. 130.
[169] *Idem*, p. 132.

l'absence de dépenses militaires que la paix procure[170]. Néanmoins, il se montre peu enthousiaste face à la possibilité de réalisation du projet d'unité européenne. En effet, comme il l'exprime dans son texte sur le projet de paix perpétuelle de l'Abbé de Saint Pierre, les souverains sont aveuglés par l'« intérêt apparent », étant incapables de percevoir l'« intérêt réel ». La paix perpétuelle est, par conséquent, négligée au profit d'une indépendance absolue qui ne respecte pas « l'empire de la loi » :

> Toute l'occupation des rois, ou de ceux qu'ils chargent de leurs fonctions, se rapporte à deux seuls objets ; étendre leur domination au-dehors, et la rendre plus absolue au-dedans : toute autre vue, ou se rapporte à l'une de ces deux, ou ne leur sert que de prétexte ; telles sont celles du bien public, du bonheur des sujets, de la gloire de la nation […][171]

La même méfiance est exprimée par Kant dans *Vers la paix perpétuelle* et, plus précisément, dans l'Appendice I intitulé « De la discordance entre la morale et la politique, eu égard au dessein de la paix perpétuelle ». Il s'oppose au « moraliste politique qui se forge une morale qui soit profitable à l'intérêt de l'homme d'État »[172], mais aussi aux politiques moralisants qui n'hésitent pas à maquiller « les principes politiques contraires au droit » et ainsi à empêcher toute amélioration de l'humain. La « généreuse espérance »[173] à réaliser le projet de paix perpétuelle fait

---

[170] « Mais toutes ces dépenses faites (…) il resterait encore plus de la moitié de la dépense militaire ordinaire à repartir entre le soulagement des sujets et les coffres du prince ; de sorte que le peuple paierait beaucoup moins ; que le prince, beaucoup plus riche, serait en état d'exciter le commerce, l'agriculture, les arts, de faire des établissements utiles qui augmenterait encore la richesse du peuple et la sienne. » Rousseau, « Projet de paix perpétuelle », in *L'Europe une. Les philosophes et l'Europe*, pp. 142-143.
[171] *Idem*, p. 149.
[172] Kant, *Vers la paix perpétuelle*, p. 112.
[173] *Idem*, p. 111.

donc face à l'obstacle du despotisme arbitraire des souverains qui perpétuent l'imperfection des lois afin de conserver leur puissance individuelle.

Pour Saint Simon, ce n'est plus l'intérêt individuel des souverains qui fait obstacle à l'unité européenne, mais les intérêts nationaux. Et, pourtant, il est convaincu qu'il « viendra sans doute un temps où tous les peuples de l'Europe sentiront qu'il faut régler les points d'intérêt général avant de descendre aux intérêts nationaux »[174]. Ce sera le temps où les troubles s'apaiseront et les guerres s'éteindront. Ce sera le temps de l'Âge d'or :

> L'imagination des poètes a placé l'âge d'or au berceau de l'espèce humaine parmi l'ignorance et la grossièreté des premiers temps : c'était bien plutôt l'âge de fer qu'il fallait y reléguer. L'âge d'or du genre humain n'est point derrière nous, il est au-devant, il est dans la perfection de l'ordre social ; nos pères ne l'ont point vu, nos enfants y arriveront un jour : c'est à nous de leur frayer la route.[175]

Cette lecture des concepteurs modernes de l'unité européenne suggère que le récit européen est le résultat d'une sécularisation du récit messianico-millénariste, où l'Europe unie exerce la fonction messianique d'inauguration d'une ère nouvelle. En effet, les rêves d'unité européenne se trouvent associés à un imaginaire du temps lié au thème messianico-millénariste et à deux structures mythiques fondamentales qui conditionnent la perception du présent : l'*archè* et le *telos*, l'expérience vécue comme ouverture vers le passé et vers le futur[176].

Au présent fait de souffrance est associée une première structure qui concerne le prestige du commencement en

---

[174] Saint-Simon, « De la réorganisation de la société européenne », in *L'Europe une. Les philosophes et l'Europe*, pp. 224-225.
[175] *Idem.*
[176] Cf. Jean-Pierre Sironneau, *Métamorphoses du mythe et de la croyance*, pp. 106-107.

tant que fondation. Son contenu ne se réduit pas à ce moment archétypal, lequel, dans le cas du récit européen, prend les figures de l'Empire romain et de la Chrétienté. Une deuxième structure le conditionne : le *telos*, la fin de l'histoire qui ne peut avoir lieu qu'après les cataclysmes, lorsqu'une entité transcendante s'incarnera dans l'histoire pour inaugurer une ère nouvelle.

L'Europe, n'est-elle pas cette entité transcendante qui, s'incarnant dans l'histoire, fondera un commencement nouveau ? Il n'y a pas d'uniformité dans les projets des concepteurs de l'Europe. En effet, plusieurs traits caractéristiques les distinguent, à commencer par la référence aux origines. C'est avec Novalis que le mythème du Paradis perdu prend toute sa valeur. L'harmonie et la paix vécues *in illo tempore* font l'objet d'une description idyllique qui a comme fonction l'attribution à la Chrétienté d'une nature indépendante de la déchéance temporelle. Le temps historique serait alors le résultat non pas de la Chrétienté elle-même, mais d'une faute qui a soumis l'Europe à la chute dans le temps.

Or, cette description idyllique des origines est absente des projets des autres concepteurs modernes d'Europe. Il y a bel et bien un modèle qui sert d'inspiration à Georges de Podiebrad, ou encore à Rousseau et Saint-Simon. Néanmoins, pour ces derniers, cette inspiration a comme finalité la légitimation de l'unité future. Ce n'est donc pas tant la valorisation du passé qui est en cause, mais la conviction que l'unité, ayant déjà été réalisée en Europe, peut se concrétiser à nouveau dans le futur. Ce qui est valorisé, c'est un avenir qui n'a pas nécessairement besoin de reproduire l'unité passée.

Une autre différence majeure entre ces projets d'unité se trouve dans la figure du messie. Dans l'*Europe ou la Chrétienté*, Novalis intègre la figure du messie incarnée par l'Église nouvelle qui fondera une réalité au-delà des souffrances endurées par les Européens. Pour les autres concepteurs d'Europe, si figure messianique il y a, il s'agit de l'Europe elle-même avec la réalisation historique de son unité. Il revient alors aux Européens de construire l'unité, ce qui veut dire que l'unité européenne est un projet éminemment historique. L'Europe unie n'existe pas, mais elle peut devenir, elle peut être réalisée grâce à l'émergence d'un consensus entre les États et les peuples.

Finalement, une dernière différence se trouve dans l'action historique de l'Europe une fois institutionnalisée. Alors que Georges de Podiebrad ou encore Henri IV et le Duc de Sully font de leurs projets une affaire européenne, le cosmopolitisme kantien étend sa finalité à l'humanité. S'il est vrai que son projet est motivé par le contexte européen, le progrès vers la liberté, puisque fondé sur la raison humaine, ne saurait pas être limité au territoire européen. Il doit envisager le genre humain. Ce qui veut dire que l'Âge d'or qu'est la paix perpétuelle ne sera pas atteint avec l'unité européenne, mais dépend de l'unité humaine à l'intérieur d'une société civile cosmopolitique. C'est aussi ce que Saint-Simon soutient lorsqu'il associe l'Âge d'or à une communauté à venir.

Malgré ces différences, les concepteurs modernes d'Europe partagent la croyance et la conviction que la division n'est pas une fatalité. Les Européens ont en commun une communauté de destin qui consiste à forger une réalité nouvelle qui représente un recommencement. Il y a l'espoir d'un futur radieux malgré l'obstacle des ambitions personnelles des rois et princes, un futur radieux vers lequel les Européens et, en dernière instance, l'humanité ne tendront que lorsque l'Europe unie passera du statut de simple rêve à celui d'entité historique.

Chapitre V : LE RÊVE DEVIENT UTOPIE

Avec le XXe siècle, ce qui demeurait à l'état de projet est devenu une réalité historique. Le Traité de Paris signé en 1951 a créé une première institution qui revendiquait la qualité européenne. La réalisation du rêve européen était en marche. Deux événements majeurs ont contribué à la création de la CECA : les catastrophes de la Seconde Guerre mondiale, qui ont dévasté le territoire européen ainsi que mis en cause la condition humaine ; la division du continent à la suite des accords de Yalta, lesquels ont mis l'Europe centrale et orientale sous l'influence du régime soviétique.

Il a fallu aux Européens faire l'expérience de la plus grave des catastrophes pour entamer la marche vers l'union. Le chaos est arrivé avec les camps d'extermination et les chambres à gaz, auquel chaos s'est suivi un contexte de division où l'Europe fondée sur les principes et valeurs humanistes était menacée par un régime qui représentait son contraire. L'unité a été la solution nécessaire aussi bien pour la réhabilitation de la société européenne que pour la protection d'une certaine conception du vivre ensemble.

L'unité était envisagée comme un recommencement par lequel la régénération de l'Europe pouvait avoir lieu. Autrement dit, la construction européenne réinvestit le récit messianico-millénariste. Ne concentre-t-elle pas les espoirs d'un avenir radieux où l'harmonie entre des nations longtemps rivales serait enfin devenue une réalité ? Dans un premier moment, j'ai voulu démontrer la latence du récit messianico-millénariste dans les projets modernes d'unité européenne. Maintenant, il s'agira de penser la construction politique actuelle.

Nous verrons que l'institutionnalisation du rêve européen a impliqué le changement de statut de celui-ci. L'hypothèse avancée, c'est que les constructeurs de l'Europe ont négligé l'importance d'entretenir un récit européen et ont privilégié la démarche fonctionnaliste d'intégration. La conséquence d'une telle méthode a été l'émergence d'institutions supranationales dont la légitimité est mise en cause. L'Union Européenne a été faite sans d'abord raconter l'Europe, sans l'élaboration d'une représentation commune de l'*européanité*. L'Union Européenne a oublié de raconter l'Europe et, sans un ensemble de représentations partagées, elle ne peut qu'ignorer son propre destin.

a) La décadence européenne

La première moitié du XXe siècle européen est caractérisée par le sentiment de décadence. Le déchirement par lequel les peuples européens ont passé au cours d'un XIXe siècle marqué par la montée en puissance des rivalités nationales a fait éclore une guerre qui a eu des conséquences pour la représentation que les Européens se faisaient de leur place dans le monde. Alors que, depuis l'Antiquité, l'Europe avait été élevée par ses peuples au rang de phare du monde, la destruction du continent provoquée par la Grande Guerre ainsi que l'émergence de deux puissances aux ambitions universelles ont jeté sur elle le doute à l'égard de son propre futur.

De différents poètes et philosophes ont mis en évidence cette décadence, le plus violent dans son diagnostic ayant été Fernando Pessoa. Le poète portugais rédige son

Ultimatum en 1917, signé par l'une de ses créations hétéronymiques. C'est en tant que Álvaro de Campos qu'il élabore un portrait de l'Europe du commencement du XXe siècle, une Europe dont les destructions matérielles n'étaient que la manifestation d'une faillite plus essentielle d'ordre spirituel. Avec son *Ultimatum*, le poète fait partie de ceux, comme Paul Valéry ou encore Oswald Spengler, qui ont diagnostiqué la décadence de l'esprit européen.

Rien n'échappe à la force de ses accusations[177] : les nations et la politique, mais aussi la pensée et la culture, tout ce qui faisait l'Europe est accusé de l'avoir conduite à son propre anéantissement. Selon Fernando Pessoa, la cause de ce mal-être est à trouver dans l'absence d'une Idée, dans l'incapacité dans laquelle les Européens se trouvaient à créer un principe dynamique pour leur existence, un principe mobilisateur capable d'orienter leur force spirituelle et matérielle en vue de la réalisation d'un but précis : « faim de Création et soif d'Avenir », l'affirme-t-il, « L'Europe réclame la Grande Idée ». Elle « veut, de simple désignation géographique, devenir une personne civilisée ! »[178]

L'année suivante, Oswald Spengler publie *Le Déclin de l'Occident*. Il soumet le diagnostic de la décadence européenne à une conception biologique dans laquelle, comme tout organisme vivant, les civilisations sont comprises comme des entités qui naissent, connaissent l'agitation de la jeunesse et la maturation de l'âge adulte, pour enfin décliner et mourir. Cela signifie qu'une seule civilisation ne peut pas prétendre à devenir le modèle d'après lequel toutes les autres seraient jugées.

---

[177] « Faillite générale de tout à cause de tous ! / Faillite générale de tous à cause de tout ! / Faillite des peuples et de leurs destins ! Faillite absolue ! / Défilé des nations devant mon mépris ! ». « Ultimatum », in *Œuvres de Fernando Pessoa*, p. 49.
[178] *Idem*, pp. 54-55.

Bien au contraire, l'évolution de l'histoire suggère l'existence d'une multiplicité de civilisations, chacune exprimant son individualité d'après les œuvres de l'esprit que les arts, la philosophie, la religion ou encore la science sont. C'est pour cette raison que Spengler critique le schéma historique Antiquité – Moyen Âge – Temps Modernes. Il s'agit d'un schéma qui restreint la substance historique et qui, « pis est, il en limite le théâtre. » Avec une telle conception biologique des civilisations, l'Europe cesse d'être le centre de l'univers :

> Ici, le paysage de l'Europe occidentale forme le pôle immobile [...] et pourquoi si ce n'est que nous-mêmes, auteurs de cette image historique, y avons précisément notre domicile [...] Système planétaire de la plus originale invention, en vérité ! On choisit un paysage unique et on décrète qu'il sera le centre d'un système historique. Ici est le soleil central. D'ici se diffuse la vraie lumière qui éclaire tous les événements historiques.[179]

Pour comprendre la fin d'une civilisation d'après la conception biologique de Spengler, il est important de souligner la distinction qu'il fait entre ce concept et celui de culture. L'auteur du *Déclin de l'Occident* définit la culture comme l'expression de la vitalité d'un peuple. Elle correspond à la manifestation de l'esprit du peuple à travers de grandes réalisations. Pour sa part, la civilisation correspond au moment de stagnation spirituelle où un peuple n'a plus rien à offrir à l'histoire. Si la culture est marquée par la créativité, la civilisation est, pour sa part, caractérisée par l'esprit scientifique compris en tant que technicité qui réduit la vie à une matière inerte.

> Nous autres civilisations, nous savons maintenant que nous sommes mortelles. [...] Mais France, Angleterre, Russie... ce seraient aussi de beaux noms. Lusitania aussi est un beau nom.

---

[179] Oswald Spengler, *Le déclin de l'Occident*, v. 1, Paris, Gallimard, 1993, p. 28.

> Et nous voyons maintenant que l'abîme de l'histoire est assez grand pour tout le monde. Nous sentons qu'une civilisation a la même fragilité qu'une vie.[180]

Ces mots proviennent de la première de deux lettres de Paul Valéry publiées dans la Nouvelle Revue Française en 1919. Valéry renforce l'idée de décadence européenne en appliquant la conception biologique des civilisations comme Spengler l'avait appliquée l'année précédente. L'intérêt de *La crise de l'Esprit* est dans le fait qu'elle met en évidence deux Europes différentes qui se contredisent. Tout d'abord, l'Europe matérielle, c'est-à-dire sa réalité concrète en tant que territoire. Ensuite, l'Europe de l'esprit, celle qui commande l'histoire universelle. Ce qui résulte de cette dualité, c'est la contradiction entre l'Europe géographique, dont Valéry met en cause l'existence autonome, et l'Europe spirituelle qui, un jour, a décidé de prendre en charge le destin de l'humanité :

> L'Europe va-t-elle garder sa prééminence dans tous les genres ? L'Europe deviendra-t-elle ce qu'elle est en réalité, c'est-à-dire un petit cap du continent asiatique ? Ou bien l'Europe restera-t-elle ce qu'elle paraît, c'est-à-dire : la partie précieuse de l'univers terrestre, la perle de la sphère, le cerveau d'un vaste corps ?[181]

Finalement, c'est Edmund Husserl qui reprend le thème de la crise de l'esprit dans sa conférence prononcée à Vienne en 1935[182]. Si « les nations européennes [étaient] malades » et l'Europe en crise, c'était parce qu'elles étaient en rupture avec leur *monde-ambiant*. Par monde-

---

[180] Paul Valéry, « La crise de l'Esprit », in *Europes de l'Antiquité au XXe siècle*, p. 405.
[181] *Idem*, pp. 410-411.
[182] Husserl, « La crise de l'humanité européenne et la philosophie », in *La crise des sciences européennes et la phénoménologie transcendantale*, Paris, Gallimard, 2012, pp. 347-383.

ambiant, Husserl comprend la représentation du monde, l'appropriation subjective du monde. Cela étant, le monde-ambiant appartient à la sphère de l'esprit et le considérer comme extérieur et étranger devient un contresens.

Or, c'est ce contresens que les sciences positives commettent en séparant le monde du caractère eidétique de l'esprit. Le monde et l'humanité sont alors réduits à une factualité qui, en elle-même, ne peut pas fournir à l'être humain les repères moraux nécessaires pour orienter son existence. Les questions qui relèvent de la métaphysique cessent alors d'être posées et, avec elles, s'en vont aussi les problèmes de l'existence humaine : ceux de la raison, de l'homme en tant qu'être raisonnable, de la raison de l'histoire ou encore de la liberté.

> Quelle que puisse être l'hostilité des nations européennes entre-elles, elles ont […] en esprit une parenté intime particulière qui les traverse toutes et qui transcende les différences nationales. Ce sont pour ainsi dire des nations sœurs, et cela nous donne la conscience d'être chez nous dans cet ensemble.[183]

Cette parenté européenne consiste dans une nouvelle attitude à l'égard du monde-ambiant, elle consiste dans la philosophie en tant que science universelle qui vise la production d'idées en vue de la détermination normative de la vie bonne. C'est cette attitude théorétique qui, selon Husserl, identifie le monde-ambiant européen. Certes, chaque nation possède son monde-ambiant, c'est-à-dire sa façon d'approprier le monde d'après ses traditions et récits fédérateurs. Néanmoins, ce que la philosophie offre aux nations, ce sont les conditions pour que celles-ci ne demeurent pas enfermées en elles-mêmes, dans la mesure où elle rend possible l'établissement de rapports selon l'universalité des idées qui, elles, ne sont pas enracinées

---

[183] *Idem*, pp. 353.

dans les territoires nationaux. L'Européen de la première moitié du XXe siècle faisait alors face à deux possibilités :

> Ou bien le déclin de l'Europe devenue étrangère à son propre sens rationnel de la vie, la chute dans la haine spirituelle et la barbarie, ou bien la renaissance de l'Europe à partir de l'esprit de la philosophie, grâce à un héroïsme de la raison qui surmonte définitivement le naturalisme.[184]

Dans la suite des diagnostiqueurs de la décadence européenne, nous pouvons encore citer Hannah Arendt qui, au cours des années soixante, rédige *La crise de la culture*. Comme Husserl trois décennies plus tôt, Arendt affirme que la réduction que les sciences de la nature ont réalisée de la raison à la technicité a impliqué l'*aliénation-du-monde-de-l'homme*. Alors que la raison envisag la connaissance d'après l'unité, les sciences de la nature ont, de leur part, réduit la démarche cognitive à une question de maîtrise du fonctionnement en remplaçant l'observation par l'expérience et en négligeant ainsi le dévoilement de la vérité[185].

Dès que la connaissance n'est plus une affaire de dévoilement de la vérité et devient une technique, c'est la foi dans un monde de sens qui est mise en cause. La raison perd son pouvoir de comprendre le monde pour devenir un calcul des conséquences. La réalité est alors dépourvue de spiritualité et la connaissance se divise en multiples connaissances, autant que les domaines scientifiques d'une réalité devenue morcelée et dépourvue d'unité.

Les diagnostics réalisés par Pessoa, Spengler et Valéry ainsi que les traits de la crise de la conscience européenne

---

[184] *Idem*, p. 383.
[185] « Elle [la théorie] devint plutôt la théorie scientifique moderne qui est une hypothèse de travail changeant selon les résultats qu'elle produit et dépendant, quant à sa validité, non de ce qu'elle *révèle* mais de la question de savoir si elle *fonctionne*. » Hannah Arendt, *La crise de la culture*, Paris, Gallimard, 2011, p. 56.

soulignés par Husserl et Arendt rendent plus claires les motivations qui ont justifié la reprise des projets d'unité au commencement du XXe siècle ainsi que les limites de la logique fonctionnaliste qui guide la construction politique européenne depuis sa fondation en 1951. D'une part, l'unité politique a été envisagée comme la solution au déclin dans lequel les Européens se trouvaient. D'autre part, le fonctionnalisme en tant que méthode adoptée pour la construction d'une telle unité porte les mêmes conséquences que la vision des sciences positives a portées pour la conscience européenne : la perte de vue sur le sens qui justifie l'action humaine.

En adoptant la méthode fonctionnaliste, l'Union Européenne a négligé la construction et l'entretien d'un sens collectif dont toute communauté politique a besoin pour légitimer son existence. Certes, l'existence d'un ennemi bien défini – le totalitarisme et ses visages nazi et soviétique – a impliqué qu'une telle construction n'était pas nécessaire, dans la mesure où les valeurs et principes que l'Europe tenait comme les siens s'incarnaient dans un conflit historique. Néanmoins, avec la disparition de l'ennemi, l'absence de récits et de symboles représentatifs de l'*européanité* a eu comme conséquence que de tels principes et valeurs sortissent du domaine de la réalité vécue pour devenir des abstractions. Ne reste alors qu'une machine que les institutions européennes essaient tant bien que mal de maîtriser et à l'égard de laquelle les Européens ne ressentent aucune affinité.

b) La construction de l'unité

Il a fallu faire l'expérience de la barbarie pour que l'Europe entame le processus d'unification. Pour cela a contribué le fait que les violences produites lors de la Seconde Guerre mondiale n'ont pas seulement perpétré la destruction sur son territoire et ses États. Elles ont également mis en cause le principe qui, depuis la Chrétienté et en passant par les Lumières, a été érigé en tant que principe directeur de la civilisation européenne, à savoir : la dignité de la personne humaine. Robert Schuman a associé l'unité politico-culturelle en Europe à la dignité de la personne humaine. Le Ministre français des affaires étrangères a soutenu que la démocratie était fondée sur cet héritage chrétien qui assurait l'interdépendance et la fraternité entre les Européens[186].

En effet, pour les pères fondateurs de la construction politique européenne, la défense des principes et valeurs de la personne humaine constituait la motivation principale sur laquelle l'unité devrait être bâtie. On peut citer Paul-Henri Spaak, le premier Président de l'Assemblée européenne, qui prononce à l'ONU le 28 septembre 1948 son *Discours de la peur*. Il prend la parole dans la qualité de Premier ministre belge pour répondre à l'intervention du représentant de l'Union Soviétique, lequel avait réduit les efforts européens d'unité à une politique belliciste. Paul-Henri Spaak reprend le discours du représentant soviétique pour affirmer que ce n'était pas à des fins bellicistes que l'unité était cherchée en Europe. Elle était motivée plutôt par la peur de l'impérialisme soviétique ainsi que de perdre ce à quoi les Européens croient, c'est-à-dire « la liberté de penser,

---

[186] Le fondement démocratique serait chrétien dans la mesure où la démocratie « est née le jour où l'homme a été appelé à réaliser dans sa vie temporelle la dignité de la personne humaine, dans la liberté individuelle, dans le respect des droits de chacun et par la pratique de l'amour fraternel à l'égard de tous. » Robert Schuman, *Pour l'Europe*, Paris, Les Éditions Nagel, 1964, p. 56.

d'écrire, de nous sentir librement, de nous associer librement »[187].

C'est pourtant avec Denis de Rougemont que le concept de personne humaine est théorisé comme fondement culturel de l'Europe qui doit servir de socle à l'unité politique future. Homme de Lettres, Denis de Rougemont s'est engagé dans les efforts de rassemblement des Européens en promouvant le modèle fédéral. C'est ainsi qu'il prononce, en 1947, le discours inaugural du Congrès de l'Union Européenne des Fédéralistes. Le principe moteur de son action résidait dans l'association entre le domaine politique et le domaine culturel dans la mesure où il soutenait que la question européenne ne pouvait pas être réduite à l'institutionnalisation d'un pouvoir commun. Il faudrait que cette institutionnalisation traduise aussi la conception européenne d'être au monde, que l'exercice du pouvoir européen s'inspire de ce qui caractérise la culture européenne : « la valeur absolue de la personne humaine »[188].

L'impérialisme soviétique mettait en cause cette conception de personne humaine que les pères fondateurs de la construction politique tenaient comme le principe directeur de l'Europe. Néanmoins, il ne constituait pas le seul danger auquel les Européens faisaient face. Tant que la cause de leurs conflits n'était pas combattue, ils seraient encore et toujours soumis à l'instabilité. Cette cause résidait dans les rivalités nationales et, plus précisément, dans la forme politique qui les entretenait : l'État-nation.

Altiero Spinelli a conditionné la paix « à l'abolition définitive de la division de l'Europe en États nationaux

---

[187] Paul-Henri Spaak, « Discours de la peur », in *Les grands discours de l'Europe 1918-2008*, p. 115.
[188] Denis de Rougemont, « Le sens de nos vies, ou l'Europe », in *Œuvres complètes. III. Écrits sur l'Europe*, Paris, Éditions de la Différence, 1994, p. 149.

souverains »[189]. Certes, dans un premier moment, il a soutenu que la forme stato-nationale a été essentielle dans l'histoire européenne dans la mesure où elle a été l'instrument d'affirmation de la liberté des peuples. Néanmoins, elle était devenue, par la suite, la cause principale de leurs tensions en accordant à chaque peuple l'illusion d'un privilège sur les autres.

Cette idée de dépassement de la forme stato-nationale a également été affirmée par Paul-Henri Spaak, lequel déclarait que toute organisation rassemblant plusieurs États ne pouvait être efficace que si elle abolissait le droit de veto représentatif de la « doctrine périmée » et « réactionnaire » de la « souveraineté nationale absolue »[190]. Pour sa part, Robert Schuman affirmait que « le morcellement de l'Europe [était] devenu un absurde anachronique »[191], tandis que les *Mémoires* de Jean Monnet sont un véritable plaidoyer en faveur de la supranationalité.

L'acte fondateur de l'unité européenne exprime bien ce besoin d'aller au-delà de la souveraineté nationale afin de créer les conditions pour la paix en Europe. Dans la Déclaration Schuman du 9 mai 1950, « l'opposition séculière de la France et de l'Allemagne » est transformée en symbole de toutes les rivalités nationales. Si la réconciliation entre ces deux nations était possible, alors le premier pas aurait été donné pour que l'état de guerre en Europe soit dépassé.

La Déclaration Schuman est le texte qui vise l'institutionnalisation des attentes des pères fondateurs de l'Europe en déterminant comme finalité pour l'unité

---

[189] Altiero Spinelli, « Manifeste pour une Europe libre et unie », in *Les grands discours de l'Europe 1918-2008*, p. 78.
[190] Paul-Henri Spaak, « Discours de la peur », in *Les grands discours de l'Europe 1918-2008*, p. 120.
[191] Robert Schuman, *Pour l'Europe*, p. 33.

rendre la guerre « non seulement impensable, mais matériellement impossible ». Le texte suggère que l'émergence de l'unité européenne représente une vraie rupture dans l'histoire. Y est affirmée l'idée que l'« Europe n'a pas été faite, nous avons eu la guerre ». L'absence d'Europe est associée à la guerre alors que l'arrivée de l'unité concentre en elle les espoirs d'une ère de paix. Les peines subies sont alors remplacées par l'espérance portée sur un ordre nouveau dont l'imminence est pressentie grâce au signe que constitue la réconciliation entre la France et l'Allemagne.

Le projet d'unité européenne peut être envisagé d'après la structure du récit messianico-millénariste, l'Europe unie exerçant la fonction messianique d'inauguration d'une période d'harmonie. Néanmoins, la Déclaration Schuman est un texte où l'esprit fonctionnaliste s'impose, où des propositions concrètes sont réalisées en vue de l'institutionnalisation de l'Europe. Cela étant, ce n'est pas un texte qui envisag l'émergence d'un récit fédérateur ou encore la description d'une communauté de destin. Il s'agit plutôt d'une première affirmation des « réalisations concrètes » nécessaires à la création d'une « solidarité de fait ». Cette solidarité est donc de nature institutionnelle et non pas une solidarité de sens qui pourrait être identifié et partagé par les peuples européens.

Certes, la Déclaration Schuman établit la paix comme finalité du projet, mais l'unité elle-même n'est pensée que d'après la création d'institutions et non pas d'après une représentation partagée par ses membres. C'est pourquoi l'essentiel de cette Déclaration concerne la mise en place d'une communauté légale dont la communauté morale n'est donnée que de manière intuitive sans être vraiment explicitée. Ce qu'il fallait souligner dans cette proposition, c'était la création d'une structure supranationale – la

Haute Autorité commune – et, ainsi, l'institutionnalisation d'une force au-delà des souverainetés nationales.

En faisant d'un texte de nature fonctionnaliste l'acte fondateur de l'unité, l'Europe sera faite, par la suite, avec la conviction que l'empathie entre les Européens et la paix souhaitée découleront de l'intégration institutionnelle. La formation d'une communauté économique envisagée par la mise en commun des productions de charbon et d'acier ne serait alors que la première étape en vue de la formation d'autres communautés relatives à d'autres domaines. La communauté politique européenne devrait être la conséquence de l'intégration progressive des prérogatives nationales dans les compétences des institutions supranationales. Autrement dit, elle serait le résultat d'une européanisation verticale réalisée par le haut.

La signature du Traité de Paris a respecté l'intention première des pères fondateurs. Par la création d'une Haute Autorité commune, le Traité a mis en place une institution supranationale dont l'action était reconnue par les États signataires. Il s'agissait, comme exprimé dans la Déclaration Schuman, des « premières assises concrètes d'une Fédération européenne indispensable à la préservation de la paix » et, ainsi, la première étape en vue du dépassement de la souveraineté nationale exclusive.

Depuis son origine, la construction politique européenne pose le principe de souveraineté comme problème fondamental. Toute son évolution sera rythmée par la tension entre ceux qui sont favorables à la souveraineté partagée qui caractérise le fédéralisme et ceux qui s'y opposent en défendant les souverainetés nationales. Pour ces derniers, « il n'y a pas de réalité européenne en dehors de nos nations et des États qui en sont l'expression », comme l'a soutenu Charles de

Gaulle[192]. En effet, selon les confédéralistes, le seul pouvoir légitime est celui qui résulte de la volonté nationale que l'État représente. En ce sens, une Europe politique serait nécessairement une Europe illégitime. Elle serait démunie de représentativité puisque démunie de peuple à représenter.

Si la création de la Haute Autorité européenne a constitué une victoire pour les fédéralistes, l'échec trois ans plus tard du Traité établissant une Communauté Européenne de Défense a été le moment décisif pour l'affirmation des souverainistes. L'enthousiasme provoqué par la rectification de la CECA a motivé les fédéralistes à proposer la création de la Communauté Européenne de Défense. Dans le cadre de la Communauté Politique de Défense, la CED prévoyait le transfert de compétences dans les domaines de la politique étrangère et militaire vers une instance politique supranationale.

Démunis de leur souveraineté dans ces deux domaines, les États-nations perdraient aussi ce qui faisait d'eux des sujets internationaux à part entière, c'est-à-dire leur droit à assurer leur propre sécurité ainsi que l'autonomie dans les décisions qui concernent leur destin sur la scène internationale. Le rejet du projet de défense européenne n'a pas eu comme seule conséquence l'échec de la CED. Il représente également l'échec de l'une des tentatives les plus ambitieuses de réaliser l'unité fédérale européenne.

Entre les tenants de la supranationalité et ceux de la coopération interétatique, entre la vision fédérale et la vision confédérale de l'Europe se positionne le fonctionnalisme comme méthode de construction de l'unité politique. Le fonctionnalisme a été théorisé par Jean Monnet et explicité dans la Déclaration Schuman en

---

[192] Discours prononcé à Grenoble le 7 octobre 1960, cité par Yann Fouéré, *L'Europe aux cent drapeaux*, Paris, Presses d'Europe, 1968, p. 37.

tant qu'instrument qui vise l'intégration progressive des compétences nationales dans les institutions européennes. Il prend de l'importance avec le Traité de Rome de 1957. L'échec de la CED avait mis en évidence le fait que les conditions n'étaient pas réunies pour l'unité politique et que le bon fonctionnement des institutions créées dépendait plus de la clarification de leurs compétences que de la finalité du projet.

C'est l'Europe possible qui s'affirme à Rome dans un contexte où un compromis a dû être trouvé entre les partisans de l'intégration et ceux qui s'y opposaient. Ce compromis a impliqué l'absence de référence à la finalité politique de l'intégration économique que le Traité de Rome envisageait avec la création d'un marché commun. Autrement dit, la victoire du fonctionnalisme a été la victoire de la technocratie. Depuis lors, l'accent n'a plus été mis sur l'ambition de créer une Fédération européenne, mais sur la seule harmonisation législative en vue du démantèlement des barrières aux échanges économiques à l'intérieur de la Communauté.

Le fonctionnalisme crée une Europe technocratique dont l'action se réduit à deux champs : l'harmonisation législative et la réglementation des rapports entre les institutions. Sur ce dernier point, le Traité de Rome marque une étape importante dans l'évolution de la construction européenne. C'est avec ce Traité que le jeu institutionnel tel que nous le connaissons aujourd'hui s'est établi. Certes, les prérogatives des institutions ont changé depuis. Néanmoins, le souci de trouver un équilibre entre les agents d'une souveraineté devenue partagée ne quittera plus la scène européenne.

Inspirée par la Haute Autorité instituée à l'occasion de la ratification du Traité de Paris, la Commission créée avec le Traité de Rome devrait représenter l'intérêt supranational européen. C'est pourquoi l'action de ses membres a été conçue indépendamment des pouvoirs nationaux et cela malgré leur nomination par les gouvernements des États membres. Seule la Commission pouvait proposer des lois nouvelles et mettre en œuvre la législation. C'était pourtant au Conseil des ministres que revenait la compétence d'approuver les propositions de la Commission. Composé par les représentants des gouvernements des États membres, le Conseil s'assumera comme l'institution représentative des intérêts nationaux.

Pour faire face à une institution supranationale forte telle que la Commission, a été créée une institution intergouvernementale où le droit de veto était appliqué à tous les domaines qui ne concernaient pas le droit communautaire. De son côté, la Cour de Justice, créée six ans auparavant, renforce son pouvoir avec la reconnaissance de la primauté du droit communautaire sur le droit national. Finalement, sur l'Assemblée parlementaire, organe qui était censé représenter le peuple européen, le Traité de Rome ne prévoyait que l'élection des députés au suffrage universel, mesure qui n'a été appliquée que vingt ans plus tard.

Avec le Traité de Rome, un système institutionnel est fixé de façon à ce que les agents européens pussent communiquer et trouver les consensus nécessaires. Les défenseurs de la souveraineté nationale et de la logique intergouvernementale avaient réussi à freiner la marche vers le fédéralisme européen. Néanmoins, ils n'ont pas pu empêcher qu'une conception nouvelle de souveraineté n'émergeât avec le partage du pouvoir entre des institutions différentes, certaines à caractère supranational. La construction européenne devient alors une affaire qui consiste à déterminer les prérogatives de chaque institution et à trouver l'équilibre entre une Commission qui représente l'intérêt général, un Conseil des ministres représentatif des intérêts étatiques, une Assemblée qui devrait devenir l'expression de l'intérêt des peuples et une Cour de Justice qui veille au respect des Traités signés.

Cette politique de recherche d'équilibres a, une fois encore, été le principe dynamique du sommet de Paris de décembre 1974. Le besoin d'une plus grande coopération entre les États membres a motivé la création d'un Conseil de chefs d'État et de gouvernement. Ce Conseil européen allait permettre l'institutionnalisation de réunions au plus haut niveau, les politiques communes étant régulièrement discutées par les chefs d'État et de gouvernement qui devenaient, par conséquent, des membres à part entière d'une structure communautaire. Il s'est agi de la reconnaissance de l'importance des intérêts particuliers des États membres pour la formation d'un intérêt général européen.

Néanmoins, le sommet de Paris n'a pas uniquement servi à la création du Conseil européen dans la mesure où l'élection du Parlement européen au suffrage universel direct y a été acceptée. Prévue par l'article 138 du Traité de Rome, l'élection au suffrage universel direct du Parlement européen a toujours été une question importante dans le processus de construction européenne, dans la mesure où s'y joue le conflit entre les fédéralistes et confédéralistes. Si ces derniers ont eu gain de cause avec la création du Conseil européen, cette institution a été contrebalancée par l'introduction du suffrage universel direct pour la constitution du Parlement européen, dont les prétentions de voir son pouvoir renforcé gagnaient une légitimité démocratique.

Une fois encore, ce fut le principe dynamique de la construction politique européenne qui a été mis en marche. Au moment précis où les plus hauts représentants de la forme stato-nationale trouvent leur place à l'intérieur du système institutionnel européen, l'intérêt supranational cherche sa légitimation par la formation d'un Parlement composé par des députés élus directement par les peuples. C'est, finalement, une construction européenne qui cherche sa légitimité non seulement dans l'intérêt des États membres ou dans l'expertise de la Commission et de la Cour de Justice, mais également dans la volonté exprimée par les Européens.

C'est avec la Commission Delors que l'une des mesures les plus symboliques de la construction européenne a été élaborée : celle du marché intérieur libre. Dans son discours d'investiture prononcé au Parlement européen, Jacques Delors a affirmé son intention de définir une date précise pour la concrétisation du marché unique. Pour cela, la Commission travaillait à la rédaction du « Livre blanc sur l'achèvement du marché intérieur », lequel a déterminé l'abolition, prévue pour le 1er janvier 1993, de toutes les frontières physiques, techniques et fiscales à l'intérieur de l'espace européen. Il s'est agi d'une véritable mise en cause de l'un des principes fondamentaux sur lequel l'État-nation s'était constitué au fil des siècles, c'est-à-dire la maîtrise de ses frontières nationales.

C'est également la Commission Delors qui a mis en place un nouvel instrument œuvrant vers la constitution de ce que, dans son discours du 17 janvier 1990 prononcé au Parlement européen, Jacques Delors a qualifié de « fédéralisme moderne ». Il s'agit du principe de subsidiarité, de l'idée d'après laquelle l'action de la Communauté est restreinte aux domaines dans lesquels les États ne peuvent pas agir de manière efficace. Le principe de subsidiarité suggère ainsi l'existence d'un partage du pouvoir où la compétence des agents exécutifs dépend de l'efficacité de leur action. En tant qu'il présuppose un pouvoir partagé, le principe de subsidiarité manifeste que les ambitions fédéralistes conditionnaient toujours la construction européenne, même si elles n'étaient plus affichées clairement dans les textes européens. C'est ce qu'une lecture du Traité de Maastricht inspire.

En effet, celui-là prévoyait la mise en circulation de la monnaie unique le 1er janvier 1999, touchant ainsi, après l'abolition des frontières économiques, à un principe de plus de l'indépendance nationale qu'est le pouvoir que chaque État possède d'émettre sa propre monnaie. Néanmoins, le mot fédéralisme a été retiré du texte et la politique extérieure de l'Union Européenne demeurait dépendante du vote à l'unanimité, alors que les divisions et hésitations de l'Europe face à la guerre du Golfe manifestaient la nécessité de former des consensus dans cette matière.

Le Traité de Maastricht a pourtant été l'occasion de clarifier le système institutionnel européen par la reconnaissance de trois piliers différents qui traduisent trois logiques distinctes : la logique fédérale qui rassemble les Communautés existantes (CEE, CECA, EUROTOM) ; la logique confédérale de la politique extérieure et de Sécurité Commune où les États s'engagent à renforcer leur coopération même si le droit de veto était maintenu ; la logique intergouvernementale qui concernait la Justice et les Affaires Intérieures. C'est également avec le Traité de Maastricht que le principe de subsidiarité a été érigé au rang de principe moteur des relations entre les États et la Communauté, renforçant davantage la nécessité communautaire de bien déterminer les prérogatives de tous les agents européens.

Les Traités signés au fil de la construction européenne mettent en évidence le fait que le discours européen s'est toujours développé autour d'un langage juridique qui vise le discernement des compétences de chaque institution communautaire. En ce sens, il s'agit d'un discours d'experts pour des experts qui néglige la majorité de la population européenne au nom de laquelle, pourtant, l'Union est censée agir. C'est la conscience de cette distance qui a motivé le Traité d'Amsterdam de 1997, dont une partie importante du texte concerne les droits des citoyens. Non seulement la Cour de Justice acquiert une compétence en matière des Droits de l'Homme, comme le Conseil européen peut également constater à l'unanimité une violation grave des Droits de l'Homme par un État membre et décider, à la majorité, des sanctions à exécuter. En plus, le Traité d'Amsterdam intègre les conventions de Schengen qui élargissent aux personnes la libre circulation à l'intérieur de l'espace européen.

La volonté de rapprocher les citoyens de la construction européenne s'est manifestée encore lors du Conseil européen de Tampere en octobre 1999. Les États membres ont voulu clarifier la nature de la citoyenneté européenne avec l'élaboration d'une Charte des Droits Fondamentaux qui devrait figurer dans la Constitution future dont les travaux d'élaboration venaient de commencer. Néanmoins, le Traité établissant une Constitution pour l'Europe, signé à Rome en octobre 2004 par les États membres, prendra une tournure inattendue avec son rejet par référendum en France et au Pays-Bas.

Le discours européen n'avait pas changé et demeurait inintelligible, comme le montrent les dizaines de sections et sous-sections d'un texte qui était censé devenir le socle de l'Europe politique. L'existence d'une Europe technocratique ainsi que la présentation d'un texte illisible ont provoqué le chiasme entre l'Union et les peuples. Non seulement le texte était incompréhensible, comme il exprimait aussi l'hésitation dans laquelle la construction européenne s'est toujours réalisée, à commencer par son intitulé. Il était à la fois un traité international devant être ratifié par chaque État membre, suivant donc la logique du droit international, ainsi qu'une constitution dans la mesure où le texte incluait une référence à des valeurs communes partagées par les Européens. Autrement dit, en incluant dans son intitulé la nature à la fois intergouvernementale du traité et supranationale de la constitution, le texte ne faisait que reproduire un conflit qui dynamise l'Union depuis plus d'un demi-siècle.

De ce conflit a résulté une conception nouvelle de souveraineté qui est déjà un dépassement de la conception moderne d'État-nation. Malgré l'opposition de la part des défenseurs de la souveraineté nationale, la construction européenne a mis en place un système de pouvoir dans lequel les États-nations ne sont qu'un agent parmi d'autres. Alors que les États-nations font valoir leurs volontés dans les institutions intergouvernementales, telles que les Conseils ou encore l'Eurogroupe, une volonté supranationale s'est formée avec la Commission et le Parlement, les conflits entre ces agents différents étant résolus par une Cour de Justice qui décide d'après le droit qui résulte des traités signés et ratifiés. La souveraineté partagée européenne a mis en cause la souveraineté exclusive des États, l'évolution de la construction politique dépendant alors de l'équilibre des pouvoirs, des prérogatives attribuées à chaque institution de la machine européenne. En conséquence, la construction européenne se réalise par la rationalisation de l'espace européen grâce à une mise en ordre des relations entre des institutions dotées de pouvoirs reconnus par les États membres lors de la signature et ratification des traités.

c) L'utopie procédurale

La construction européenne suggère que sa communauté politique se réduit à la création d'un espace juridique commun qui dépasse l'échelle nationale. La thèse soutenue par Edgar Grande et Ulrich Beck dans *Pour un empire européen* nous aide à comprendre ce passage de ce qu'ils nomment la Première Modernité à la Deuxième Modernité, dont le trait caractéristique est dans le remplacement de la souveraineté juridique nationale par la souveraineté juridique européenne. A ainsi lieu le dépassement de la forme politique stato-nationale et l'émergence d'une forme cosmopolitique où la Cour de Justice européenne joue le rôle d'« entrepreneur cosmopolitique »[193]. L'Union Européenne, traduit-elle alors l'hégémonie du Droit sur le Politique ?

Ulrich Beck et Edgar Grande divisent la Modernité en deux périodes distinctes. La première période est celle de l'État-nation en tant qu'institution fondamentale du pouvoir. C'est la période où le pouvoir s'organise d'après la logique de l'univocité qui s'exprime par un processus d'homogénéisation administrative, mais aussi culturelle. Ce processus d'homogénéisation à l'intérieur des frontières administratives est doublé par un processus d'hétérogénéisation à l'extérieur qui implique des démarcations bien distinctes entre les États. La logique de l'univocité de la Première Modernité est une logique d'alternative exclusive où, à l'intérieur des frontières, le processus d'homogénéisation tend à effacer les différences alors que, à l'extérieur, celles-là sont affirmées. La Première Modernité correspond donc à la période de nationalisation de la société européenne, incompréhensible sans la prise en considération des oppositions élémentaires entre identité et altérité. L'Europe des nations est donc l'Europe des univocités identitaires.

La Deuxième Modernité est caractérisée par un changement de logique. Ce n'est plus la logique de l'alternative exclusive qui détermine l'institutionnalisation

---

[193] Ulrich Beck et Edgar Grande, *Pour un empire européen*, Flammarion, 2007, p. 64.

du pouvoir, mais celle « de l'inclusion additive »[194]. Dans un monde où les communautés deviennent de plus en plus déterritorialisées, l'enjeu politique devient l'intégration institutionnelle de la plurivocité. C'est pour cette raison qu'Ulrich Beck et Edgar Grande ne parlent pas d'une rupture radicale entre la Première et la Deuxième Modernité, mais de *dialectique de continuité et de discontinuité*. La différence n'est pas annulée, il n'y a pas le refus des identités nationales. Bien au contraire, celles-là sont affirmées dans la mesure où « l'Europe cosmopolitique ne peut exister sans l'Europe nationale », le cosmopolitisme lui-même étant « enraciné dans les nations »[195].

Le concept de cosmopolitisme est un concept essentiel pour comprendre la nouvelle réalité européenne. Il permet de penser l'Europe politique au-delà des dualités héritées de la Première Modernité et ainsi de « concevoir de nouvelles formes démocratiques de domination politique par-delà les États-nationaux »[196]. Il présuppose la reconnaissance de l'altérité aussi bien au niveau national qu'au niveau international. Ce qui veut dire que le cosmopolitisme politique présuppose la reconnaissance de la multiplicité des consciences individuelles puisque ces dernières ne peuvent pas être réduites à une homogénéisation culturelle, ainsi que la reconnaissance des consciences collectives avec l'existence d'une multiplicité de nations intégrées dans l'espace juridique européen.

Néanmoins, l'Europe politique ne se réduit pas à une Europe de la différence dans la mesure où le cosmopolitisme présuppose également l'existence de normes universelles partagées par les membres de l'Union.

---

[194] Cf. *Idem*, pp. 47-50.
[195] *Idem*, p. 30.
[196] *Idem*, p. 24.

Ces normes universelles sont le résultat de l'européanisation juridique, c'est-à-dire elles sont le résultat d'un processus : « L'Europe n'existe pas, seule existe l'européanisation, comprise comme un processus institutionnalisé de transformation sur le long terme »[197]. De la même façon que la nation a été créée par État, l'Europe doit, elle aussi, être politiquement instituée par l'émergence d'une culture juridique européenne.

Sur ce point, Edgar Grande et Ulrich Beck attribuent une importance primordiale à la Cour de Justice. C'est elle qui agit pour que le droit national se soumette aux principes du droit européen reconnus par les États membres lors de la ratification des traités. En veillant au respect du droit communautaire, la Cour de Justice s'assume comme la protectrice d'un droit dont les principes ne dépendent pas de l'enracinement national, mais de la volonté partagée par les membres de l'Union.

Or, c'est précisément ce changement d'échelle juridique qui pose le problème de la légitimité du droit européen, de son *auctoritas*. En ce qui concerne l'État-nation, cette légitimité est assurée par l'autolégislation du peuple. Jürgen Habermas a bien démontré l'importance de l'idée démocratique pour l'évolution de l'État moderne[198]. Celui-là s'est d'abord affirmé en tant qu'État administratif et fiscal, en tant qu'appareil gestionnaire qui s'est doté des moyens nécessaires pour exercer des fonctions relevant du droit public. Néanmoins, un tel État ne pouvait pas faire valoir son droit si le cadre de son action n'était pas bien défini. La gestion efficace de la société exigeait la délimitation de celle-là à l'intérieur d'un État territorial.

Ensuite, la délimitation territoriale de la société a correspondu à la formation d'un ensemble qui s'est

---

[197] *Idem*, p. 16.
[198] Voir notamment *Après l'État-Nation. Une nouvelle constellation politique*, Paris, Fayard, 2000, pp. 49-54.

homogénéisé par l'intégration culturelle. Ce fut grâce à cette intégration culturelle que des sociétés constituées par des consciences individuelles et multiples ont pu acquérir des consciences nationales, c'est-à-dire devenir des peuples. L'État moderne se constitue alors en tant qu'État-nation ainsi que le cadre privilégié pour le développement de la démocratie, le peuple devenant une « communauté de citoyens »[199] responsable pour son propre destin. En conséquence, l'appareil administratif qu'est l'État légitime son action en se présentant comme le résultat de la volonté générale. Voilà l'idée démocratique d'autolégislation à l'œuvre dans l'État-nation :

> un ordre voulu par le peuple lui-même, légitimé par la formation libre de l'opinion et de la volonté de ce même peuple, ordre qui permet aux destinataires du droit de se comprendre en même temps comme ses auteurs.[200]

Avec la supranationalité européenne, l'idée démocratique d'autolégislation nationale est mise en cause. D'une part, les législations appliquées à l'intérieur des États membres de l'Union ne résultent plus de la seule volonté nationale. D'autre part, le droit communautaire lui-même est affaibli par l'absence d'un peuple et donc d'une volonté européenne. En s'inspirant de la notion kantienne d'espace public, Jürgen Habermas propose une conception procédurale et délibérative de démocratie afin de résoudre le problème du déficit démocratique de l'Union Européenne.

La conscience européenne, c'est-à-dire la reconnaissance subjective de l'appartenance à un ensemble européen, serait à former à partir de la constitution d'un espace public commun dynamisé par des

---

[199] Dominique Schnapper, *La communauté de citoyens*, Paris, Gallimard, 1994.
[200] Jürgen Habermas, *Après l'État-Nation*, p. 54.

relations intersubjectives. C'est l'espace où les Européens devront s'exprimer et interagir avec d'autres Européens qui partagent la même liberté d'expression. En effet, la communication est conditionnée par la reconnaissance juridique de la dimension morale des individus. Ce qui signifie que la création de l'espace public européen est associée à une normativité fondée aussi bien sur les droits individuels, sur les libertés fondamentales, que sur les droits politiques et l'égale participation à la vie politique.

Cette conception de relations intersubjectives résulte dans une conception procédurale de démocratie. Les débats qui ont lieu sur l'espace public sont bien soumis à des règles – les droits fondamentaux – que tous doivent respecter. La vision procédurale de la vie politique réduit ainsi la démocratie à une question de forme. Il n'y a pas un contenu qui s'impose. La question de la démocratie est, bien au contraire, la question de la multiplicité de consciences individuelles qui communiquent entre elles. Cette intersubjectivité constitue la communauté politique et, c'est à partir du consensus généré que les lois émergent, les citoyens reconnaissant leur validité légale – le respect des normes – même si certains s'opposent à leur contenu. Ainsi, cette validité concerne le respect de la procédure et non pas la substance de la loi.

Dans la même tradition kantienne, Jean-Marc Ferry réduit la vision procédurale de la démocratie à trois principes forgés par la Modernité : la civilité, la légalité et la publicité[201]. Selon Jean-Marc Ferry, la création d'un espace public est associée à l'existence de principes moraux partagés par les membres de la communauté. Ce sont ces principes qui harmonisent les règles de conduite sociale et qui deviennent le cadre normatif des sociétés libérales. L'idée d'autolégislation ne s'impose pourtant

---

[201] Jean-Marc Ferry, *De la civilisation. Civilité, légalité, publicité*, Paris, Les Éditions du Cerf, 2001.

que lorsque l'appareil législatif d'un État résulte de l'accord public des consciences individuelles transformées en conscience collective. Cela étant, la légitimité des lois dépend de la délibération collective par laquelle les citoyens donnent leur accord à une loi dont ils sont les destinataires ainsi que les agents de décision.

C'est sur cette conception procédurale et délibérative que Jürgen Habermas et Jean-Marc Ferry envisagent la légitimité normative de l'Union Européenne. Une telle conception ne présente pas une rupture dans l'histoire politique de l'Europe, mais une évolution qui est un changement d'échelle. Selon Jürgen Habermas, la construction européenne se trouve dans le même mouvement d'abstraction qui a guidé la constitution de l'État moderne. Le principe d'autolégislation démocratique présuppose déjà un cadre de discussion universellement accepté par les citoyens, un cadre existant grâce à des principes moraux partagés et dans lesquels les membres de la communauté se reconnaissent. Ce cadre, c'est celui des sociétés libérales qui fondent l'espace public de discussion sur les droits fondamentaux qui, eux, sont indépendants de l'enracinement local. Ainsi, l'État moderne a été une étape dans le processus d'universalisation des consciences en élevant l'individu de la conscience locale à la conscience nationale. Avec l'Union Européenne, il s'agit de prolonger ce mouvement à une conscience collective élargie au cadre européen.

Avec la diffusion en Europe de la forme stato-nationale se sont aussi propagés les principes universels qui constituent le socle normatif des sociétés modernes. Grâce à cette propagation, le changement d'échelle de l'idée d'autolégislation devient envisageable dans la mesure où les Européens partagent déjà une culture civique commune. Le succès lui-même de la forme stato-nationale a créé les conditions pour son dépassement par l'universalisation d'une conception de pouvoir où la légitimité de celui-là repose sur le respect des Droits fondamentaux ainsi que sur la participation active des citoyens à l'élaboration des lois devenues l'expression formelle d'un vouloir commun.

Néanmoins, cette culture civique européenne, possède-t-elle un espace public pour s'exprimer et former un vouloir commun ? D'ailleurs, cet espace public peut-il être réduit aux normes de la discussion rationnelle ? Benedict Anderson a montré dans *L'imaginaire national* que, dans le cadre de l'État-nation, la création de l'espace public n'a pas dépendu exclusivement de la création de normes résultantes de l'interaction entre les citoyens. Au-delà de la normativité étatique, la création de l'espace public national a été associée à l'émergence d'un espace imaginaire commun aux membres de la nation.

> Dans un esprit anthropologique, je proposerai donc de la nation la définition suivante : une communauté politique imaginaire, et imaginée comme intrinsèquement limitée et souveraine.[202]

Une nation est d'abord imaginaire dans la mesure où ses membres, pour la plupart, ne se croiseront jamais et, pourtant, ils partagent une affinité qui résulte de l'existence d'une image commune de ce qu'ils sont. Ensuite, elle est imaginée parce que cette image commune est une création de l'imagination qui rassemble des données issues de la culture, des coutumes et de l'histoire pour créer un récit reconnu par les membres de la communauté. C'est sur cette représentation commune que peuvent alors être établies les frontières de la communauté tout en légitimant sa prétention à maîtriser son destin.

L'intérêt des réflexions de Benedict Anderson pour la question de l'espace public européen tient à ce qu'il a mis

---

[202] Benedict Anderson, *L'imaginaire national. Réflexions sur l'origine et l'essor du nationalisme*, La Découverte, 2010, p. 19.

en évidence les conditions qui ont permis l'émergence de l'espace public national :

> Ce qui, de manière positive, a rendu les nouvelles communautés imaginables, c'est l'interaction à demi-fortuite, mais explosive, entre un système de production et de rapports de production (le capitalisme), une technique de communication (l'imprimé) et la fatalité de la diversité linguistique.[203]

C'est dans le processus de formation de la langue commune que se trouve l'élément déclencheur de la création de l'espace national. En faisant face à la saturation du marché élitiste de langue latine, l'édition a dû se tourner vers la publication en langue vernaculaire. Deux faits ont contribué pour cela : la Réforme et la traduction de la Bible dans les langues vernaculaires ; l'utilisation des langues vernaculaires en tant qu'instruments de centralisation administrative.

Sur ce deuxième point, Benedict Anderson affirme que les langues vernaculaires administratives existaient bel et bien avant l'imprimé. Néanmoins, ce n'est qu'avec l'officialisation des langues d'État et la conséquente édition de documents officiels en langue vernaculaire que cette dernière s'est stabilisée et « contribua à forger cette image d'ancienneté tellement capitale pour l'idée de nation »[204]. Cette image d'ancienneté a été d'autant plus importante pour l'idée de nation qu'elle a été renforcée par l'éducation nationale et l'essor de la presse écrite.

L'éducation nationale et la presse écrite ont été essentielles pour la transformation des langues d'État en langues nationales, c'est-à-dire pour la transition d'une langue administrative à une langue de masses. Grâce à ces deux instruments, tous les citoyens d'un État pouvaient

---

[203] *Idem*, p. 54.
[204] *Idem*, p. 55.

faire l'usage du même moyen de communication, faisant ainsi d'une communauté nationale une communauté linguistique. Pourtant, cette homogénéisation de la langue ne s'est pas réduite à la simple forme. Elle s'est accompagnée d'une harmonisation du contenu.

La langue nationale n'était pas destinée à devenir uniquement un instrument, il fallait encore qu'elle traduise un contenu partagé afin d'homogénéiser les représentations et susciter ainsi le sens du collectif. C'est pour cette raison que, pour l'État-nation du XIXe siècle, la particularité de la langue nationale a été associée à la spécificité d'une identité : la langue nationale devient l'incarnation de l'esprit du peuple et sa reconnaissance synonyme d'autonomie culturelle et politique.

Des nations existent sans que pour autant il y ait une langue unique parlée par tous les membres de la communauté. Ce qui pourtant doit exister, c'est la représentation commune de ce que l'ensemble des individus sont et veulent devenir en tant qu'être collectif. C'est pour cette raison que le XIXe siècle n'a pas été seulement la période de nationalisation des langues. Il a également été, comme Anne-Marie Thiesse le montre dans *La création des identités nationales*[205], la période de formation des histoires nationales grâce auxquelles l'affinité de la communauté était fondée dans la durée.

La formation de l'espace public national n'a pas dépendu exclusivement d'un cadre normatif inspiré d'une conception de l'individu en tant qu'être rationnel qui communique avec d'autres êtres rationnels. Cette approche rationaliste de la société a été accompagnée par la création d'un imaginaire commun sur lequel s'est fondée la fraternité, le sentiment de coappartenance au même groupe. L'attachement aux normes universelles qui

---

[205] Anne-Marie Thiesse, *La création des identités nationales. Europe XVIIIe-XIXe siècle*, Éditions du Seuil, 2001.

caractérise le patriotisme constitutionnel, est-il suffisant pour créer une communauté politique ? Les relations intersubjectives, peuvent-elles être réduites à la discussion rationnelle entre les citoyens ? Finalement, cette conception de démocratie, n'est-elle pas parfaite pour un peuple de dieux, comme le dirait Rousseau ?

Si les principes rationnels qui structurent la société européenne peuvent constituer une référence commune, leur pouvoir de mobilisation est faible quand comparé à celui des imaginaires nationaux qui forgent toujours les représentations de la vie collective des peuples européens. Les mythes de fondation, les figures symboliques ou encore la sacralité de la langue nationale sont autant de fondements des cultures nationales qui spécifient les identités, lesquelles gardent l'ambition de s'affirmer en tant qu'êtres collectifs indépendants. Jean-Marc Ferry reconnaît lui-même que :

> Culturellement différenciées et politiquement autonomisées, les nations d'Europe opposent en conséquence une résistance particulière à leur intégration pure et simple dans un État supranational.[206]

Ce faible pouvoir de mobilisation n'est que la conséquence du manque d'affinité que le discours juridique et le cadre constitutionnel suscitent. Les récits nationaux ont réussi à s'imposer parce que l'État moderne s'était doté des moyens pour les populariser, notamment par l'éducation nationale. Néanmoins, ils ont fait également appel à des croyances et traditions déjà présentes dans les communautés. Le récit national ne fait qu'organiser ces données protonationales de façon à créer un tout cohérent et intelligible capable de représenter l'unité du groupe.

---

[206] Jean-Marc Ferry, *La question de l'État européen*, p. 16.

Le sentiment national devient un sentiment de masses que le patriotisme constitutionnel ainsi que le droit cosmopolitique n'arrivent pas à contrebalancer. Certes, l'européanisation horizontale est un mouvement actif dans la société européenne contemporaine. Que ce soit dans le domaine de l'économie ou encore dans ceux de l'éducation et de la culture, des échanges ont lieu tous les jours contribuant à la création d'affinités. Pourtant, l'Europe vécue dans sa diversité demeure un espace réservé à une élite, ce qui a comme conséquence le fait que, pour la majorité des peuples européens, le cadre national demeure le seul cadre de référence.

La conception de démocratie procédurale détermine l'absence d'espace public européen comme la cause du manque de légitimité de l'Union Européenne. Néanmoins, la conception même de démocratie procédurale possède ses limites. En réduisant la dimension affective de la société européenne à l'attachement à des normes juridiques, elle a comme conséquence l'effacement du corps politique. L'ordre juridique s'impose à l'ordre politique et, en ce faisant, limite la vie commune à une question de forme qui néglige le contenu, le sens qui seul peut dynamiser la communauté. Cette hégémonie de la forme implique la transformation de la démocratie en technocratie où ce n'est plus la vision du monde partagée qui oriente la vie collective, mais l'expertise d'une élite qui maîtrise le discours juridique. Finalement, et tel que le fonctionnalisme européen, la conception de démocratie procédurale participe d'une utopie de la raison instrumentale : la communauté politique est réduite à la maîtrise d'un appareil institutionnel et à l'attachement à ses principes directeurs.

Chapitre VI : L'EUROPE ENTRE L'EMPIRE ET LA NATION

L'hypothèse de l'Union Européenne en tant qu'utopie procédurale s'est appuyée sur l'idée que l'institutionnalisation de l'unité européenne a eue comme conséquence la neutralisation des espérances motivées par le projet lui-même. Des institutions européennes ont été créées ainsi qu'un droit communautaire qui a réussi à harmoniser les législations nationales. L'Union Européenne s'est donc dotée d'une structure administrative et d'un cadre légal qui réglemente les juridictions des États membres ainsi que les relations entre les différents agents européens.

Le cadre légal s'est complexifié avec l'intégration d'États membres nouveaux et l'attribution de prérogatives nationales aux institutions communautaires. Plus la structure européenne devenait complexe, plus le besoin de la maîtriser s'est fait ressentir. Ce n'est plus la finalité du projet qui oriente la construction européenne, mais le fonctionnement et les dysfonctionnements d'une machine qui a constamment besoin de réparation. L'utopie procédurale du projet européen se trouve dans cette attitude qui consiste à croire que la simple maîtrise de l'appareil administratif est suffisante à la consolidation d'une communauté politique.

Néanmoins, ce serait réducteur de limiter le concept d'utopie à l'illusion d'une communauté politique géométriquement organisée qui ferait de l'Union Européenne la nouvelle Amaurote. Dans l'utopie, il y a également l'émergence d'un monde de possibles, d'un espace-autre qui n'est pas en soi la négation de la réalité concrète, mais l'espace où toutes les réalités coexistent pour créer un monde nouveau. Comme dans le récit de Thomas More, l'utopie est ce non-lieu d'opposition entre des réalités d'où émergent des représentations nouvelles.

L'utopie européenne, ne peut-elle pas être le lieu de rencontre entre deux formes politiques opposées ? L'ambition européenne à vouloir concilier les intérêts particuliers et l'intérêt universel, n'exige-t-elle pas la conciliation entre la forme stato-nationale et la forme impériale ? Pour répondre à ces questions, j'analyserai les deux modèles d'unité politique qui se sont élaborés et affrontés sur le territoire européen. Cette analyse sera intégrée dans ce que je qualifie de *rythmologie européenne*. L'histoire de l'Europe sera présentée d'après un mouvement dans lequel le continent tend soit à la division soit à l'unité. Ce mouvement permettra d'émettre l'hypothèse que l'Union Européenne marque une période de tendance à l'unité après des siècles conditionnés par la division nationale.

Dans ce cadre d'analyse, le modèle impérial représente le modèle politique ayant été capable d'institutionnaliser l'unité en Europe. Il s'agira de montrer la spécificité du modèle impérial européen d'après ses sources romaine et chrétienne, lesquelles sont symptomatiques d'une identité européenne civilisatrice et universelle. La théorie de la *Renovatio Imperii* sera présentée comme la théorie fondamentale pour comprendre la permanence des rêves d'unité au long de l'histoire européenne. Il a permis le réinvestissement du rêve d'unité devenu un élément structurel de l'imaginaire politique européen.

L'État-nation sera présenté, à son tour, comme le modèle politique de la spécificité, c'est-à-dire de l'institutionnalisation de la différence. Nous verrons que la sécularisation moderne du politique n'a pas pour autant rompu avec la nécessité de fonder l'unité des communautés sur des représentations communes qui dépassent le cadre de la validité logique. Les théories politiques modernes ont eu une influence fondamentale pour la légitimation de la puissance étatique en appliquant au domaine du politique le principe d'autonomie de l'homme rationnel. Néanmoins, ce processus, qui s'accomplit avec l'émergence de la nation civique, a été accompagné par la création d'imaginaires nationaux auxquels les États ont fait appel pour renforcer leur légitimité. Avec l'État-nation a ainsi lieu l'établissement du principe d'identité entre le politique et la culture, ce qui implique qu'à l'indépendance de l'État doit idéalement correspondre une individualité nationale et culturelle.

Les modèles politiques de l'Empire et de l'État-nation peuvent être compris comme les deux pôles de l'imaginaire politique européen. D'un côté, se trouve le modèle impérial qui incarne politiquement le principe d'homogénéité, c'est-à-dire ce qui ressemble et peut rassembler les Européens : leur tendance à l'universel. De l'autre côté, se trouve l'État-nation qui traduit le principe de spécificité des peuples, ce qui les particularise à l'intérieur de l'*oikoumènè* européenne. La question qui est posée au projet contemporain d'unité politique est ainsi celle de sa capacité à vivre de la tension entre ces deux modèles contraires.

a) La rythmologie européenne

L'histoire de l'Europe a évolué au rythme de l'opposition entre des forces qui tendent à l'unité et celles qui tendent à la division. Dans *Europe, la voie Romaine*,

Rémi Brague établit une série de divisions constitutives[207] qui ont rythmé la culture européenne. Celle-là n'est pas pensée comme étant immobile, mais dynamique comme ses frontières, son expansion ou contraction ayant dépendu des événements historiques eux-mêmes.

La première dichotomie sur laquelle s'est fondée la culture européenne, Rémi Brague la place sur une ligne Ouest-Est qui démarque le monde méditerranéen du monde oriental. Elle commence par la séparation grecque à l'égard de l'Asie et se poursuit avec la conquête de la Méditerranée, laquelle s'accomplit pleinement avec le *mare nostrum* romain : « Cette conquête isole une *terre habitée* (*oikoumènè*) du reste de l'univers »[208].

À cette première dichotomie s'ajoute une deuxième qui divise l'espace méditerranéen selon un axe Ouest-Est qui sépare le Nord du Sud. C'est la division qui fait suite à la conquête musulmane du pourtour méridional de la mer intérieure. La particularité de cette division Nord-Sud est qu'elle s'est maintenue active au long des siècles. Les conquêtes musulmanes ont eu une influence essentielle dans l'histoire européenne dans la mesure où elles ont contribué à déplacer son centre gravitationnel au Nord de la Méditerranée. Avec les conquêtes musulmanes, l'histoire européenne assiste à l'entrée en scène des peuples venus du froid, dont notamment les Francs qui, avec Charlemagne, s'emparent du sceptre impérial romain.

La dichotomie Nord-Sud a également dynamisé la christianisation de l'espace européen. C'est face aux invasions musulmanes que les royaumes issus du démantèlement de l'Empire romain se convertissent au christianisme et créent une unité spirituelle. Cette unité a pourtant subi une division avec le schisme entre Latins et Byzantins. Le schisme de 1054 et la prise de

---

[207] Cf. Rémi Brague, *Europe, la voie romaine*, pp. 17-23.
[208] *Idem*, p. 17.

Constantinople en 1204 par les Croisés sont les deux dates majeures de la division entre un Occident catholique et latin et un Orient orthodoxe et grec. C'est à nouveau une division Ouest-Est qui est établie en Europe et qui s'est prolongée au Nord avec la conversion des peuples slaves soit au christianisme latin soit à celui du monde grec.

Une dernière dichotomie est relevée par Rémi Brague. Elle s'opère sur un axe Ouest-Est qui divise le Nord et le Sud de l'Europe. Cette dichotomie concerne exclusivement la chrétienté occidentale, désormais constituée par un Nord protestant et un Sud catholique. Cette division n'est pourtant pas rigide dans la mesure où les régions qui se trouvent sur son axe subissent une forte instabilité, comme la France et son indécision à appartenir soit au protestantisme soit au catholicisme.

C'est sur ces quatre « cicatrices »[209] que la culture européenne sera façonnée, quatre cicatrices qui manifestent que l'*européanité* s'est développée à partir de la formation de blocs d'unité à l'intérieur de l'espace européen. La scission primordiale entre le monde gréco-romain et le monde oriental constitue l'affirmation de l'Europe en tant qu'entité autonome séparée de l'Asie, alors que la deuxième la déplace définitivement au Nord de la Méditerranée. Les deux scissions suivantes sont constitutives d'unités stylistiques particulières qui se démarquent par opposition. L'évolution de la culture européenne se fait alors d'après les tensions entre un bloc latin et catholique au Sud, un bloc grec et orthodoxe à l'Est et un bloc germanique et protestant au Nord.

Les unités stylistiques sont démarquées par des langues et croyances distinctes. Leurs limites sont pourtant floues, avec des tensions qui créent des unités synthétiques sur les axes de division. La France est l'exemple majeur d'une unité synthétique qui ne s'est pas constituée par une

---

[209] *Idem*, p. 23.

épuration des styles, mais par leur tension. Placée sur l'axe de division Nord-Sud, la France est à la fois un pays latin et germanique et un pays catholique et protestant. En outre, de telles unités synthétiques peuvent également être trouvées à l'Est où le monde latin s'est concilié avec la foi orthodoxe comme en Roumanie, ou encore la foi catholique romaine s'est mélangée avec le monde slave comme en Pologne. Les dichotomies mises en évidence par Rémi Brague montrent l'existence de polarités différentes, les nations européennes n'étant que les résultats de combinaisons entre les unités stylistiques.

Krzysztof Pomian pense l'évolution européenne selon un rythme qui lui est caractéristique. Néanmoins, tandis que Rémi Brague pense l'évolution de l'Europe d'après des moments de rupture, le philosophe et historien franco-polonais soutient l'existence d'un mouvement cyclique caractérisé par l'existence de deux forces différentes, l'une qui tend à l'unité des peuples et l'autre à leur division.

La première unification européenne a lieu au XIIe siècle et concerne la chrétienté latine. Il s'agit d'une période marquée par les divisions politiques et par une forte instabilité qui contraste avec l'unité de la chrétienté latine[210]. Cette unité était pourtant le produit d'un processus qui a eu ses origines dans trois moments qui peuvent être qualifiés de protoeuropéens, dans la mesure où ils constituent les assises sur lesquelles se formera plus tard la conscience européenne. Ces trois moments sont :

---

[210] « Unité de croyances et des institutions ecclésiales, de la liturgie, du calendrier sacré. Unité de l'organisation de la société en ordres et similitude des représentations de ceux-ci face aux États taillés, quelques républiques urbaines mises à part, sur le même modèle. Unité de l'écriture, de la langue qu'utilisent les lettrés, de l'enseignement et du savoir profane, de l'architecture et des arts plastiques, qui présentent au demeurant des variantes locales. » Krzysztof Pomian, *L'Europe et ses nations*, Paris, Gallimard, 1990, pp. 52-53.

l'unité réalisée par l'Empire romain ; les invasions des peuples du Nord ; la *Renovatio imperii* accomplie par Charlemagne.

Ces trois moments sont, eux aussi, conditionnés par l'alternance entre les périodes qui tendent à l'unité et celles qui tendent à la division. Le premier moment est celui de l'unité forgée par Rome. Cette unité n'était pas seulement politique et administrative. Elle a également été culturelle grâce, notamment, à son unité linguistique. Le grec demeure la langue dominante dans les régions orientales, mais dans les régions occidentales de l'Empire le latin devient la langue officielle. En plus, « le droit romain s'impose dans toute l'Europe pour les relations entre particuliers », devenant « prépondérant sur les droits locaux »[211]. Pour la première fois dans l'histoire, une partie considérable de l'Europe présente une unité culturelle et administrative coextensive à l'unité impériale.

Cette unité sera détruite par les invasions barbares venues du Nord[212] qui, sur les ruines de l'Empire romain, sont à l'origine des royaumes qui marqueront par la suite l'histoire européenne. C'est une vraie division politique qui s'instaure avec le démantèlement de l'Empire romain, mais cette division politique n'a pas eu comme conséquence la division spirituelle. Bien au contraire, avec la formation des royaumes barbares, a eu lieu la conversion au christianisme.

---

[211] Jean Carpentier et François Lebrun, *Histoire de l'Europe*, Paris, Seuil, 1992, p. 95.
[212] « Au début du Ve siècle, ayant réussi à franchir le *limes*, les barbares investissent en masse la partie occidentale de l'Empire : les Vandales conquièrent l'Afrique, les Wisigoths s'installent en Espagne, les Ostrogoths pénètrent en Italie, les Burgondes et les Francs s'établissent dans la Gaule, les Angles et les Saxons sur les îles britanniques. Les Huns, les Alains et les Lombards viendront plus tard. » Krzysztof Pomian, *L'Europe et ses nations*, p. 20.

En descendant vers le Sud et en s'y installant durablement, la conversion au christianisme assurait à ces peuples la propriété des terres grâce à la reconnaissance du chef de l'Église. Le contexte politique qui émerge avec les invasions barbares est donc paradoxal. Au moment précis où la division de l'espace européen en royaumes différents est mise en place, une *auctoritas* s'affirme, c'est-à-dire l'Église, « seule institution du monde romain qui, pour avoir préservé ses cadres et ses structures, peut maintenir une continuité avec le passé »[213].

Le troisième moment protoeuropéen a lieu avec l'Empire de Charlemagne. Ce dernier a réussi l'unification d'un Occident alors émietté par les entités politiques qui sont nées après les invasions barbares. Il s'est agi de la première tentative de faire l'unité entre deux groupes culturels distincts tels que le groupe germanique et le groupe latin. L'Empire carolingien est caractérisé par Krzysztof Pomian en tant que *noyau organisateur*[214] de ce qui deviendra plus tard l'Europe. Non seulement l'Empire carolingien prétendait à l'unité, comme il annonçait également « ce qui, quelques quatre siècles plus tard, deviendra l'Europe » grâce à une structure qui préservait les « divisions internes, divisions linguistiques et ethniques »[215] tout en ayant développé une culture commune partout dans l'Empire.

L'Empire de Charlemagne inaugure, au cœur de la chrétienté latine, une période de paix et de prospérité qui justifie la *Renovatio imperii*, le rétablissement de l'Empire en Occident. Cette *Renovatio imperii* a eu deux conséquences pour l'histoire de l'Europe. Tout d'abord, une entité s'est affirmée comme l'héritière de l'Empire romain, s'opposant ainsi aux prétentions de Byzance. Cela

---

[213] *Idem*, p. 21.
[214] *Idem*, p. 26.
[215] *Idem*, p. 27.

creusera encore plus la distance entre le monde latin occidental et le monde grec oriental. En outre, avec l'Empire carolingien surgit une entité rivale de l'Église dans la mesure où ses ambitions étaient analogues à celles de la Papauté. Cette rivalité donne origine à un conflit entre l'Empire et l'Église qui éclatera au XIe siècle et qui se prolongera jusqu'à la naissance des États modernes[216].

Néanmoins, l'unité commencée par Pépin le Bref et accomplie par Charlemagne sera détruite par le Traité de Verdun de 843 et la division conséquente de l'Empire en trois royaumes : la *Francia occidentalis* de Charles le Chauve ; la *Francia orientalis* de Louis le Germanique ; entre ces deux royaumes, un troisième émerge, propriété de Lothaire et dont le territoire sera la cause de nombreux conflits qui ont subsisté jusqu'au XXe siècle. L'Empire carolingien ne représente donc pas seulement un moment d'unité en Europe occidentale. Avec son éclatement, il est également à la source d'une profonde division tellement décriée par Julien Benda[217] et qui n'a plus été dépassée. Il a pourtant laissé une trace qui perdura dans l'histoire européenne : l'Empire de Charlemagne a réhabilité le rêve d'unité politique sur un espace européen marqué par la diversité des communautés et créé, avec la Renaissance

---

[216] « dominant tous les peuples, il transcende les différences ethniques car il incarne la romanité, autant dire l'humanité, et est porteur d'une mission providentielle qui lui confère un caractère sacré. (...) un concurrent se dresse désormais, animé par des ambitions analogues qu'il a, contrairement à la papauté, les moyens de mettre en œuvre sans tarder. » *Idem*, p. 29.

[217] « Surtout, il faudra que vous changiez votre leçon sur le partage de Verdun ; qu'au lieu d'exalter cet événement parce qu'il rompit le bloc d'Occident et permit l'éclosion des nationalités, vous le déploriez pour cette raison ; que vous citiez avec respect le moine qui pleure : Au lieu de roi, on voit maintenant des roitelets ; ''l'universel est oublié, chacun ne pense plus qu'à soi'' » Julien Benda, *Discours à la nation européenne*, Paris, Gallimard, 1992, pp. 38-39.

carolingienne, les conditions nécessaires à l'émergence d'une communauté intellectuelle.

C'est cette communauté intellectuelle qui sera le fondement des deux unités européennes recensées par Krzysztof Pomian et qui sont de nature non pas politique, mais culturelle. La première a lieu au Moyen Âge avec la création des Universités[218], lesquelles vont nourrir une fraternité intellectuelle transeuropéenne. Dans les Universités cohabitaient des *nationes* différentes d'étudiants et l'enseignement était assuré par des professeurs qui, comme des pèlerins, parcouraient l'Europe.

En plus, les Universités ont engendré le *professionnel de l'enseignement*. La création d'un réseau d'Universités en Europe coïncide avec l'émergence d'un espace de liberté pour la raison humaine que celle-là revendiquera de plus en plus avec le passage des siècles. Tout d'abord, avec la culture scolastique qui s'est appuyée non plus, comme la culture monastique, sur les Écritures et les Pères de l'Église, mais sur les institutions d'enseignement. Ensuite, et à partir du XIVe siècle, avec la culture humaniste qui prônait « un retour aux modèles antiques et païens » et une rupture avec la « synthèse des traditions biblico-patristique et gréco-arabes »[219].

Néanmoins, cette unité culturelle européenne réussie par les Universités a également nourri les divisions futures. Avec la culture humaniste, l'enseignement s'est libéré de l'influence du clergé pour s'appuyer essentiellement sur des laïcs. Cette laïcisation de l'enseignement a impliqué l'enracinement de la culture dans le cadre des nations modernes naissantes qui, alliées à la Réforme, ont contribué au renforcement des divisions politiques en Europe. L'ambition réformiste d'un retour

---

[218] Cf. Krzysztof Pomian, *L'Europe et ses nations*, pp. 54-60.
[219] *Idem*, pp. 63-64.

aux sources de la foi s'est conciliée avec celle des États d'affirmer leur autorité et autonomie par une délimitation culturelle légitimatrice de la délimitation administrative. Les Réformistes s'appuieront sur les États pour affirmer leur indépendance à l'égard de l'autorité de Rome, alors que les États, à leur tour, s'appuieront sur les Églises locales pour soutenir l'exclusivité de leur pouvoir.

Le lien entre l'État et l'Église locale a été, en conséquence, consolidé par l'émergence progressive d'identités nationales ayant dans la culture en langue vernaculaire leur principe moteur. L'unité spirituelle s'effondre avec la multiplication d'églises nationales et disparaît aussi l'unité politique fondée sur l'*auctoritas* de l'Église[220].

Une nouvelle unité culturelle émerge aux XVIIe et XVIIIe siècles associée à la République des Lettres et aux Lumières. De Pierre Bayle à Kant, une conception d'humanité fondée sur la rationalité des individus est nourrie par des intellectuels pour qui la validité de la connaissance dépend de son accord avec la raison. En ce sens, aussi bien les individus devenus sujets que les choses en tant qu'objets sont réduits à ce qui est nécessaire et universel, tout ce qui a un rapport au particulier devenant de l'accidentel :

> En entrant dans la République des Lettres on laisse dehors son appartenance confessionnelle ainsi que les fidélités à l'égard de son pays, de son peuple, de sa famille même, assimilées les unes et les autres à l'accidentel, au particulier et au local, à ce qui n'est pas constitutif de l'être humain en tant que tel,

---

[220] « [...] fondée sur les mêmes croyances religieuses, la même liturgie, le même calendrier rituel et un espace sacré sans frontières internes avec la capitale à Rome, l'unité de l'Europe a cessé d'exister. » *Idem*, p. 81.

contrairement à la raison qui, seule, représente l'universel, le nécessaire et le global.[221]

Si la République des Lettres était un idéal à atteindre, elle était également une communauté réelle composée par des intellectuels qui échangeaient leurs travaux. Une telle communication était possible dans la mesure où le fondement des débats était la rationalité des propos, laquelle rationalité, grâce à son universalité, transcende ce qui est exclusivement particulier. C'est cet individu conçu rationnellement qui sera le fondement d'une conception cosmopolitique d'humanité ainsi que d'un programme à réaliser avec les projets de paix perpétuelle.

Avec de tels projets, la communauté d'êtres rationnels n'est plus réduite à une communauté d'intellectuels, mais doit être la finalité même de l'histoire à laquelle les États devront contribuer par l'adoption de constitutions républicaines qui placent leur principe de légitimité dans le consentement libre des citoyens. L'adoption de constitutions républicaines par les États rendrait possible l'émergence d'un droit cosmopolitique assurant la paix entre les citoyens et entre les États eux-mêmes. L'unité de l'humanité serait alors assurée par une Loi commune et universelle qui transcenderait les particularités nationales.

Pourtant, ces ambitions ont été freinées par un XIXe siècle où la nationalisation des États a impliqué l'enracinement de la culture européenne dans les identités nationales. Après la tentative impériale de Napoléon Bonaparte d'unifier le continent sous son autorité et celle d'un code commun, le XIXe siècle s'est constitué en tant que siècle des nationalismes et de la démarcation de frontières entre les peuples. Les États démunis d'une culture nationale se sont nationalisés et les nations démunies d'un État ont cherché à affirmer leur droit à

---

[221] *Idem*, pp. 93-94.

l'indépendance. Aussi bien culturellement que politiquement, le XIXᵉ siècle réagit aux rêves cosmopolitiques du siècle précédent.

L'étude rythmologique de l'histoire européenne permet de montrer que celle-là évolue d'après des scissions créatrices de styles qui divisent l'unité préalable, mais agissent également en tant que modèles pour la construction de cultures particulières. Néanmoins, ce qui ressort de la lecture de Krzysztof Pomian, c'est qu'il y a une alternance entre les mouvements qui tendent à l'unité et ceux qui tendent à la division, cette alternance constituant le rythme même de l'histoire européenne.

Dans quel registre l'Union Européenne peut-elle être placée ? L'émergence de l'Union Européenne peut être considérée comme l'inauguration d'une période marquée par la tendance à l'unité. Après deux siècles de nationalisation des États, la signature du Traité de Paris en 1951 marque le commencement d'une étape où le principe de spécificité est remplacé par le principe d'homogénéité. Cette homogénéité se traduit par l'émergence de structures administratives partagées ayant comme finalité la création d'un espace politique commun.

Néanmoins, les caractéristiques mêmes de l'appareil institutionnel européen problématisent cette première approche dans la mesure où le pouvoir n'est pas concentré de manière exclusive dans les institutions qui représentent l'intérêt européen. Le pouvoir se décline également dans celles qui représentent les États membres, ce qui fait des intérêts nationaux un principe dynamique de la construction européenne au même titre que l'intérêt général. Il n'y a donc pas un centre auquel l'*imperium* serait réservé.

Cela étant, l'originalité du projet politique européen ne se trouve-t-elle pas dans la possibilité d'intégrer en son sein les forces centripètes et les forces centrifuges ?

L'Union Européenne, ne se concrétise-t-elle pas d'après la dialectique entre la forme impériale et la forme stato-nationale ? Le projet d'unité européenne ne peut-il pas être envisagé comme un projet utopique compris comme création d'une forme politique nouvelle conciliatrice de l'Empire et de l'État-Nation ?

b) La *Renovatio imperii*

Les caractéristiques de l'Union Européenne semblent légitimer l'hypothèse impériale. Elle est une structure administrative composée par des entités à souveraineté limitée qui, néanmoins, préservent leurs particularités grâce à leurs langues et cultures nationales. Le principe d'exclusivité sur lequel l'État-nation s'est construit, selon lequel principe à un État doit correspondre une nation, c'est-à-dire une représentation commune de l'être ensemble, est ainsi limité pour penser la forme politique européenne. Des institutions communautaires ont été créées et un droit à caractère cosmopolitique devient la référence dans l'organisation des rapports entre les États membres et ceux des individus.

Quelle unité politique l'Union Européenne est-elle en train de forger ? S'agit-il d'une Confédération où chaque État associé préserve les prérogatives qui font de lui un sujet autonome sur la scène internationale ? Ou s'agit-il plutôt d'une Fédération qui a comme finalité la création d'une Constitution supranationale ? D'ailleurs, les modèles confédéral et fédéral, ne sont-ils pas trop dépendants de la forme stato-nationale pour pouvoir exprimer la nouveauté de la construction européenne ? Et, finalement, ne réduisent-ils pas la question européenne à une question légale autour des relations entre les États, négligeant en conséquence le sentiment de coappartenance nécessaire à une communauté politique consolidée ?

La consolidation d'une communauté politique demande la représentativité des institutions de pouvoir. Autrement dit, l'appareil administratif n'est pas une simple structure dont la finalité consiste à organiser et à rationaliser une société. Sa légitimité dépend d'un sens référentiel qui transcende la structure elle-même et qui a comme fonction l'orientation de ses actions et la reconnaissance entre gouvernants et gouvernés. Dans une communauté politique, la question institutionnelle est inséparable de celle sur la représentation de la communauté elle-même. C'est parce que la communauté peut être identifiée que ses membres se reconnaissent entre eux et que l'appareil administratif devient significatif puisque œuvrant en vue de la réalisation d'une communauté de destin.

Or, l'*européanité* en tant que visée de l'universel, n'exige-t-elle pas la forme impériale comme forme politique la plus adéquate à sa concrétisation dans l'histoire ? C'est ce que Peter Sloterdijk semble soutenir dans *Si l'Europe s'éveille* lorsqu'il fait de la devise impériale des frégates espagnoles la devise de l'être européen. Depuis le *plus ultra*, « est européen quiconque participe, d'une manière ou d'une autre, à ce *toujours plus loin* »[222]. Ce *plus ultra* n'implique pourtant pas seulement une vision globale de la Terre. Il s'élargit également au concept de genre humain :

> Ce sont les Européens qui, les premiers, ont conçu l'idée profonde que toutes les civilisations sont des variations d'aspect et de dialecte sur une seule et même nature de l'espèce : les cultures et les peuples sont des poèmes d'une

---

[222] Peter Sloterdijk, *Si l'Europe s'éveille*, Paris, Mille et une nuits, 2003, p. 13.

imagination fondamentalement polyphonique et développée à l'échelle de l'espèce.[223]

C'est cette visée de l'universel que l'Europe a perdue au long du XXᵉ siècle. Jadis considérée par ses peuples comme la partie privilégiée de la planète, l'Europe était devenue l'objet de la convoitise de deux puissances nouvelles[224]. Le monde avait cessé d'être l'objet des Européens. Bien au contraire, ce fut l'Europe elle-même qui est devenue impuissante face aux agents historiques américains et soviétiques, ce qui a impliqué un « dommage historique et peut-être incurable de son narcissisme géopolitique – ce phénomène qui animait toute la période moderne de l'histoire européenne »[225].

Cela étant, la création d'une communauté politique impose aux Européens la nécessité de « réapprendre le texte de leur rôle dans le théâtre du monde »[226]. Réapprendre leur rôle sur la scène mondiale exige que l'Europe soit envisagée d'après ce qui la définit, qu'elle se conçoive elle-même en tant qu'espace des *maxima*. Pour cette raison, Peter Sloterdijk affirme que, c'est une contradiction une Europe qui ne veut pas devenir une puissance mondiale dans la mesure où « le principe de la puissance mondiale se situe déjà, en tant que tel, à la racine de l'Europe »[227].

C'est par ce principe que la question impériale est posée. En effet, si l'*européanité* se définit en tant que puissance, son actualisation dans une forme politique n'implique-t-elle pas l'*imperium* ? L'Empire romain, ne devient-il pas l'archétype politique de l'unité européenne ?

---

[223] *Idem*, p. 15.
[224] Voir notamment Régis Debray, *Les Empires contre l'Europe*, Paris, Gallimard, 1985.
[225] Peter Sloterdijk, *Si l'Europe s'éveille*, pp. 21-22.
[226] *Idem*, p. 40.
[227] *Idem*, pp. 42-43.

Peter Sloterdijk soutient que l'Empire ne doit pas être pensé comme un modèle achevé qu'il faudrait tout simplement reproduire. Il s'agit plutôt d'une conception ouverte dans la mesure où ce qui définit la puissance impériale européenne, ce n'est pas un modèle définitif, mais la faculté de l'Europe à se réapproprier les modèles passés par le transfert de pouvoir en tant que mytho-moteur européen :

> La fonction quintessentielle de la constitution de l'Europe tient dans un mécanisme de transfert de l'Empire. [...] L'Europe est ainsi le théâtre pour les métamorphoses de l'Empire ; l'idée directrice de son imagination politique est une sorte de métempsycose de l'Empire romain à travers les peuples européens déterminants et susceptibles de faire l'histoire.[228]

Ce sont donc les nations qui ont la charge de traduire l'Empire dans l'histoire. L'Europe s'engage dans une *commedia dell'arte* impériale où chaque peuple, à sa grande époque, se conçoit en tant que peuple rééditant les idées romaines de domination mondiale. Pourtant, il ne s'agit là que d'une parmi les conceptions différentes qui ont dynamisé la *Renovatio imperii*, plus précisément la dernière à émerger – celle de l'impérialisme national – et qui conditionnera les représentations modernes et contemporaines de modèle impérial.

Avant que la conception franco-germanique ne soit actualisée dans l'histoire par l'Empire de Charlemagne et le Saint Empire germanique, deux autres modèles d'Empire ont dynamisé l'histoire européenne. La première est la conception civique de Rome qui concentre l'*imperium* dans les mains des citoyens romains. Ce furent les citoyens romains qui attribuaient, à travers le Sénat et l'acclamation, la dignité impériale au prince devenu empereur par ce rituel. L'association de l'Empire à la

---

[228] *Idem*, p. 52.

citoyenneté ne se réduit pas à ce transfert de l'*imperium*, dans la mesure où :

> Rome développe précocement une conception ouverte de la citoyenneté qui met en œuvre de puissants mécanismes d'intégration, tout en tolérant la coexistence d'appartenances identitaires multiples.[229]

Cette conception ouverte de citoyenneté était déjà présente en Grèce avec le cosmopolitisme stoïcien et l'Empire d'Alexandre, lequel a reconnu, par exemple, l'autonomie du peuple juif en Judée. Néanmoins, l'Empire grec demeurait militaire, dépendant essentiellement de la domination exercée par Athènes sur les autres cités ou, alors, des conquêtes d'Alexandre le Grand[230]. La particularité de l'Empire romain a résidé dans l'association entre la domination militaire et l'organisation juridique d'un espace étendu et multiple dans lequel tous les hommes libres acquéraient la citoyenneté romaine.

À la conception civique de Rome s'est suivie celle de la Papauté. La Rome papale présente différentes conceptions impériales. L'Empire peut être conçu soit dans l'autonomie de son domaine matériel, l'empereur ne dépendant pas de l'Église dans l'exercice de son *imperium*, soit en tant qu'organisme sous l'influence directe du chef de l'Église. Dans ce cas, l'empereur est soumis à la volonté du Pape et l'Empire n'est que l'instrument séculier par lequel l'Empire spirituel agit. Dans les deux cas, c'est pourtant à la nouvelle Rome que

---

[229] Pierre Cordier, « L'empire romain : le pluriel et le singulier », in Thierry Ménissier (dir), *L'idée d'empire dans la pensée politique, historique, juridique et philosophique*, Paris, L'Harmattan, 2006, p. 66.
[230] Cf. Alain Fouchard, « L'idée d'empire appliquée à l'histoire grecque », in *L'idée d'empire dans la pensée politique, historique, juridique et philosophique*, pp. 39 et suivantes.

revient la tâche d'accorder le titre impérial et de revendiquer l'héritage romain.

Une troisième conception d'Empire a fait son apparition au Moyen Âge. Il s'agit de la conception franco-germanique actualisée par l'Empire de Charlemagne et par le Saint Empire romain germanique. La particularité de cette conception impériale se trouve dans l'association du projet universel à la spécificité d'un peuple. C'est ce que le titre de Charlemagne suggère : *Charles, sérénissime Auguste, couronné par Dieu, grand et pacifique empereur, gouvernant l'Empire romain, pareillement, par la miséricorde de Dieu, roi des Francs et des Lombards.*

À propos du titre impérial de Charlemagne, Robert Folz souligne deux idées. Tout d'abord, c'est à Dieu que l'empereur répond et non pas au Pape, devenu simple agent d'exécution de la volonté divine. Ensuite, en tant que gouvernant, l'empereur dirige le « peuple chrétien dans le cadre de l'Empire romain », mais il n'est pas l'empereur des Romains[231], sa *potestas* s'exerçant, en tant que roi, sur les Francs et les Lombards.

La conception impériale de Charlemagne que son titre exprime propose une autre orientation pour l'Empire que celle inscrite dans sa bulle impériale. Dans celle-là, la formule *Notre Seigneur Charles Empereur Pieux Perpétuel Auguste* est accompagnée, sur le revers, par la porte d'une ville qui représente Rome, cette image étant elle-même entourée de l'inscription *Renovatio Romani Imperii*. Cela veut dire que l'Empire de Charlemagne conservait la qualité universelle dans la mesure où il visait la réalisation de l'unité des Chrétiens ainsi que la propagation du christianisme. La bulle impériale marque l'essence romaine de l'Empire, alors que le titre de

---

[231] Cf. Robert Folz, *L'idée d'empire en Occident du Ve au XIVe siècle*, Paris, Montaigne, 1953, pp. 32-33.

Charlemagne ajoute, à la dignité impériale, la qualité de *rex Francorum et Langobardorum*, ce qui correspond à une détermination territoriale.

Le projet de civilisation de la Rome papale ne disparaît pas : il est incarné par un État dont la mission historique consiste à concrétiser le plan de la Providence dont l'*Imperator et Augustus idemque rex Francorum et Langobardorum* est l'agent. La dignité impériale devient, en elle-même, une dignité spirituelle et morale où le domaine profane du pouvoir matériel (*potestas*) se confond avec le domaine sacré du pouvoir spirituel (*auctoritas*)[232]. Cette vision religieuse de l'ordre du monde ainsi que l'enracinement de l'idée impériale dans l'État franc a été renforcée par le successeur de Charlemagne, son fils Louis le Pieux. Celui-ci prit comme titre *Imperator Augustus* et l'inscription de sa bulle impériale – *Renovatio regni Francorum* – symbolise bien l'enracinement de l'Empire dans le royaume des Francs.

Tel que Charlemagne, Otton Ier se fait couronner par le Pape à Rome. Les implications pour la conception impériale de la Papauté ont été similaires à celles du couronnement du Roi des Francs 162 ans auparavant. Jean XII reprend l'interprétation traditionnelle de l'Empire compris en tant que serviteur de l'Église en vue de la christianisation du monde, les épisodes qui ont précédé le couronnement impérial ayant conforté cette vision :

> Avant d'arriver à Rome, Otton Ier prêta à Jean XII un serment d'assistance aux termes duquel il s'engagea à travailler à l'exaltation de l'Église de Rome et à restituer au pape tout ce

---

[232] « On s'achemine ainsi vers la réalisation de l'Augustinisme politique : l'État conçu comme le règne de la Sagesse et préparant la Cité de Dieu, pénétré par le spirituel, la confusion entre l'Église et l'Empire dans une même chrétienté occidentale. [...] L'idée impériale de Charlemagne est ainsi avant tout une vision religieuse de l'ordre du monde. » *Idem*, p. 35.

qui était passé, ou viendrait à passer, du patrimoine de Saint-pierre sous l'autorité impériale. Pareillement, au cours de son sacre, Otton promit au pape d'être son protecteur et son défenseur.[233]

Néanmoins, et malgré son serment, Otton prévint la possibilité de transformation de l'Empire en objet de la volonté du Pape en mettant en vigueur la *Constitutio romana* de 824, dans laquelle est affirmé qu'aucun Pape ne peut être élu sans le consentement de l'empereur. Autrement dit, si, d'une part, l'Église obtient la promesse que la finalité de l'Empire consiste à assurer l'ordre dans la Chrétienté, d'autre part, l'empereur sauvegarde le droit de choisir le souverain pontife.

Cette clause intégrée dans le *pactum* de 962 suggère que Otton Ier a cherché à avoir le contrôle sur l'Église de façon à ce que son projet impérial ne soit pas mis en cause par une volonté extérieure. C'est ce qui ressort de la conception impériale des proches du nouvel empereur, notamment du chroniqueur Widukind de Corvey[234]. En effet, pour le chroniqueur, être couronné à Rome n'était pas une condition nécessaire pour devenir empereur. Avant 962, il qualifiait déjà Otton Ier ainsi que son père Henri Ier d'empereurs.

Selon Widukind de Corvey, la condition qui légitimait la qualité impériale résidait, d'abord, dans le pouvoir hégémonique exercé par la Maison de Saxe et, ensuite, dans sa filiation franque. La conception d'Empire se territorialise à nouveau dans une *natione*, celle capable de faire l'unité des peuples germaniques. C'est pourquoi Henri Ier était déjà l'empereur du *Summum Imperium*, l'*imperator multorum populorum* qui avait réussi à s'imposer aux groupes de la Germanie. Otton Ier reçoit de son père l'*omne Francorum Imperium*, mais n'obtient la

---

[233] *Idem*, p. 74.
[234] Cf. *Idem*, pp. 58-62.

dignité impériale que grâce à l'acclamation dont il a fait l'objet de la part de ses guerriers. Cette acclamation était essentielle pour Widukind de Corvey. Elle confortait la conviction que, c'était avec l'aide de Dieu que la victoire dans la bataille de Vienne avait été obtenue, une victoire qui permettait l'établissement d'un lien direct entre l'empereur et la divinité et d'exclure ainsi l'autorité de Rome[235].

Néanmoins, malgré les différentes figures prises au long de l'histoire, l'Empire a gardé sa caractéristique qui le distingue des autres modèles d'unité politique : le fait qu'il est, d'après Alain de Benoist, un principe ou une idée. Ce qui veut dire que la possession matérielle n'est pas le critère qui détermine la nature impériale d'un pouvoir. Certes, un Empire se distingue aussi des autres modèles d'unité politique, comme la cité ou l'État-nation, par sa grandeur. Néanmoins, cette grandeur n'établit qu'une différence quantitative. Ce qui distingue la qualité impériale, c'est que l'Empire tend à l'universel.

C'est cette universalité que Dante établit comme principe impérial dans *La Monarchie*. C'est dans le Livre I que cette identification entre l'Empire et l'universel a été théorisée afin de répondre à la question sur la nécessité de la monarchie universelle pour le bien-être du monde. Selon Dante, une telle réponse dépend d'abord de l'identification du principe de l'objet analysé. Cette identification, Dante la réalise en divisant les matières sujettes à la connaissance en deux ensembles différents.

Le premier concerne les choses qui, faisant l'objet de la connaissance, ne font pas l'objet de l'action de l'homme, comme les mathématiques, la physique et la théologie. Dans le deuxième ensemble se trouvent les choses qui font aussi bien l'objet de la connaissance que de l'action. C'est dans cet ensemble que Dante place le Politique, lequel

---

[235] Cf. *Idem*, p. 60.

possède comme principe et cause une fin ultime. C'est en fonction de cette fin ultime que le Politique et le genre humain doivent être conçus.

Chaque chose qui fait l'objet de l'action possède une fin, « la fin la meilleure étant, enfin, celle pour laquelle Dieu éternel, par son art, à savoir la nature, amène à l'existence le genre humain dans son ensemble »[236]. C'est donc le genre humain qui est concerné par la réflexion de Dante, c'est lui qui ne peut s'accomplir qu'en vue de la fin ultime. Or, pour l'accomplissement de cette fin, le genre humain doit s'appuyer sur ce qui constitue la puissance qui le spécifie. Cette puissance, c'est la capacité à connaître par l'*intellect possible*, sa capacité à dépasser la connaissance de l'immédiat et connaître la fin ultime des choses. Finalement, l'épanouissement de la puissance humaine exige « la paix universelle » comme « le meilleur des biens »[237].

C'est en introduisant le concept de paix universelle que Dante prétend démontrer que « la Monarchie temporelle, appelée plus couramment *Empire* » est nécessaire au bien-être du monde. En faisant appel à l'autorité d'Aristote, le Florentin affirme que « lorsque différentes choses sont ordonnées à une seule et même fin, il convient que l'une d'entre elles règle ou gouverne, et que les autres soient réglées ou gouvernées »[238]. Après avoir montré que le genre humain est ordonné en vue d'une seule et même fin, Dante conclut qu'une seule autorité doit le gouverner, c'est-à-dire l'empereur :

> le genre humain se trouve dans son état le meilleur lorsqu'il est réglé, dans ses mouvements et moteurs, par un prince unique

---

[236] I, 3. Les citations de *La Monarchie* seront réalisées en référence au Livre et paragraphe correspondants. L'édition suivie est celle des *Œuvres complètes*, Paris, Le Livre de Poche, 1996.
[237] I, 4.
[238] I, 5.

comme par un unique moteur, et par une loi unique comme par un unique mouvement.[239]

La nécessité de l'empereur pour le bien-être du monde n'implique pas le rejet des royaumes et des principautés. Dante ne propose pas la création d'un État mondial. Les parties sont préservées, mais désormais en référence à un seul principe et autorité. Certes, en faisant à nouveau référence à Aristote, Dante soutient que la pluralité des principautés est un mal. Néanmoins, ce n'est un mal que tant que de telles principautés ne reconnaissent pas une autorité commune extérieure à elles, un pouvoir à *juridiction plus étendue* qui ait autorité sur elles[240].

Il s'ensuit que la fonction de l'empereur consiste à régler les relations entre les parties. Cette fonction ne dépend pas des buts particuliers des princes en litige, mais de la justice de l'empereur tournée vers la fin ultime du genre humain, c'est-à-dire la paix universelle. C'est pourquoi « le genre humain qui vit sous le Monarque se trouve dans sa condition la meilleure » : il est gouverné par une volonté animée « d'un amour inégalable pour tous les hommes » et qui veut que « tous les hommes deviennent bons »[241].

Pour démontrer que l'Empire est nécessaire au bien-être du monde, Dante conçoit le genre humain dans son unité en tant qu'être historique qui agit dans l'histoire en vue d'une fin ultime. Cette fin ultime est la paix universelle, condition nécessaire pour le développement des puissances du genre humain. Néanmoins, le genre humain a besoin d'un « moteur unique » dont la volonté et l'action sont entièrement tournées vers l'accomplissement de la paix universelle. C'est à l'empereur et à l'Empire

---

[239] I, 9.
[240] Cf. I, 10.
[241] I, 12.

que revient la tâche d'orienter les rois et les peuples dans le chemin du droit et de ce qui est juste.

La figure de l'empereur devient la figure centrale du modèle impérial. En lui s'incarne le principe spirituel, la puissance exercée non pas sur les territoires, mais sur les souverains. Les rites associés au couronnement des empereurs ainsi que le culte qui leur était dû expriment bien l'essence transcendante et sacrale du titre impérial. L'empereur n'est pas un homme parmi d'autres et il est plus qu'un simple prince. Il est soit un dieu parmi les dieux soit le représentant de Dieu sur terre, son vicaire qui œuvre à la gloire divine. Dans la tradition des monarchies ancestrales, il était une figure religieuse détentrice d'une grandeur qui apparente « le pouvoir à quelque chose de surhumain », une autorité suprême qui « concentre l'énergie spirituelle ou cosmique capable de mettre en ordre un État et un peuple »[242].

La sacralité de l'empereur était exprimée dans l'Empire romain par l'exercice de l'*imperium*. En effet, l'*imperium* était le pouvoir réservé aux consuls de définir les crimes punissables de mort. Le pouvoir sur la vie et la mort est précisément ce qui définit la sacralité du justicier[243]. Il s'agit du plus grave des pouvoirs qui doit sa légitimité à l'autorité suprême de celui qui l'exerce. C'est aussi sur cette autorité suprême que la rationalité légale se construit. Décider du licite et de l'illicite par la loi signifie rompre avec l'arbitraire des habitudes, ce qui ne peut se faire que si la loi est, elle-même, issue d'une autorité supérieure, que si elle est « l'expression, l'émanation d'une vérité transcendante »[244].

---

[242] Jean-Jacques Wunenburger, *Imaginaires du politique*, Paris, Ellipses, 2001, p. 16.
[243] Cf. *Idem*, p. 24.
[244] *Idem*, p. 28.

Cette spiritualité de l'empereur a été renforcée par la *Renovatio imperii* en Occident et, notamment, par le couronnement de Charlemagne le jour de noël de l'année 800. La lecture de l'idée d'Empire au Moyen Âge a suggéré que la *Renovatio* a été conditionnée par les prétentions de la Papauté à se libérer de l'influence de Byzance. Néanmoins, en ce faisant, la Papauté a elle-même été à l'origine d'une entité qui allait devenir sa rivale. Non seulement l'Empire et la Papauté partageaient une mission universelle, mais l'empereur et le Pape prétendaient aussi à la même dignité et autorité spirituelle.

Dante a résumé ce conflit dans *La Monarchie* en théorisant ce qui jusqu'alors n'avait été qu'une donnée historique. Il y établit que cette idée qu'est l'Empire, c'est l'universel. L'Empire existe dans l'histoire pour accomplir le plan divin de la paix universelle. Or, tel que Kant cinq siècles plus tard, la paix universelle se trouve en puissance dans l'être humain, l'accomplissement de cette finalité ne pouvant avoir lieu que si ses efforts sont dirigés vers elle. L'efficacité de ces efforts dépend de la direction d'un seul homme, la dispersion des volontés impliquant l'éloignement de la finalité vers laquelle la nature tend l'être humain. Le commandement des hommes revient alors à l'empereur dont l'*auctoritas* dépend de Dieu.

Dante présente la première idée d'humanité ayant un sens politique et philosophique[245]. Pour ce faire, il a dû mettre en cause le monopole de l'Église sur la notion d'universalité et théoriser une « théologie politique civile »[246]. L'Empire est une entité autonome dotée d'une finalité précise : la réalisation du plan divin d'unité humaine en vue de la paix universelle. À cet effet,

---

[245] Thierry Ménissier, « *Monarchia* de Dante : de l'idée médiévale d'empire à la citoyenneté universelle », in *L'idée d'empire dans la pensée politique, historique, juridique et philosophique*, p. 84.
[246] *Idem*, p. 85.

l'empereur possède des prérogatives qui lui sont exclusives et qui ne dépendent que de Dieu. Ces prérogatives concernent le gouvernement des hommes par la raison, le gouvernement des âmes par la Révélation étant de l'exclusivité de l'Église. En associant l'Empire au gouvernement des hommes par la raison, Dante présente une idée qui sera transversale à la Modernité. Il ne se place plus « dans le cadre de l'assujettissement de type féodal », mais dans celui « de l'obéissance civile réfléchie par la raison »[247].

Ce qui pourrait se présenter comme une difficulté – l'idée d'après laquelle aussi bien le Pape que l'empereur retirent leur autorité de Dieu – est dépassé par un changement de nature de la spiritualité de l'empereur. Cette spiritualité n'est pas celle de la foi qui caractérise la communauté des âmes. Cette spiritualité, elle est rationnelle. Néanmoins, malgré la distinction conceptuelle réalisée par Dante, l'existence de deux *auctoritates* a impliqué, historiquement, la confusion des pouvoirs et des compétences.

Ce conflit a beaucoup contribué à la décadence de l'Empire, à sa perte d'influence sur l'*oikoumènè* européenne. L'Empire universel sortait de l'histoire pour entrer dans le domaine des espoirs que les empereurs les plus charismatiques inspiraient. C'est le cas de Charles Quint dans un XVIe siècle conditionné par la réforme luthérienne. Désigné par les électeurs le 28 juin 1519, Charles Quint a incarné les oppositions d'un siècle qui marque la division définitive de l'Europe occidentale en deux Europes : l'une protestante au Nord, l'autre catholique au Sud.

---

[247] *Idem*, p. 88.

La désignation de Charles Quint a été influencée par le patriotisme allemand[248]. En effet, le concurrent de Charles était François Ier et les Allemands n'acceptaient pas que leur Empire devienne celui d'un roi de France. C'est pourquoi ils ont choisi l'*alter Karolus*, la réincarnation de Charlemagne dont le Saint Empire romain germanique réclamait l'héritage. La désignation arriva dans un contexte où les idées de Luther avaient déjà réussi à entrer dans l'esprit germanique. Les deux événements ont renforcé l'idée d'une nation germanique pleinement formée et unie grâce à l'*épopée impériale* qui avait rassemblé une multitude d'ethnies en un seul peuple.

Néanmoins, Charles Quint avait d'autres plans. Il a voulu mettre un terme au mouvement réformiste et ses ambitions dépassaient le cadre germanique. Catholique, il se mettra du côté de l'Église en mettant à l'œuvre son ambition de réaliser l'unité religieuse en Europe. Aussi, une nouvelle donnée doit être prise en compte. Quand Charles Quint devient empereur, le mouvement des Découvertes était déjà bien avancé. Autrement dit, Charles Quint a concentré en lui les espoirs d'Empire universel, un universel qui n'était plus limité ni au cadre national germanique, ni à l'*oikoumènè* européenne. Il était, pour la première fois, vraiment mondial, éveillant ainsi les récits messianico-millénaristes qui ont vu en lui le dernier empereur avant le Salut final.

Les attentes des Germaniques lors de la désignation de Charles Quint montrent le changement conceptuel que l'Empire a subi avec la Modernité. Pendant le Moyen Âge, le conflit concernait deux entités aux prétentions identiques. Avec la Modernité et la souveraineté étatique, l'adversaire de l'Empire n'était plus l'Église, mais les *regna*. Le conflit entre deux entités universelles a été

---

[248] Cf. Francis Rapp, *Le Saint Empire romain germanique*, Paris, Tallandier, 2000, pp. 356-359.

remplacé par le conflit entre une entité aux prétentions universelles limitées et des entités particulières, un conflit que l'Empire lui-même a intégré.

Cette confusion dans l'Empire entre l'universel et le particulier n'a pas commencé par la Modernité. Ses origines se trouvent dans la conception impériale de Charlemagne ou encore de Otton Ier qui, revendiquant le projet universel de l'Empire, ont voulu le territorialiser par le privilège qu'ils accordaient à un peuple parmi d'autres dans la famille chrétienne. Dans cette territorialisation de l'Empire dans une *natione* se trouvait déjà en germe ce qui deviendra dix siècles plus tard l'impérialisme national.

Avec les échecs face à la Papauté et l'émergence à l'Ouest d'une puissance où le roi était l'empereur dans son royaume, l'universalisme du Saint Empire romain s'est rétréci jusqu'à ce que sa dénomination intègre le qualificatif germanique et que le principe spirituel romain ne fasse référence qu'à l'unité des peuples germaniques. La qualité romaine de l'Empire a surtout été utilisée au long des siècles pour assurer l'unité à l'intérieur d'un espace composé par des peuples différents ayant toujours bénéficié de beaucoup d'autonomie. C'est la particularité de l'Empire germanique : le fait d'avoir été fortement décentralisé, la qualité romaine ayant introduit une unité spirituelle entre les différentes composantes de l'Empire.

Alors qu'au Moyen Âge, l'Empire transcendait les particularités, au cours de la Modernité, c'est l'idée impériale qui se soumettra progressivement à l'idée nationale jusqu'à ce qu'elle ne devienne qu'un instrument de domination d'une nation sur les autres. Autrement dit, ce qui était un principe est devenu un moyen au service des prétentions hégémoniques d'une entité particulière face à d'autres entités particulières.

Cette instrumentalisation de l'idée impériale par une nation afin de s'étendre et d'imposer sa force aux autres[249] est exemplifiée par l'Empire qui devrait mettre fin à neuf siècles de Saint Empire romain germanique. À son apogée en 1811, l'Empire napoléonien avait réussi à intégrer en son sein l'Hollande, les États de l'Église, le Grand Duché de Varsovie, le royaume de Naples ou encore les royaumes d'Italie et d'Espagne en tant qu'États dépendants. Autrement dit, l'Empire de Napoléon dominait la moitié de l'Europe.

Le legs napoléonien à l'Europe est le Code civil qu'il imposa aux États conquis au prix de leurs traditions locales. Il s'est agi, en fait, de l'exportation des principes de la Révolution française à l'ensemble des pays européens. Avec le Code civil, c'est pourtant l'Ancien Régime qui est remplacé par l'État moderne inspiré de la nation française révolutionnaire et laïque, fondée sur une conception rationnelle de société uniformisée autour d'un même code.

Néanmoins, aussi importante que l'Empire et le Code civil pour l'histoire de l'Europe a été la figure de l'empereur. En se couronnant lui-même en présence du Pape, Napoléon Ier rompt avec les rites traditionnels qui avaient eu lieu jusqu'à 1804 et revendique l'autorité suprême, principe unique du pouvoir qui ne reconnaît aucune autre d'égale dignité. L'idée d'Empire est alors démunie du principe spirituel pour s'exprimer en tant que puissance séculière. L'universel de l'Empire napoléonien devient l'universel de la simple conquête matérielle d'après les intérêts particuliers d'un pays. Il n'y a plus de métapolitique, seule la force charismatique d'un chef

---

[249] Il s'agit de l'association réalisée par Hannah Arendt entre les ambitions d'expansion d'un État-nation et l'impérialisme. Voir notamment *Les origines du totalitarisme. Eichmann à Jérusalem*, Paris, Gallimard, 2002, pp. 71-88.

adulé par les uns quand il est perçu en tant que héros libérateur, comme en Pologne, et détesté par les autres en tant que tyran, comme en Espagne.

Napoléon et son Empire conditionneront par la suite la représentation du modèle politique impérial. L'Empire devient alors impérialisme, c'est-à-dire devient puissance hégémonique et territoriale exercée par un État sur les autres. Il perd sa dimension spirituelle, il perd son *auctoritas* et est réduit à la simple conquête. C'est pour cette raison que :

> Pour avoir voulu réaliser à sa façon, sous son autorité et à l'avantage exclusif de la France, une Europe homogène et unie, Napoléon a rendu, pour longtemps, difficile la tâche des constructeurs d'une Europe unie de plein gré, mais il leur a rendu service en leur montrant qu'ils devaient impérativement tenir compte de l'existence des patries et de leurs aspirations légitimes.[250]

Cette réduction de l'idée impériale à l'impérialisme a été radicalisée par le dernier empereur qui a voulu faire l'unité de l'Europe. Ce fut Hitler le dernier à avoir prétendu exercer une puissance totale sur l'espace européen. Néanmoins, alors que l'hégémonie française s'est construite sur des principes rationnels et, en tant que tels, susceptibles d'être adoptés par les peuples conquis, l'Empire hitlérien a naturalisé le principe impérial dans une race dont la prétendue supériorité génétique donnait tous les droits sur les autres, y compris ceux de l'extermination.

Or, en ce qui concerne Napoléon, la question doit être nuancée. Les représentations ne sont pas de l'ordre exclusif du rejet. Il représente à la fois la tyrannie et la liberté de la presse, la France hégémonique et la libération des peuples, le blocus continental et les prémisses d'une

---

[250] Roger Dufraisse, « Napoléon : pour ou contre l'Europe ».

alliance économique, la réaction romantique et les bases pour l'harmonisation de l'Europe moderne. Bref, s'il représente les ambitions impérialistes de la France, il est également l'un des précurseurs de l'Europe en concentrant en lui les contradictions du continent[251].

c) Le récit national

L'apparition des États modernes semble avoir mis en échec l'Empire en tant que modèle politique de rassemblement du pluriel autour de principes universels. L'État moderne a mis en cause l'*auctoritas* médiévale et la légitimation du pouvoir d'après des références métapolitiques. C'est le principe de souveraineté, tel qu'il a été développé par Jean Bodin ou encore par les théoriciens du contrat social, qui remplace la référence métapolitique religieuse par la raison, déclenchant ainsi le processus d'autonomisation du politique[252]. La source de légitimité du pouvoir ne réside plus dans la volonté divine se manifestant par le roi ou l'empereur, mais dans la raison technique et calculatrice de l'être humain qui, pour se conserver et prospérer en sécurité, transfère aux mains de l'État la fonction d'organiser l'ensemble de la communauté. Ce n'est plus la volonté divine qui est exprimée par le pouvoir, mais la volonté des individus rassemblés en corps social.

Néanmoins, la désacralisation du Politique n'a pas effacé le besoin de transcendance pour la reconnaissance

---

[251] Cf. « Napoléon, le vrai père de l'Europe », *Revue Historia*, n°78, juillet-août, 2002.
[252] Sur l'évolution du principe de souveraineté voir notamment Gérard Mairet, *Le principe de souveraineté. Histoires et fondements du pouvoir moderne*, Paris, Gallimard, 1996.

de la légitimité du pouvoir. Le processus de nationalisation et de démocratisation des États aux XVIIIe et XIXe siècles suggère que les États eux-mêmes ressentirent le besoin de construire un discours avec des éléments métapolitiques pour asseoir leur légitimité. La prolifération d'histoires nationales en Europe a été accompagnée d'une volonté de rémythologisation de l'*auctoritas*. Cette rémythologisation a fait émerger une nouvelle référence transcendant l'histoire profane où la nation a rempli l'espace du sacré. Les histoires nationales sont indissociables de toute une structure mythologique où la communauté devenue nationale est représentée à travers un récit rendant intelligible ses origines, mais aussi sa finalité. Représenter la fondation de la communauté à travers l'appropriation du territoire, la filiation entre les membres du groupe au fil du temps ou encore la mission historique qui donne un sens à l'existence concrète du groupe, cela revient à dessiner une identité imaginaire qui finalement transcende la communauté réelle.

La théorie politique moderne a proposé deux conceptions différentes de nation. La première est la conception de nation civique et révolutionnaire. Comme l'affirme Alain Renaut, celle-ci est la conséquence « de l'union des volontés en une association libre, fondée sur l'adhésion aux principes du contrat social »[253]. Cela présuppose que la nation n'est pas quelque chose de naturelle, mais une construction qui est faite d'après un lien contractuel qui dépend de la volonté d'adhésion, du consentement rationnel et libre des individus. La nation s'étatise, c'est-à-dire la nationalité se fond dans la citoyenneté. L'État-nation devient alors le lieu privilégié de la démocratie. Il s'affirme en tant que souveraineté

---

[253] Cf. Alain Renaut, « Logiques de la nation » in *Théories du nationalisme. Nation, nationalité, ethnicité*, Gil Delannoi et Pierre-André Taguieff (dir.), Paris, Éditions Kimé, 1991, pp. 29-46.

voulue et reconnue par les membres qui le composent. En conséquence, l'État-nation devient le symbole même de l'indépendance de la volonté générale.

À cette conception s'oppose celle des romantiques. Fortement influencés par l'Empire et les invasions napoléoniennes, les romantiques vont s'opposer à la tendance à l'universalisation de la nation révolutionnaire avec une nation ethnique. Cela implique une conception différente des liens entre les individus et, par conséquent, entre les nations. Alors que, pour l'esprit révolutionnaire, la nature avait offert à l'être humain l'identité rationnelle, les romantiques voient dans la nature la légitimation des différences entre les communautés. Cette approche implique que l'appartenance à une nation soit conçue non pas d'après l'adhésion rationnelle, mais d'après l'enracinement dans une naturalité affective. Alors que, d'une part, les individus *deviennent* citoyens d'une communauté, d'autre part, ils *sont* membres de la nation.

Alain Renaut affirme que ces deux conceptions sont insuffisantes pour penser la nation dans sa totalité. La conception romantique enferme la communauté nationale dans son histoire et sur elle-même. Elle ne peut qu'actualiser son passé et est incapable de recevoir des apports de l'extérieur. Les libertés individuelles sont mises en cause dans la mesure où les individus se trouvent, depuis leur naissance, enracinés dans une communauté. En ce qui concerne la conception civique, en négligeant la dimension historique, elle néglige ce qui peut caractériser les identités, c'est-à-dire la culture et les traditions[254]. Les individus cessent d'être les membres d'une communauté nationale pour devenir des citoyens abstraits.

En effet, les deux conceptions de nation ne sont pas de nature exclusive. Bien au contraire, la communauté d'intérêts qui caractérise la nation civique ne peut être

---

[254] Cf. *Idem*, p. 39.

consolidée que si elle est également constituée sur une communauté de sentiment qui crée la fraternité. C'est sur cette communauté de sentiment que le contrat est établi entre les membres du groupe pour instituer la nation dans un État. Elle fournit le contenu à la communauté légale qui formalise la nation. Ce qui implique que le processus de sécularisation du politique n'a pas annulé le besoin de légitimer l'exercice du pouvoir par une référence qui transcende la rationalité institutionnelle.

Le succès du modèle politique forgé par la Modernité s'exprime dans l'État-nation en tant que celui-là intègre aussi bien la dimension rationnelle que la dimension affective de l'individu conçu comme être en relation avec d'autres individus à l'intérieur d'un ensemble commun. Aussi, c'est pour cette raison que la démocratie a pu trouver dans le modèle stato-national le modèle politique idéal pour son développement. En premier lieu, la démocratie agit dans l'État-nation comme principe de légitimité[255]. Ensuite, l'État est conçu comme une institution représentative qui a comme fonction la traduction institutionnelle des différences intrinsèques à l'ensemble qu'il organise.

Cette représentativité transcende les communautés d'intérêt qui constituent la société. Si celles-là reconnaissent l'État en tant que représentant légitime de leurs intérêts, c'est parce que l'État représente institutionnellement ce qui rassemble le groupe au-delà des différences objectives, autrement dit la nation. Cette nation n'est plus la nation civique de l'individu rationnel,

---

[255] « Le principe démocratique de légitimité, c'est le principe du consentement : une loi, en général une obligation, n'est légitime, je ne suis tenu de lui obéir, en général de la remplir, que si j'ai pu préalablement consentir à cette loi, à cette obligation, par moi-même ou par mes représentants. » Pierre Manent, *Enquête sur la démocratie*, Paris, Gallimard, 2007, p. 166.

mais la nation culturelle en tant que communauté imaginaire qui propose une représentation partagée du groupe. Le principe de souveraineté de l'État moderne est consolidé par l'*auctoritas* du récit national.

Ce qui distingue la société civique de la communauté nationale, c'est que, alors que la première conçoit les rapports entre citoyens d'après le consentement libre des volontés individuelles, la communauté nationale fonde l'appartenance sur la croyance en une origine commune. C'est sur cette croyance à une origine commune que le processus de nationalisation des États a lieu au long du XIXe siècle. Ce processus de nationalisation a eu comme conséquence le fait qu'à la division politique entamée au commencement des temps modernes, avec l'opposition des États aux autorités transcendantes de l'Église et de l'Empire, s'est ajouté l'approfondissement des divisions culturelles en Europe par l'émergence d'un récit nouveau : le récit national.

Dans *La création des identités nationales*, Anne-Marie Thiesse met en évidence la fonction exercée par les récits dans la formation des nationalités. Avec la mise en cause du droit dynastique, il a fallu trouver une nouvelle source de légitimité du pouvoir émanant du peuple lui-même. La nation vient conférer la légitimité au pouvoir en affirmant que celui-là n'est que l'expression dans l'histoire d'une entité dont l'existence dépasse celle des membres de la communauté. Il a fallu inventer le moi collectif national à travers un patrimoine symbolique et matériel dont il s'agissait de diffuser le culte[256].

La création d'un espace de fiction devient le premier pas à franchir pour l'établissement d'une unité nationale. C'est dans cet espace de fiction qu'une filiation sera tissée de façon à ce que la communauté actuelle soit en liaison

---

[256] Cf. *La création des identités nationales. Europe XVIIIème-XIXème siècle*, pp. 12-13.

avec la communauté intemporelle. L'identification des ancêtres devient la clé de voûte pour toute communauté nationale, ce qui transforme la démarche archéologique de la recherche des origines en démarche ethnographique[257]. La finalité de cette recherche est bien claire : légitimer le pouvoir étatique par la démonstration de l'existence d'un peuple depuis des temps immémoriaux.

Les premières épopées nationales sont fortement marquées par le contexte de la fin du XVIIIe siècle. Dans une époque marquée par la querelle entre Anciens et Modernes, la quête des sources est inséparable de la révolte contre le classicisme et les origines gréco-latines de l'Europe. Cela s'est exprimé dans l'Iliade calédonienne où James Macpherson, à partir de vieux chants et récits, pense les origines de la population des Highlands d'après leur résistance face aux armées romaines[258]. Cette révolte contre le classicisme s'est également traduite par l'opposition à la culture française, hégémonique à l'époque et dont l'ambition universaliste mettait en cause les spécificités culturelles.

C'est cette révolte que Fichte manifeste au commencement du XIXe siècle dans les *Discours à la nation allemande*. La particularité nationale était menacée par l'hégémonie de la culture française, l'indépendance culturelle dépendant alors de la réaffirmation du génie du peuple. À la recherche des ancêtres s'est ajoutée la codification des langues, expressions de l'esprit national. L'histoire et la langue deviennent essentielles à la légitimation des nations et, en conséquence, des États qui les représentent.

Le processus de nationalisation des États possède un caractère éminemment onirique. Aussi bien les histoires que les langues nationales dépassent le domaine de la

---

[257] Cf. *Idem*, p. 21.
[258] Cf. *Idem*, p. 25.

réalité concrète pour être intégrées dans celui du récit mythique. Il s'agit là d'une mise en intrigue, d'un *muthos* où est cherchée une totalité de sens ayant comme fonction la délimitation d'une communauté qui trouve dans un tel espace de fiction la cohérence et l'unité que la réalité ne peut pas proposer. C'est pour cette raison que la nation est une communauté imaginaire et imaginée, comme l'affirme Benedict Anderson. Si les membres d'une communauté se reconnaissent entre eux malgré les différences issues de leur individualité, c'est parce qu'ils se trouvent intégrés dans un discours dont la validité de ce qui est raconté ne dépend pas de la logique de correspondance entre la chose effective et la pensée. La valeur du récit national est dans le sens qu'il propose et qui établit des liens affectifs entre les membres de la communauté. Les histoires nationales deviennent des récits éminemment mythiques.

Par mythe national, je comprends la mise en intrigue au sens ricœurien de la formule, c'est-à-dire au sens de *muthos* en tant que *mimèsis*. Selon Paul Ricœur, ce qui se joue dans la mise en intrigue, ce n'est pas la reproduction des faits, mais leur agencement qui rend nécessaire l'intelligibilité de ce qui est raconté. « Composer l'intrigue, c'est déjà faire surgir l'intelligible de l'accidentel, l'universel du singulier, le nécessaire ou le vraisemblable de l'épisodique »[259]. Une totalité émerge à partir du récit, mais une totalité qui, inspirée des faits, les transcende par une opération mimétique qui dépasse leur simple reproduction. Dans le récit, il n'y a pas une imitation de la réalité, mais une imitation créatrice qui donne origine à un espace imaginaire qui rend possible la représentation de ce qui est raconté.

À la mise en intrigue nationale peut être appliquée la définition de mythe politique établie par Raoul Girardet

---

[259] Paul Ricœur, *Temps et récit. 1. L'intrigue et le récit historique*, Paris, Seuil, 1991, p. 85.

lorsqu'il affirme que « le mythe est bien fabulation, déformation ou interprétation objectivement récusable du réel »[260]. Néanmoins, cette non-congruence n'implique pas une indifférence du mythe à l'égard de la réalité objective. Bien au contraire, il possède une :

> fonction explicative, fournissant un certain nombre de clés pour la compréhension du présent, constituant une grille à travers laquelle peut sembler s'ordonner le chaos déconcertant des faits et des événements.[261]

Le mythe national possède ainsi une syntaxe, c'est-à-dire un ordre qui donne une cohérence au discours. Cette cohérence est indissociable d'une généalogie qui établit le lien entre la communauté présente et la communauté imaginée, transversale à l'histoire. La filiation nationale est assurée, en premier lieu, par l'appropriation de la terre par les ancêtres. La nature mythique du récit national se manifeste au moment même de la fondation, souvent accompagnée par une révélation divine ou par l'action d'un héros. Cette sacralisation de la terre a comme finalité la légitimation de la possession, une légitimation qui résulte d'une nécessité de nature surhumaine.

Comme pour l'homme mythique analysé par Mircea Eliade, le territoire national devient le centre du monde. C'est le seul espace véritablement habité, un « Monde (plus précisément : notre Monde) »[262], la communauté nationale ne pouvant se réaliser qu'en tant qu'elle réside dans son territoire. Par conséquent, l'une des caractéristiques du récit national, c'est qu'il identifie les différences en établissant des frontières entre elles, une

---

[260] Raoul Girardet, *Mythes et mythologies politiques*, Paris, Seuil, 1990, p. 13.
[261] *Idem*, pp. 13-14.
[262] Mircea Eliade, *Le sacré et le profane*, Paris, Gallimard, 2013, p. 32.

démarcation qui permet l'identification de mondes différents.

Dotée d'un territoire, la communauté nationale peut demeurer dans le temps en assurant une filiation entre ses membres depuis le temps de la fondation jusqu'au moment présent. Comme l'affirme Marcel Detienne, un lien primordial est établi dans le récit national entre les vivants et les morts. La filiation nationale crée un sentiment de proximité entre les êtres vivants d'une communauté et ceux des temps les plus lointains, notamment ceux du commencement. Les morts lèguent une réalité – la nation – aux vivants, lesquels ont comme mission la préservation de ce qu'ils héritent. « Ainsi fait-on une famille, une cité commune entre les morts et les vivants » dans laquelle « chaque mort laisse un petit bien, sa mémoire, et demande qu'on la soigne »[263].

Il ne suffit pourtant pas qu'une filiation reproduisant les liens familiaux de sang soit établie dans l'histoire. Il faut encore que ce lien existe dans l'expression du génie national. C'est pourquoi la langue est l'un des éléments structurants de la nation. Elle se territorialise pour être associée à la communauté nationale et pour démarquer encore plus la différence entre les identités. A alors lieu la naturalisation des langues et, comme Fichte l'expose dans ses *Discours*, l'association des concepts utilisés au territoire occupé[264]. En conséquence, les langues ne sont pas ni arbitraires ni le produit d'une convention. Les concepts utilisés par une langue nationale reflètent le territoire, l'esprit du peuple s'exprimant dans chaque concept. À une époque où l'universalisme de la langue française imposait son hégémonie dans la culture

---

[263] Jules Michelet, *La cité des vivants et des morts. Préfaces et introductions*, Belin, 2002, p. 397. Cité par Marcel Detienne, *L'identité nationale, une énigme*, Paris, Gallimard, 2010, p. 53.
[264] Cf. Fichte, *Discours à la nation allemande*, p. 122-123.

européenne, la particularité de la langue était le moyen le plus efficace pour revendiquer l'autonomie culturelle et l'indépendance nationale. Selon Anne-Marie Thiesse :

> Elle doit permettre l'expression de toute idée, de toute réalité : des plus anciennes aux plus modernes, des plus abstraites aux plus concrètes. Elle doit permettre à la nation de s'illustrer et de montrer qu'elle est égale en grandeur avec toutes les autres. Elle doit se confondre avec la nation – s'enraciner dans ses profondeurs historiques, porter l'empreinte du peuple.[265]

Benedict Anderson a montré dans *L'imaginaire national* que la formation des langues a été l'élément déclencheur de la conscience nationale. Certes, le processus de formation des langues nationales et leur adoption par les membres des communautés ont été conditionnés par le volontarisme étatique. De la formule « la nation existe puisqu'elle a une langue », sur laquelle se fonde la conception fichtéenne de nation, les États du XIXe siècle ont passé à celle selon laquelle « la nation existe, donc il faut lui donner une langue »[266]. L'existence d'une langue commune assurait l'homogénéité de la communauté grâce à une communication horizontale où tous les membres du groupe se reconnaissaient par l'utilisation du même instrument.

Pourtant, l'affirmation des langues nationales n'a pu se faire que parce que celles-là ont été associées aux temps immémoriaux, les quêtes sur les origines d'une langue ayant été liées aux quêtes sur les origines d'une nation. C'est pour cette raison que les différentes épopées nationales ont été constituées à partir de recherches portant sur les chants et contes populaires censés avoir préservé la trace des origines. Le XIXe siècle est, en effet, marqué par une grande collecte de contes partout en Europe : de la

---

[265] Anne-Marie Thiesse, *La création des identités nationales.* p. 71.
[266] *Idem*, p. 70.

France, où en 1845 le ministre de l'Instruction publique Salvandy institue une « Commission des chants religieux et historiques », jusqu'en Russie, où entre 1860 et 1874 sont publiés dix volumes de chansons ancestrales[267].

La constitution d'histoires et langues nationales a eu comme finalité la consolidation d'une nouvelle forme d'unité politique : l'unité de la communauté nationale fondée sur l'affinité du groupe. Cette affinité établit un lien entre des individus dont pourtant, comme l'affirme Benedict Anderson, la plupart ne se croisera jamais, dans la mesure où ils se trouvent intégrés dans un ensemble politique qui dépasse l'échelle locale, comme ne pourra pas non plus se croiser puisque distancés dans le temps. Le récit national en tant que mythe remplit sa fonction dans la vie sociale en proposant à l'ensemble de la communauté une unité de sentiment au-delà de l'expérience objective.

Il importe ici de clarifier le sens de la formule *unité de sentiment national*. L'auteur du *Mythe de l'État* soutient que « l'homme est par définition celui qui découvre un nouveau mode d'expression : l'expression symbolique »[268]. Il ne se limite pas à des réactions instinctives dans son rapport au monde, mais a aussi la faculté de dépasser ce rapport immédiat et de questionner ce que les émotions suscitées peuvent bien signifier. De cette objectivation émergent des formes qui sont des représentations, des œuvres par lesquelles l'homme cherche à approprier son existence.

La particularité du symbolisme mythique, c'est que l'appropriation de la réalité se réalise d'après « l'expérience sociale de l'humanité et non celle [de l'] expérience individuelle »[269]. Cassirer affirme qu'« on ne rencontre pas de confessions individuelles dans la pensée

---

[267] Cf. *Idem*, pp. 168-169.
[268] Ernst Cassirer, *Le mythe de l'État*, p. 69.
[269] *Idem*, p. 72.

et l'imagination mythiques », comme cela peut être le cas dans les autres formes d'objectivation de l'émotion comme la poésie ou encore la peinture. Le mythe, lui, il est social puisqu'il propose une représentation de l'être ensemble et des liens qui unissent les membres du groupe.

Or, c'est cette représentation que le récit national propose et qui contribue à consolider l'unité d'un ensemble qui, empiriquement, est multiple. C'est pourquoi la question du volontarisme étatique pour la constitution des nations est subsidiaire pour celui qui approprie et est approprié par le récit national. Pour l'individu qui se pense et se ressent d'après la référence nationale, ce n'est pas important que la nation soit une entité appartenant « exclusivement à une période particulière, et historiquement récente », ou alors qu'elle soit un artefact « construit d'en haut »[270]. Ce qui est important, c'est que, grâce au récit national, il peut dépasser les différences naturelles, matérielles et sociales qui le distinguent des autres individus et, ainsi, être en communion avec les membres de sa communauté.

---

[270] Eric Hobsbawn, *Nations et nationalisme depuis 1780*, Paris, Gallimard, 1995, pp. 20-21.

Conclusion

Lorsqu'il s'agit de penser la relation entre l'identité européenne et le projet d'unité politique, le divorce entre l'Europe et l'Union est évident. Si, d'une part, la construction politique présuppose le questionnement sur la nature de l'Europe, ce questionnement semble néanmoins éloigné des préoccupations des responsables européens. Ce qui est susceptible de rassembler des individus et des peuples différents autour d'un pouvoir reconnu par tous, cela est négligé au profit de la démarche procédurale. L'*européanité* n'est pas le principe dynamique de la construction politique dans laquelle les États européens se sont engagés. Ce qui dynamise l'Union Européenne, ce sont les rouages de l'intégration, le cadre légal devenu la seule source de légitimité d'une structure complexe conditionnée par la pluralité d'agents qui interviennent dans les décisions.

L'Union Européenne possède, néanmoins, une conception d'Europe. C'est la conception qu'elle exprime dans le Préambule de la Charte des Droits Fondamentaux, où elle établit comme valeurs de la construction politique les « valeurs indivisibles et universelles de la dignité humaine, de liberté, d'égalité et de solidarité ». L'Union Européenne prétend donc assumer son « patrimoine spirituel et moral », le patrimoine chrétien et humaniste de la personne humaine.

L'émergence des premières Communautés européennes est la conséquence directe des deux désastres que l'Europe venait de vivre au XXᵉ siècle. Le souhait de rendre la guerre « matériellement impossible » délimitait l'espace européen en tant qu'espace où la tendance à la paix déterminerait l'esprit de la construction. Cette tendance devrait se traduire politiquement par le régime le plus apte à la consolider, c'est-à-dire la démocratie libérale, et par le respect des principes fondamentaux de l'État de droit et des Droits de l'Homme. L'espace européen s'assumait ainsi comme l'espace de la liberté.

Pourtant, si les principes et valeurs humanistes ont eu une efficacité fédératrice pendant les premières décennies de la construction européenne, c'est parce que de l'autre côté du mur se trouvait un régime qui représentait le contraire de ce que les Européens voulaient construire. L'existence d'une altérité rendait perceptible une conception d'Europe qui s'imposait intuitivement. Les discours européens faisant appel aux principes universels des Droits de l'Homme engageaient les Européens dans la mesure où de tels principes étaient vécus dans la réalité concrète d'une histoire qui se faisait au rythme du conflit entre deux entités opposées.

L'identité européenne est devenue problématique lorsque l'ennemi est parti ainsi que l'image renversée de ce qui rassemblait les Européens. Avec la disparition de l'empire soviétique, sortirent aussi de l'histoire les principes sur lesquels la construction européenne se réalisait, des principes devenus purement abstraits et sans efficacité pour engager les peuples. De tels principes sont depuis lors limités au cadre purement rationnel du droit qui peut bien être pensé, mais qui n'est pas ressenti.

Dans cette étude, l'identité européenne a été pensée d'après la détermination de ses coordonnées spatio-temporelles. Celles-là ont suggéré que l'*européanité* consiste dans une visée : celle de l'universel. Néanmoins, cet universel n'est pas indépendant de l'histoire. Bien au contraire, il est ce qui l'Europe expérimente par ses créations : celles esthétisées dans les cultures nationales ; celles de l'Idée toujours à réinventer.

Or, l'Europe envisagée par l'Union Européenne est une identité qui est indépendante des conditionnements historiques. Il s'agit d'une identité aprioristique, une représentation intellectualisée qui ignore la puissance fédératrice du sentiment de coappartenance. En effet, dans le même Préambule où elle revendique son patrimoine spirituel et moral, l'Union Européenne déclare vouloir agir dans le « respect de la diversité des cultures et traditions des peuples de l'Europe ». Tout se passe comme si ce qui relève de l'universel demeurait dans le domaine purement intellectuel, tandis que ce qui est vécu, ce qui est du domaine du sentiment demeure dans le cadre national.

N'est-il pas possible de concilier l'Europe et le sentiment national ? Le projet européen, est-il condamné à une conception abstraite d'identité ? Cette rupture entre l'*européanité* et la nationalité n'est pas nécessaire. Ce que l'étude du style européen a suggéré, c'est que l'Europe et les nations, l'universel et le particulier se trouvent dans un rapport dialectique. La tendance à l'universel qui caractérise l'Europe ne peut s'exprimer que par sa figuration dans les cultures et traditions nationales. Celles-là, de leur côté, ne prennent tout leur sens qu'en ayant comme référence leur *européanité*, la tendance à envisager leur existence d'après l'universel. De ce rapport dialectique résulte que l'Europe *devient* dans la mesure où elle se situe localement et s'exprime à travers les identités nationales.

Affirmer l'*européanité* n'implique pas le rejet des identités nationales. L'*européanité* située permet de concevoir une Europe vivante et de valoriser les identités nationales en les envisageant comme autant d'expressions d'un être commun. Le défi qui est posé à la pensée sur l'identité européenne, c'est alors celui de la construction d'un récit dans lequel l'action historique de l'Europe est conçue d'après ses figurations nationales.

La représentation de l'identité européenne est indissociable de la constitution d'une identité imaginaire. Les histoires nationales doivent, elles-mêmes, être universalisées à l'intérieur d'une véritable épopée où l'Europe fait son apparition en tant qu'agent qui dynamise les *personae* que ses nations sont. En effet, ne pouvons-nous pas rédiger l'intrigue de cette Europe qui parcourt l'histoire affectée par la visée de l'universel ? La Grèce avec la philosophie, Rome avec son Empire et son droit, l'Ibérie et les Découvertes ou encore la France avec sa Révolution et sa Déclaration de 1789, n'y a-t-il pas un caractère commun qui s'exprime dans ces événements ? N'y a-t-il pas une identité qui demeure et une tendance qui se manifeste dans toutes ces réalisations ?

Pour écrire le mythe européen, il faut que l'Europe se transforme en *laboratoire de l'imagination*. Il faut que l'histoire de l'Europe et de ses nations soit envisagée non pas d'après la seule factualité des événements, mais d'après ce que ceux-là symbolisent. Cela veut dire regarder l'histoire comme cet espace intermédiaire où se rencontrent le sens et les choses. Néanmoins, cette histoire à raconter n'est pas tournée exclusivement vers le passé. Le propre de l'*européanité*, c'est de s'envisager d'après des mondes nouveaux à créer, d'après une humanité nouvelle à construire. Rédiger l'histoire de l'Europe correspond donc à la rédaction d'une communauté de destin. C'est dans cette *histoire du futur* que le projet d'unité politique peut trouver l'orientation légitimatrice de son existence et source de cohérence pour ses actions.

L'Europe a été institutionnellement faite, ou du moins elle se fait tous les jours au rythme de ses succès et échecs. Pourtant, elle se réalise sans le rêve. C'est pourquoi la question du modèle politique européen a été, dans cette étude, conditionnée au questionnement sur l'identité européenne. Ce n'est qu'en ayant une image de ce que les Européens veulent construire ensemble que l'Union Européenne peut être reconnue par ceux qu'elle prétend représenter. Les débats sur l'Union Européenne et son modèle politique sont appauvris par l'absence de prise en compte de cette dimension onirique que le récit sur la communauté européenne de destin peut proposer.

Sans cette histoire du futur, une société européenne peut émerger. Elle peut être postnationale ou encore postétatique, elle peut aussi manifester des ambitions plus audacieuses et réinvestir le modèle impérial. Néanmoins, cette société européenne difficilement sera plus qu'une communauté d'intérêts. Pour qu'un vivre ensemble s'organise en ayant comme référence un être commun, ce sont aussi les imaginaires associés aux modèles politiques qui doivent être mobilisés et pas seulement la nature procédurale de leurs institutions.

C'est le cas de l'imaginaire impérial qui concentre en lui les attentes et espoirs d'unité européenne ainsi que la tendance à l'universel qui caractérise l'*européanité*. C'est pourtant un imaginaire qui s'est enraciné dans les ambitions hégémoniques, sinon tyranniques, des nations. Réinvestir l'imaginaire impérial exige ainsi l'enlèvement de cet attachement au territoire et l'affirmation de sa nature essentiellement spirituelle. C'est ce que Fernando Pessoa propose avec sa conception de Cinquième Empire[271].

Selon la conception pessoënne de Cinquième Empire, celui-là sera un Empire non pas territorial, mais spirituel et

---

[271] Sur la pensée impériale de Fernando Pessoa, voir en particulier le travail réalisé par Afonso Rocha dans *Fernando Pessoa e o Quinto Império*, v. II, Porto, Universidade Católica Editora, 2012, pp. 147-201.

culturel. La nature non matérielle de cet Empire résulte du dépassement du dernier type d'impérialisme par lequel toute civilisation hégémonique passe. Chaque civilisation vit trois stades qui correspondent à trois types différents d'impérialisme. Tout d'abord, il y a l'impérialisme de domination par lequel une civilisation cherche avant tout à se constituer en tant qu'unité. Ensuite, a lieu l'impérialisme de conquête. La civilisation constituée cherche alors à s'agrandir par la soumission d'autres peuples. Finalement, le troisième type d'impérialisme est l'impérialisme de culture. Cet impérialisme arrive avec la période décadente, avec la période où la civilisation se trouve affaiblie matériellement et ne peut exercer son influence que par la culture, que par la transmission de valeurs qu'elle créa lors de la première phase impérialiste.

Comment le Cinquième Empire culturel peut-il constituer un dépassement de la dernière phase impérialiste ? Ce qui les distingue, c'est la nature éminemment universelle du Cinquième Empire, alors que l'impérialisme de culture demeure attaché à la civilisation qui cherche à exercer son influence sur les autres. L'universel se libère de son enracinement dans une civilisation hégémonique pour devenir exclusivement spirituel. Cette spiritualité, elle est pensée par Fernando Pessoa d'après ses deux visages : celui de la Raison qui exprimera l'Ordre du monde ; celui mystique qui fusionnera avec l'Ordre du monde.

Je laisse de côté l'analyse de la dimension symbolique qui caractérise les écrits de Fernando Pessoa sur le Cinquième Empire pour ne reprendre que l'idée d'Empire en tant que force purement spirituelle. Peut-être le réinvestissement de l'Empire pour la question européenne passe-t-il d'abord par son affirmation en tant qu'entité indépendante des possessions matérielles. Ce que le Cinquième Empire réalise, c'est la libération des valeurs élaborées par les quatre Empires précédents et qui, pourtant, étaient encore enracinés dans le territoire européen : la Grèce et sa culture, Rome et l'ordre, la Chrétienté et sa morale, l'Angleterre et la liberté individuelle.

Or, l'Europe, ne possède-t-elle pas les qualités pour devenir ce Cinquième Empire ? L'Europe possède un mythe fondateur avec l'Empire romain, elle possède également une religion dans le culte de la personne humaine. Dotée d'un mythe fondateur et d'une religion, l'Europe vit aussi sous les auspices d'une promesse, celle de la Monarchie universelle qu'elle cherche à réaliser dans l'unité du genre humain. Finalement, elle possède dans la Raison le prophète qui la guide vers son destin.

Cette unité culturelle qui anime l'Europe la condamne à l'Empire universel. Ce dernier ne se traduirait pas par l'impérialisme de conquête qui a caractérisé les pays européens au long de la Modernité. Bien au contraire, l'Europe mépriserait les ambitions matérielles et une quelconque hégémonie dans les rapports entre les différents peuples. Sa fonction dans ce Cinquième Empire, ce serait celle du médiateur qui passe le message de la condition humaine. Peut-être, la communauté de destin de l'Union Européenne se trouve dans ce *messianisme de la médiation*, dans l'établissement de voies de communication entre les peuples. Sa géographie a motivé l'Europe à sortir du confort de son espace pour aller à la rencontre du monde. Son histoire a été conditionnée par ce choc où elle a conquis mais, dans le même mouvement, a été conquise en intégrant en elle des éléments qu'elle a trouvés ailleurs. C'est cette intersection entre ce qu'elle est et ce qu'elle n'est pas qui fait de l'Europe une entité médiatrice et de l'Européen « toujours et déjà un traducteur »[272].

---

[272] Peter Sloterdijk, *Si l'Europe s'éveille*, p. 54.

ÉLÉMENTS DE BIBLIOGRAPHIE

AGAMBEN Giorgio, *Moyens sans fins. Notes sur la politique*, Paris, Payot & Rivages, 2002.

ANDERSON Benedict, *L'imaginaire national. Réflexions sur l'origine et l'essor du nationalisme*, Paris, La Découverte, 2010.

ARENDT Hannah, *La crise de la culture*, Paris, Gallimard, 2011.

ARENDT Hannah, *Les origines du totalitarisme. Eichmann à Jérusalem*, Paris, Gallimard, 2002.

BACHELARD Gaston, *La terre et les rêveries de la volonté*, Paris, Librairie José Corti, 2004.

BACHELARD Gaston, *L'air et les songes, Essai sur l'imagination du mouvement*, Paris, Librairie José Corti, 2010.

BACHELARD Gaston, *L'eau et les rêves*, Paris, Librairie José Corti, 2010.

BACHELARD Gaston, *La terre et les rêveries du repos*, Paris, Librairie José Corti, 2010.

BACHELARD Gaston, *La psychanalyse du feu*, Paris, Gallimard, 2012.

BECK U. et GRANDE E., *Pour un empire européen*, Paris, Flammarion, 2007.

BENDA Julien, *Discours à la nation européenne*, Paris, Gallimard, 1992.

BLAGA Lucian, *La trilogie de la culture*, Paris, Librairie du Savoir, 1995.

BLUMENBERG Hans, *La Légitimité des Temps Modernes*, Paris, Gallimard, 1999.

BLUMENBERG Hans, *La raison du mythe*, Paris, Gallimard, 2005.

BOUVIER Pascal, *Millénarisme, messianisme, fondamentalisme : permanence d'un imaginaire politique*, Paris, L'Harmattan, 2013.

BRAGUE Rémi, *Europe, la voie romaine*, Paris, Gallimard, 1999.

BRAUDEL Fernand, *La Méditerranée : l'espace et l'histoire*, Paris, Flammarion, 1985.

CACCIARI Massimo, *Déclinaisons de l'Europe*, Combas, L'Éclat, 1996.

CAMÕES Luís de, *Les Lusiades*, Paris, Les Belles Lettres, 1980.

CASSIRER Ernst, *Le mythe de l'État*, Paris, Gallimard, 1993.

CASTILLO M., LEROY G., *L'Europe de Kant*, Paris, Privat, 2001.

DANTE, *Œuvres Complètes*, Paris, Librairie Générale Française, 1996.

DEBRAY Régis, *Les Empires contre l'Europe*, Paris, Gallimard, 1985.

DELANNOI G., TAGUIEFF P.-A. (dir.), *Théories du nationalisme. Nation, nationalité, ethnicité*, Paris, Kimé, 1991.

DELSOL C., MASLOWSKI M., NOWICKI J. (dir.), *Mythes et symboles politiques en Europe centrale*, Paris, Presses Universitaires de France, 2002.

DELSOL C., MATTÉI J.-F. (dir.), *L'identité de l'Europe*, Paris, Presses Universitaires de France, 2010.

DUBOIS Claude-Gilbert, *Mythologies de l'Occident*, Paris, Ellipses, 2013.

DUROSELLE Jean-Baptiste, *L'idée d'Europe dans l'histoire*, Paris, Denoël, 1965.

ELIADE Mircea, *Le mythe de l'éternel retour*, Paris, Gallimard, 1991.

ELIADE Mircea, *La nostalgie des origines*, Paris, Gallimard, 2014.

FAYE Jean-Pierre, *L'Europe une. Les philosophes et l'Europe.* Paris, Gallimard, 1992.

FERRY Jean-Marc, *La question de l'État européen*, Paris, Gallimard, 2000.

FERRY Jean-Marc, *De la civilisation, Civilité, légalité, publicité*, Paris, Les Éditions du Cerf, 2001.

FERRY Jean-Marc, *Europe, la voie kantienne : essai sur l'identité post-nationale*, Paris, Les Éditions du Cerf, 2005.

FICHTE, *Discours à la nation allemande*, Imprimerie Nationale, 1992.

FOLZ Robert, *L'idée d'empire en Occident du Ve au XIVe siècle*, Paris, Montaigne, 1953.

FOUÉRÉ Yann, *L'Europe aux cent drapeaux*, Paris, Presses d'Europe, 1968.

Géophilosophie de l'Europe. *Penser l'Europe à ses frontières*, Carrefour des Littératures, Éditions de l'Aube, 1993.

GIL José, *Portugal, Hoje : o Medo de Existir*, Lisboa, Relógio d'Água, 2005.

GIRARDET Raoul, *Mythes et mythologies politiques*, Paris, Seuil, 1990.

HABERMAS Jürgen, *Après l'État-nation. Une nouvelle constellation politique*, Paris, Fayard, 2000.

HEGEL, *La raison dans l'Histoire*, Paris, Pocket, 2012.

HERDER Johann Gottfried, *Histoire et cultures. Une autre philosophie de l'histoire*, Paris, Flammarion, 2000.

HOBBES Thomas, *Léviathan*, Paris, Gallimard, 2010.

HOBSBAWN Eric, *Nations et nationalismes depuis 1780. Programme, Mythe, Réalité*, Paris, Gallimard, 1995.

HUSSERL Edmund, *La crise des sciences européennes et la phénoménologie transcendantale*, Paris, Gallimard, 2012.

KANT Emmanuel, « Idée pour une histoire universelle d'un point de vue cosmopolitique », in *Emmanuel Kant : Histoire et politique*, Paris, Vrin, 1999.

KANT Emmanuel, *Vers la paix perpétuelle*, Paris, Flammarion, 2006.

KUNDERA Milan, « Un Occident kidnappé ou la tragédie de l'Europe centrale », *Le Débat*, 1983/5 n° 27, pp. 3-23.

LOURENÇO Eduardo, *L'Europe introuvable : jalons pour une mythologie européenne*, Paris, A.–M. Métailié, 1991.

LOURENÇO Eduardo, *Nós e a Europa ou as duas razões*, Imprensa Nacional Casa da Moeda, 1994.

LOURENÇO Eduardo, *O lugar do anjo*, Lisboa, Gradiva, 2004.

LOURENÇO Eduardo, *Heterodoxia I*, Lisboa, Gradiva, 2005.

LOWITH Karl, *Histoire et salut, les présupposés théologiques de la philosophie de l'histoire*, Paris, Gallimard, 2002.

LYOTARD Jean-François, *Le postmoderne expliqué aux enfants*, Paris, Le Livre de Poche, 1993.

MAIRET Gérard, *Le principe de souveraineté. Histoires et fondements du pouvoir moderne*, Paris, Gallimard, 1996.

MANENT Pierre, *La raison des nations. Réflexions sur la démocratie en Europe*, Paris, Gallimard, 2006.

MATTÉI Jean-François, *Le Regard Vide. Essai sur l'épuisement de la culture européenne*, Paris, Flammarion, 2007.

MATTÉI Jean-François, *Le procès de l'Europe. Grandeur et misère de la culture européenne*, Paris, Presses Universitaires de France, 2011.

MENISSIER Thierry (dir.), *L'idée d'empire dans la pensée politique, historique, juridique et philosophique*, Paris, L'Harmattan, 2006.

MILOSZ Czeslaw, *Une autre Europe*, Paris, Gallimard, 1980.

MONNET Jean, *Mémoires*, Paris, Fayard, 2007.

MONNEYRON Frédéric, *La nation aujourd'hui. Formes et mythes*, Paris, L'Harmattan, 2000.

MORIN Edgar, *Penser l'Europe*, Paris, Gallimard, 1987.

NANCY Jean-Luc, *La communauté désœuvrée*, Paris, Christian Bourgois Éditeur, 1999.

NIETZSCHE Friedrich, *Seconde Considération Intempestive*, Paris, Flammarion, 1998.

NIETZSCHE Friedrich, *La naissance de la tragédie*, in *Œuvres philosophiques complètes I*, Paris, Gallimard, 1977.

NOVALIS, *Œuvres complètes. I. Romans – Poésies – Essais*, Paris, Gallimard, 2010.

NOWICKI Joanna (dir.), *Europe : la danse sur les limites*, Paris, Romillat, coll. « espace éthique & politique », Institut Hannah Arendt, 2005.

OURAOUI Mehdi (éd.), *Les grands discours de l'Europe 1918-2008*, Complexe, 2008.

PESSOA Fernando, *Œuvres complètes*, Paris, Christian Bourgois, 1991.

POMIAN Krzysztof, *L'Europe et ses nations*, Paris, Gallimard, avril 1990.

RAPP Francis, *Le Saint Empire romain germanique*, Paris, Tallandier, 2000.

RICOEUR Paul, *Temps et récit. L'intrigue et le récit historique*, v. I, Paris, Seuil, 1991.

ROCHA Afonso, *Fernando Pessoa e o Quinto Império*, t. I-II, Porto, Universidade Católica Editora, 2012.

ROUGEMONT Denis de, *28 siècles d'Europe*, Paris, Christian de Bartillat, 1990.

ROUGEMONT Denis de, *Œuvres complètes, III. Écrits sur l'Europe, 1*, Paris, La Différence, 1994.

ROUSSEAU Jean-Jacques, *Du contrat social*, Gallimard, 2008.

SAINT-PIERRE Abbé de, *Projet pour rendre la paix perpétuelle en Europe*, Paris, Garnier, 1981.

SARAMAGO José, *Le radeau de pierre*, Paris, Seuil, 1990.

SCHNAPPER Dominique, *La communauté de citoyens*, Paris, Gallimard, 1994.

SCHUMAN Robert, *Pour l'Europe*, Paris, Les Éditions Nagel, 1964.

SIRONNEAU Jean-Pierre, *Métamorphoses du mythe et de la croyance*, L'Harmattan, 2000.

SLOTERDIJK Peter, *Si l'Europe s'éveille*, Paris, Mille et une nuits, 2003.

SPENGLER Oswald, *Le déclin de l'Occident*, v. I-II, Paris, Gallimard, 1993.

THIESSE Anne-Marie, *La création des identités nationales. Europe XVIIIe-XIXe siècle*, Paris, Seuil, 2001.

VARELA Maria Helena, *O heterologos em língua portuguesa*, Rio de Janeiro, Editora Espaço e Tempo, 1996.

VIEIRA António, *História du futuro*, v. I-II, Lisboa, Sá da Costa Editora, 2008.

WESTPHAL Bertrand, *La géocritique : réel, fiction, espace*, Paris, Les Éditions de Minuit, 2007.

WHITE Kenneth, *L'esprit nomade*, Paris, Grasset & Fasquelle, 2008.

WUNENBURGER Jean-Jacques, *L'utopie ou la crise de l'imaginaire*, Paris, Jean Pierre Delarge, 1979.

WUNENBURGER Jean-Jacques, *Imaginaires du politique*, Paris Ellipses, 2001.

WUNENBURGER Jean-Jacques, *Une utopie de la raison. Essai sur la politique moderne*, Paris, La Table Ronde, 2002.

ZIZEK Slavoj, *Que veut l'Europe ? Réflexions sur une nécessaire réappropriation*, Paris, Flammarion, 2007.

INDEX DES NOMS CITÉS

A

Agamben 48, 49, 50
Alexandre 39, 220
Anderson….......198, 199, 240, 243, 244
Arendt 103, 177, 178, 232
Aristote........70, 225, 226

B

Bachelard 73, 75, 80, 98, 100, 102
Bayle 213
Beck 192, 193, 194
Benda 211
Benslama....................48
Blaga........107, 108, 109, 110, 111, 112, 114, 122
Blumenberg.....42, 43, 44
Bodin........................234
Boniface IX...............126
Bouvier 162
Braudel.......................99

C

Cacciari 82, 83, 84
Cadmus 19, 81
Camões 92, 95
Cassirer 123, 244
César 39
Chantal Delsol 31, 73
Charlemagne....140, 206, 209, 210, 211, 219, 221, 222, 228, 230, 231
Charles IX.................148

D

Dante........224, 225, 226, 228, 229
de Flore 30

de Gaulle 184
de Médicis 148
de Rougemont 19, 73, 180
de Sully 147, 149, 165, 166, 170
Delors 188
Derrida 47, 51
Dubois 28, 31
Dumézil 81

E

Eliade 27, 161, 241
Elizabeth 150

F

Faye 147
Ferry 100, 137, 196, 197, 201
Fichte 119, 120, 153, 156, 239, 242
Folz 221

G

Grande 192, 193, 194
Guénoun 47

H

Habermas .. 194, 195, 197
Habsbourg 148, 149, 150
Hegel 33, 34, 38, 39, 41, 57, 70, 71
Henri II 148

Henri IV ... 147, 149, 165, 166, 170
Herder 58, 59, 61, 62, 64, 65, 156
Hérodote 19
Hippocrate 70
Hitler 233
Hobsbawn 245
Hugo 144, 145, 155
Hus 146
Husserl 175, 176, 177, 178

I

Innocent III 126

J

Jagellon 124
Jean XII 222

K

Kant ... 33, 34, 36, 37, 38, 46, 119, 150, 151, 152, 161, 167, 213, 228
Kundera 127, 128, 129

L

Ladislas III 126
Leibniz 112
Lévi-Strauss 52
Louis XI 146, 149
Louis XIV 150
Lourenço ... 88, 90, 91, 98
Löwith 42

Lyotard 46, 48

M

Manchev 81, 82
Mattéi 50, 51, 52, 53, 54, 55, 73
Ménissier 220, 228
Milosz 129
Monnet 137, 138, 181, 184
Montesquieu 70
Moschos ... 77, 78, 80, 81, 102
Müntzer 31

N

Nancy 46, 48, 49
Napoléon 40, 140, 214, 232, 233, 234
Nietzsche 65, 66
Novalis 152, 153, 154, 156, 157, 158, 160, 161, 162, 163, 164, 169
Nowicki 103, 130

O

Otton Ier 222, 223, 231

P

Paul III 147
Pessoa 9, 11, 23, 53, 69, 90, 93, 95, 97, 98, 116, 172, 173, 177, 251, 252
Podiebrad 144, 145, 146, 150, 153, 158, 161, 169, 170
Pomian 208, 210, 212, 215

Q

Quint 149, 229, 230

R

Rousseau .. 120, 151, 161, 166, 169, 201

S

Saint Augustin 29, 30
Saint Étienne 126
Saint Jean . 28, 29, 31, 45, 114
Saint Pierre 167
Saint-Simon 154, 155, 158, 159, 161, 168, 169, 170
Saramago .. 86, 87, 88, 91
Schuman .. 179, 181, 182, 183, 184
Sigismond 126
Sironneau 44
Spaak 179, 181
Spengler ... 173, 174, 175, 177
Spinelli 180

Stravinski 129

T

Thiesse 200, 238, 243
Thucydide 83

U

Ulysse 81, 82, 83, 84

V

Valéry 51, 173, 175, 177

Varela 96, 97
Vieira 93, 94, 95, 97
Voltaire 33

W

Westphal 74
White 75
Wunenburger 227

PRÉFACE	5
INTRODUCTION	9

PREMIÈRE PARTIE
RACONTER L'*EUROPÉANITÉ* 17

Chapitre I : L'horizon temporel	23
a) La visée de l'avenir	25
b) L'Europe, a-t-elle une fin ?	41
c) Créer pour exister	56
Chapitre II : L'horizon spatial	69
a) La géopoétique européenne	74
b) Le Grand Large : l'envie de transgression	85
c) La source méditerranéenne	98
Chapitre III : Penser le style européen	105
a) Qu'est-ce que le style culturel ?	106
b) Les coordonnées de l'Europe	114
c) L'*européanité* et ses masques	122

DEUXIÈME PARTIE
L'UNITÉ, POUR QUOI FAIRE ? 135

Chapitre IV : L'Europe, est-elle messianique ?	143
a) Le Chaos	145
b) Le Paradis perdu	157
c) L'Âge d'or	162

Chapitre V : Le rêve devient utopie   171
    a) La décadence européenne   172
    b) La construction de l'unité   178
    c) L'utopie procédurale   191

Chapitre VI : L'Europe entre l'empire et la nation   203
    a) La rythmologie européenne   205
    b) La *Renovatio imperii*   216
    c) Le récit national   234

CONCLUSION   247

ÉLÉMENTS DE BIBLIOGRAPHIE   255

INDEX DES NOMS CITÉS   263

SOCIOLOGIE ET QUESTIONS DE SOCIÉTÉ

AUX ÉDITIONS L'HARMATTAN

Dernières parutions

EN AVANT LA RETRAITE !
Mieux gérer la transition
Helson Juliette, Lévy Daniel
Aujourd'hui, un retraité naît toutes les 37 secondes ! Peut-on exister socialement quand on est à la retraite ? Y a-t-il des «risques sociaux» chez les retraités ? Quels sont les choix qui s'offrent à eux pour donner du sens à leur vie ? Ce livre, ponctué de récits, de témoignages éclairants, d'exercices personnels, vous accompagne durant la transition entre le monde du travail et le début d'une vie où vous serez l'acteur libre et responsable de vos décisions.
(22.50 euros, 226 p.)
ISBN : 978-2-343-07483-2, ISBN EBOOK : 978-2-336-39718-4

LA LAÏCITÉ, DÉFI DU XXIe SIÈCLE
Delfau Gérard
Cet ouvrage renouvelle la réflexion sur la laïcité en explorant son histoire depuis 1789. Elle ne se limite pas à la neutralité de l'État, ni à la nécessaire fermeté face à l'islamisme. C'est un processus de longue durée, multiforme, et par nature inachevé, comme le montrent les débats sur l'IVG, le «mariage pour tous», ou la Fin de vie. L'enjeu principal, c'est l'égalité des droits pour les femmes et les minorités sexuelles, que contestent tous les intégrismes. Et l'horizon, c'est la liberté absolue de conscience.
(Coll. Débats Laïques, 20.00 euros, 238 p.)
ISBN : 978-2-343-07828-1, ISBN EBOOK : 978-2-336-39562-3

DU NÉANT SARKOZYEN AU VIDE HOLLANDIEN
Généalogie de l'art de gouverner sous la Ve République
Fonseca David
Nicolas Sarkozy et François Hollande ont tous deux voulu refonder le pouvoir sous la Ve République. Sans contester cette prétention, cet essai essaye d'en dérouler la logique interne pour en faire surgir les singularités et contradictions. L'auteur expose ces présidences à leur propres discours et détaille les tensions qui les entourent. De la politique du néant à la politique du vide, ces tentatives de refonder le pouvoir sont toujours rattrapées par ce à quoi elles tenteraient d'échapper.
(29.00 euros, 276 p.)
ISBN : 978-2-343-07405-4, ISBN EBOOK : 978-2-336-39419-0

JE SUIS CHARLIE
Ainsi suit-il...
Collectif
L'un des traits majeurs de la situation nouée en France au lendemain des attentats de janvier 2015 fut le rassemblement presque unanime du peuple sous la houlette du gouvernement. Ce livre collectif s'attache, avec le recul nécessaire, à analyser la face cachée de ce moment inédit de notre histoire politique et critique le trait intolérant de cet attroupement : pendant quelques semaines, il n'a pas fait bon de ne pas être Charlie.
(Coll. Quelle drôle d'époque !, 22.00 euros, 212 p.)
ISBN : 978-2-343-07563-1, ISBN EBOOK : 978-2-336-39456-5

IDÉALITÉ ET RÉALITÉ DES RELATIONS ENTRE LES NATIONS
Kouassi Kanga Bertin
Les relations entre les nations telles que nous les rêvons dans nos théories pures et dans nos discours sont loin de refléter la réalité. De quoi tenons-nous l'existence d'une communauté internationale ? Pourquoi certains États se cramponnent-ils tant à des sanctions économiques aux effets mitigés qu'ils assimilent à la sanction du droit ? Pourquoi la guerre demeure-t-elle toujours la solution du règlement des conflits internationaux ? Comment perpétue-t-on les inégalités entre les États par l'idée d'une justice pénale internationale ? Voici des analyses juridiques, politiques et économiques qui aident à développer le fonctionnement du monde actuel.
(40.00 euros, 504 p.)
ISBN : 978-2-343-06998-2, ISBN EBOOK : 978-2-336-39480-0

ET LE VÉLO DANS TOUT ÇA ?
Le territoire et la mobilité vus de ma selle – Chroniques cyclo-logiques 2
Pressicaud Nicolas
L'auteur a réuni ici une trentaine d'articles traitant de différents domaines où le vélo devrait trouver sa place. Comptes rendus commentés de colloques, de lectures et d'expériences, ils en pointent le plus souvent un manque de considération. Ce faisant, par ces textes, l'auteur témoigne d'une certaine vision «cyclo-logique» de l'aménagement et de la mobilité, combinant préoccupation environnementale, sens de l'économie et souci d'équité sociale.
(27.50 euros, 268 p.)
ISBN : 978-2-343-06520-5, ISBN EBOOK : 978-2-336-39422-0

TOUCHE PAS À MON SEXE !
Cette féminité qu'on assassine
Zwang Gérard
Faisant autorité dans la description anatomique et physiologique des organes génitaux externes féminins, Gérard Zwang entonne ici un vibrant plaidoyer en faveur du respect absolu de ce legs imprescriptible. Il incite chaque femme vivant sous nos climats à révérer dévotieusement le trésor que lui a offert Dame Nature : au seuil de l'asile vaginal, siège de l'étreinte, cette bonne mère l'a dotée d'un luxueux portique, aussi singulier que son visage.
(21.00 euros, 206 p.)
ISBN : 978-2-343-07594-5, ISBN EBOOK : 978-2-336-39604-0

LA FACE CACHÉE DE LA PARENTALITÉ
Une approche sociologique de l'accompagnement de la fonction parentale
Sas-Barondeau Martine
Cet ouvrage traite de la parentalité à travers l'analyse des dispositifs d'accompagnement de la fonction parentale, financés par les caisses d'allocations familiales (CAF). Des experts ont préconisé des axes de politique familiale visant à contrecarrer les effets de l'instabilité conjugale sur l'éducation des enfants et la délinquance juvénile. De quelle teneur est cette politique et de quelle vision de la société contemporaine est-elle porteuse ? Comment les professionnels du secteur social s'emparent-ils de cette modalité d'action sociale qu'est l'accompagnement de la fonction parentale ? En quoi celui-ci est-il une réponse pertinente et adaptée aux attentes et besoins des parents ?
(Coll. Logiques sociales, 25.50 euros, 242 p.)
ISBN : 978-2-343-07398-9, ISBN EBOOK : 978-2-336-39484-8

ETHNICITÉS ET CONSTRUCTION IDENTITAIRE DANS L'AIRE ANGLOPHONE
Sous la direction de Michel Prum
Comment la construction identitaire s'opère-t-elle dans le cadre des communautés ethniques ? Comment s'élaborent dans un jeu de miroirs et de perceptions croisées, ces nombreuses identités qui font la diversité de nos sociétés actuelles ? Cet ouvrage se concentre sur l'aire anglophone, la Grande-Bretagne d'abord mais aussi les pays du Commonwealth, et se termine par un hommage vibrant à l'anthropologue Franz Boas qui a fondé l'antiracisme américain et a posé l'ethnicité comme simple construction identitaire.
(Coll. Racisme et eugénisme, 20.00 euros, 188 p.)
ISBN : 978-2-343-07505-1, ISBN EBOOK : 978-2-336-39531-9

QU'EST-CE QUE TRANSMETTRE ?
Sociologie d'une pratique
Giraud Claude
Si nos sociétés sont en crise d'autorité, elles le sont *a fortiori* à propos de la transmission qui a lieu de façon constante. Est-ce que ce sont les objets transmis qui font problème ? Est-ce que ce sont les processus de transmission, ou encore ceux qui s'approprient et qui transforment qui font problème ? Cet ouvrage prétend ainsi apporter des pistes de réponses et fait suite aux travaux de l'auteur sur les liens négatifs, les dynamiques organisationnelles et sur ce qui fait société.
(Coll. Logiques sociales, 15.00 euros, 132 p.)
ISBN : 978-2-343-07379-8, ISBN EBOOK : 978-2-336-39642-2

SOCIOLOGIE ET PSYCHANALYSE n°21
Quelle praxis, quelle clinique ?
Sous la direction de Gilles Arnaud et Pascal Fugier
Le présent volume met en dialogue les différents courants qui sont à la fois le produit et la réécriture de l'histoire collective liant sociologie et psychanalyse : du dialogue interdisciplinaire socio-analytique à la psychologie sociale et sociologie cliniques, en passant par l'anthropologie d'inspiration psychanalytique ou encore la sociopsychanalyse. L'objectif est ici de donner à voir cette diversité d'approches

dans un même ouvrage, en les considérant comme autant de modalités originales de mise en acte de ce qui fait « copule » entre les deux disciplines.
(Coll. Clinique et changement social, 20.50 euros, 184 p.)
ISBN : 978-2-343-07854-0, ISBN EBOOK : 978-2-336-39695-8

LES COMBATTANTS EUROPÉENS EN SYRIE
Sous la direction d'Ann Jacobs et Daniel Flore
Le présent ouvrage rassemble les actes de la quatrième journée franco-belge de droit pénal, consacrée aux combattants européens en Syrie. Après une introduction décrivant le contexte du terrorisme islamiste, la problématique est d'abord abordée sous l'angle des analyses et actions de l'Union européenne et ensuite sous l'angle du droit des conflits armés. Il est enfin passé au crible du droit français et de ses dernières modifications ainsi que du droit belge, tant pénal que procédural.
(Coll. Comité international des pénalistes francophones, 25.00 euros, 250 p.)
ISBN : 978-2-343-07389-7, ISBN EBOOK : 978-2-336-39356-8

REGARDS PLURIELS SUR L'INCERTAIN POLITIQUE
Entre dérives identitaires, urbanisation, globalisation économique, réseaux numériques et féminisation du social
Sous la direction de Hervé Marchal et de Christophe Baticle
Cet ouvrage identifie les formes actuelles du politique, du Mali au Québec en passant par la Turquie, l'Espagne, Madagascar, la France ou encore l'Italie. Que se passe-t-il concrètement en matière de redéfinition du politique ? Quelles formes prennent les mouvements protestataires à travers le monde ? Les notions d'espace public, d'autochtonie, d'identité, de nation, de citoyenneté sont, entre autres, analysées. L'incertain politique est pensé à travers des pratiques, mouvements et luttes qui restent à identifier pour comprendre notre monde contemporain.
(Coll. Recherche et transformation sociale, 24.50 euros, 234 p.)
ISBN : 978-2-343-07373-6, ISBN EBOOK : 978-2-336-39226-4

ÉNERGIE, CHIMÈRES ET SUPERCHERIES
Sibresse Marie-Abel
Cet ouvrage a pour but de montrer quelle est la problématique de l'énergie sous les angles, historiques, scientifiques, techniques, technologiques et économiques. Tout choix politique concernant l'énergie ne devrait être opéré qu'après une approche globale de la question. Pourtant, dans la plupart des cas, ce n'est pas fait. Un exemple : le diesel est accusé de polluer plus que les autres moteurs thermiques, ce qui est globalement faux et thermodynamiquement le diesel est bien meilleur que ses concurrents.
(28.00 euros, 270 p.)
ISBN : 978-2-343-07183-1, ISBN EBOOK : 978-2-336-39269-1

L'HARMATTAN ITALIA
Via Degli Artisti 15; 10124 Torino
harmattan.italia@gmail.com

L'HARMATTAN HONGRIE
Könyvesbolt ; Kossuth L. u. 14-16
1053 Budapest

L'HARMATTAN KINSHASA
185, avenue Nyangwe
Commune de Lingwala
Kinshasa, R.D. Congo
(00243) 998697603 ou (00243) 999229662

L'HARMATTAN CONGO
67, av. E. P. Lumumba
Bât. – Congo Pharmacie (Bib. Nat.)
BP2874 Brazzaville
harmattan.congo@yahoo.fr

L'HARMATTAN GUINÉE
Almamya Rue KA 028, en face
du restaurant Le Cèdre
OKB agency BP 3470 Conakry
(00224) 657 20 85 08 / 664 28 91 96
harmattanguinee@yahoo.fr

L'HARMATTAN MALI
Rue 73, Porte 536, Niamakoro,
Cité Unicef, Bamako
Tél. 00 (223) 20205724 / +(223) 76378082
poudiougopaul@yahoo.fr
pp.harmattan@gmail.com

L'HARMATTAN CAMEROUN
TSINGA/FECAFOOT
BP 11486 Yaoundé
699198028/675441949
harmattancam@yahoo.com

L'HARMATTAN CÔTE D'IVOIRE
Résidence Karl / cité des arts
Abidjan-Cocody 03 BP 1588 Abidjan 03
(00225) 05 77 87 31
etien_nda@yahoo.fr

L'HARMATTAN BURKINA
Penou Achille Some
Ouagadougou
(+226) 70 26 88 27

L'HARMATTAN SÉNÉGAL
10 VDN en face Mermoz, après le pont de Fann
BP 45034 Dakar Fann
33 825 98 58 / 33 860 9858
senharmattan@gmail.com / senlibraire@gmail.com
www.harmattansenegal.com

Achevé d'imprimer par Corlet Numérique - 14110 Condé-sur-Noireau
N° d'Imprimeur : 135605 - Dépôt légal : janvier 2017 - *Imprimé en France*